U0651484

编 委 会

主　　编：刘焕鑫

副 主 编：洪天云　夏更生　蒋天宝　黄　艳
　　　　　李敬辉

编　　委：许健民　毛德智　侯永健　聂新鹏
　　　　　吕　焱　杨　炼　李富君　黄承伟
　　　　　刘俊文　张慧东　陆春生　章文光
　　　　　朱守银　骆艾荣　赵旭峰　何　亮
　　　　　张　悦　朱　玲　韩　芳　高文永
　　　　　张永江　谢玲红　孔祥智　廉　思
　　　　　王亚华　邓国胜　叶敬忠　张　寒

编辑人员：王春燕　林江平　黄　阳　李新庚
　　　　　余　礽　苏　娟　刘晶晶

巩固拓展**脱贫攻坚成果**
同乡村振兴有效衔接研究

国家乡村振兴局 · 编

中国农业出版社
北京

前　言

PREFACE

　　脱贫攻坚战取得全面胜利后，以习近平同志为核心的党中央作出设立 5 年过渡期、实现巩固拓展脱贫攻坚成果同乡村振兴有效衔接的重大决策。各地区各部门深入贯彻习近平总书记重要指示精神和党中央、国务院决策部署，狠抓责任、政策、工作落实，推动脱贫攻坚重要机制、重大政策、重点工作平稳有序过渡，脱贫攻坚成果持续巩固拓展，守住了不发生规模性返贫的底线，脱贫地区群众和脱贫人口收入保持较快增长，生产生活条件持续改善，获得感、幸福感、安全感不断增强。

　　为深入贯彻落实习近平总书记重要指示精神和党中央、国务院决策部署，总结推广巩固拓展脱贫攻坚成果同乡村振兴有效衔接的工作成效和经验做法，深入分析面临的新形势新任务新挑战，全面了解基层干部和农民群众的所思所想所盼，系统研究巩固拓展脱贫攻坚成果、全面推进乡村振兴的务实举措，扎实推动巩固拓展脱贫攻坚成果上台阶、乡村全面振兴见实效，国家乡村振兴局于 2022 年组织开展了系列课题研究，形成了一批研究成果。

　　现将其中的 21 篇研究报告汇编成《巩固拓展脱贫攻坚成果同乡村振兴有效衔接研究》一书，内容涵盖巩固拓展脱贫攻坚成果、乡村发展、乡村建设和乡村治理四个方面。其中，巩固拓展脱贫攻坚成果篇包括促进脱贫人口持续增收调研、陕西省巩固拓展脱贫攻坚成果同乡村振兴有效衔接工作情况调研、脱贫人口持续增收问题研究、脱贫地区发展劳动密集型产业研究、防范因气象灾害返贫预警分析研究 5 篇报告；乡村发展篇包括东部地区推进乡村振兴调研、革命老区乡村振兴实践路径研究、培育壮大脱贫地区村集体经济研究、组织动员民营企业参与乡村振兴研究、乡村振兴中基层干部群众的所思所想所盼 5 篇报告；乡村建设篇包括乡村建设基本思路和实践路径研究、村庄改造技术路线和操作办法研究、乡村建设行动典型调查与对策建议、乡村建设辅导制度研究、激发和引导农民参与乡村建设研究、推动健全乡村公共基础设施管护机制情况 6 篇报告；乡村治理篇包括关于健全县乡村三级治理体系功能的研究、推进农村精神文明建设和移风易俗的方法与路径研究、乡村振兴干部教育培训考核评价体系研究、适应全面推进乡村振兴战略要求加强基层公务员队伍建设研究、推动人才返乡回乡下乡政策的研究 5 篇报告。

　　本书系统展现了巩固拓展脱贫攻坚成果同乡村振兴有效衔接工作的进展及成效，分析了推进巩固拓展脱贫攻坚成果同乡村振兴有效衔接面临的新情况新问题，研究提出了一系列优化机制、完善政策、改进工作的对策建议，部分数据为首次对外公布。出版本书旨在为各地区各部门扎实推进巩固拓展脱贫攻坚成果同乡村振兴有效衔接工作提供理论和实践参考，也为社会各界进一步了解巩固拓展脱贫攻坚成果同乡村振兴有效衔接相关情况提供辅助读物。

编　者

2023 年 5 月

目 录

CONTENTS

前言

巩固拓展脱贫攻坚成果篇

乡村发展篇

乡村建设篇

乡村治理篇

巩固拓展脱贫攻坚成果篇

促进脱贫人口持续增收调研报告

国家乡村振兴局促进脱贫人口持续增收调研组

收入是衡量居民生活水平最核心、最基础的指标。巩固拓展脱贫攻坚成果、让脱贫群众生活更上一层楼，最根本的是要促进脱贫群众持续增收。国家乡村振兴局组成调研组，先后赴广西、山西、青海、宁夏等省份16个县（市、区），深入乡、村、易地扶贫搬迁安置点、帮扶企业进行实地调研，召开5次座谈会与80多名县乡村干部群众代表进行座谈交流，广泛听取意见建议。调研组结合实地调研情况，利用全国防返贫监测信息系统，对全国脱贫人口收入情况、持续增收面临的困难挑战等进行深入分析，提出对策建议。

一、脱贫人口收入总体保持稳定增长

脱贫攻坚取得全面胜利后，各地区各部门深入学习贯彻习近平总书记关于把增加脱贫群众收入作为巩固拓展脱贫攻坚成果根本措施、促进脱贫人口生活更上一层楼的重要指示精神，认真落实党中央、国务院决策部署，扎实推进各项工作，取得了显著成效。脱贫人口和脱贫地区农村居民收入持续增长，2021年全国脱贫人口人均纯收入12550元，同比增长16.9%，脱贫地区农村居民人均可支配收入14051元，同比增长11.6%，均高于全国农村居民人均可支配收入10.5%的增速。调研组所到的4省

3

份，脱贫人口 2021 年和 2022 年上半年收入增速，均高于全国和全省农村居民人均可支配收入增速，走访的脱贫户和监测户收入来源较为稳定，衣食住行不愁，脸上洋溢着幸福的笑容。巩固拓展脱贫攻坚成果，持续增加脱贫群众收入，各地都做了大量富有成效的工作，归纳主要做法有以下几点。

（一）加强组织领导，促进脱贫人口增收的责任得到有效落实

2021 年以来，各地区各部门深入贯彻习近平总书记重要指示精神，全面落实党中央、国务院决策部署，多措并举促进脱贫群众持续增收，不断缩小收入差距，努力让脱贫群众生活更上一层楼。从调研情况看，4 省份各级党委和政府对促进脱贫人口持续增收工作高度重视。压实各级责任。4 省份党委和政府主要领导同志多次深入基层一线现场督导，都把促进脱贫人口增收问题作为重点内容；成立巩固拓展脱贫攻坚成果同乡村振兴有效衔接领导小组，统筹组织促进脱贫人口持续增收工作；明确市、县、乡履行主体责任，结合实际制定符合自身特点的具体方案，并指导村级制定到户增收工作计划，压实责任、落实举措。抓实监测调度。4 省份省级有关部门围绕脱贫人口增收目标任务，加强数据共享和工作指导，坚持线上数字化、线下网格化动态监测帮扶，及时分析问题、查找短板、跟踪推进。山西编制收支统计测算指南，设立脱贫人口收入监测点，充实监测队伍，做到县有信息管理员，乡有信息录入员，村有信息采集员。严格考核评估。4 省份明确将脱贫人口收入、脱贫地区农民收入及增幅作为巩固脱贫成果后评估的重要内容，纳入省对市县党委政府年度目标责任考核和市县实施乡村振兴战略实绩考核指标体系，强化考核结果运用。

（二）完善帮扶政策，促进脱贫人口持续增收的支撑保障有力

近年来，各地区各部门出台了一系列针对脱贫人口的政策措施，为促进脱贫人口持续增收提供了有力支撑。从调研情况和工作调度看，中西部

省区市对前期出台的系列帮扶政策进行了系统梳理，并根据新形势新任务新要求完善政策措施。强化财政投入。各地严格落实中央要求，调整支出结构，中央财政衔接资金用于产业发展的比例逐步提高，2021年均达到50％以上。统筹整合东西部协作资金和中央单位定点帮扶投入，创新资金使用方式，逐步向培育县域富民产业转变。将促进脱贫人口增收情况纳入绩效评价内容。强化金融扶持。各地认真落实过渡期脱贫人口小额信贷和农户"富民贷"政策，截至2022年7月底，全国累计发放小额信贷1247.87亿元，支持293.01万脱贫户和监测户（次）发展生产；"富民贷"累计放贷28.6亿元，支持2.5万户一般农户发展产业。宁夏盐池县为所有农户量身打造以乡村振兴健康保为主，滩羊收益保险、黄花菜价格指数保险等特色产业险为辅的"1＋X"菜单保险，实现一"兜"一"增"双保险。强化人才支撑。4省份结合产业发展和脱贫群众增收需求，优化驻村工作队员结构，提高专业技术人员比例，探索建立乡村党政干部＋驻村工作队＋科技特派团（产业顾问组）＋致富带头人（合作社）＋脱贫户的工作机制，凝聚帮扶工作合力。

（三）拓宽增收渠道，多措并举促进脱贫人口增加收入

就业增收方面，各地区各部门深化落实脱贫人口稳岗就业帮扶政策，将防止返贫监测对象纳入政策支持范围，利用各级衔接资金落实好对脱贫劳动力、监测对象的交通补贴、劳务补助、技能培训、公益岗位补助等。深化省际劳务协作，充分发挥好帮扶车间、乡村公益性岗位和以工代赈等渠道作用，深入实施"雨露计划＋"就业促进行动，支持脱贫人口稳定就业。山西对脱贫户和监测户中的弱劳动力、半劳动力实行"一户一公岗"托底安置。青海举办"雨露计划＋"就业促进行动暨东西部协作就业务工省级专场招聘会。广西开展农民工返岗务工"点对点"专项活动，强化劳务输出组织。产业增收方面，用好各级财政衔接资金，重点支持联农带农产业发展。宁夏大力发展葡萄酒、枸杞、牛奶、肉牛、滩羊、冷凉蔬菜"六特"产业，2022年已下达中央和自治区衔接资金中用于产业发展的

比重超过 61％。山西对发展庭院经济的脱贫户和监测户，每户给予 2000 元启动资金补贴。财产性收入方面，各地强化扶贫项目资产管理，盘活利用闲置低效扶贫资产。宁夏上半年光伏扶贫电站发电量 1.14 亿度，分配村级集体收益 3935 万元，664 个村、5.8 万户脱贫户直接受益。青海组建 961 家生态畜牧业专业合作社，6.5 万户入社群众实现了资源变股权、资金变股金、牧民变股民。转移性收入方面，各省区市农村低保标准均提高到 5000 元以上，将符合条件的脱贫人口、监测对象及时纳入兜底保障。

二、脱贫人口持续增收面临较大挑战

结合实地调研，调研组对全国脱贫人口收入情况进行深入分析，对促进脱贫人口持续增收面临的困难挑战进行综合研判。调研组认为，受乌克兰危机、新冠疫情、全球经济低迷等影响，我国宏观经济下行压力不断加大，脱贫人口务工就业、发展生产受到较大影响，脱贫人口收入保持持续较快增长面临较大困难，必须采取更加有力更有针对性的措施加以解决。

一方面，乌克兰危机加速国际政治经济格局演变、全球新冠疫情延宕，对我国经济运行产生较大冲击，脱贫人口持续增收的外部环境复杂严峻。脱贫人口务工就业和生产经营因疫情原因受到较大影响。一些企业用工需求萎缩，人员流动受限，脱贫人口跨区域务工受到较大影响，脱贫劳动力返乡留乡明显增多。有的帮扶产业项目停业，有的帮扶产品滞销，乡村旅游普遍受到较大冲击，影响脱贫人口持续增收。2022 年前 7 个月，全国一度有 20.3 万脱贫人口因疫情影响停工近 1 个月，有 22.4 万外出务工脱贫人口返乡"回流"。一些就业帮扶车间完全停产。生产流通成本大幅上涨挤压了经营性收入增长空间。2022 年 8 月下旬，国内复合肥、农药、国六 0 号柴油市场价格分别较上年同期上涨 20.8％、16.7％、38.9％，主要农产品生产加工、土地流转成本也呈总体增长态势。产业链供应链"断链"风险冲击脱贫劳动力工资性收入增长，农民工特别是技术水平较低的脱贫劳动力跨地区就业难度增大，工资性收入明显下滑。2022年上半年，全国农村居民人均经营净收入、人均工资性收入增速均较去年同期下降。

另一方面，脱贫地区财政收支普遍紧张，帮扶产业发展水平和带动能力有待进一步加强，脱贫人口收入保持持续较快增长难度较大。一些地方可支配财力减弱，受需求收缩、供给冲击、预期转弱三重压力影响，2022年上半年，中西部22省（自治区、直辖市）一般公共预算收入同比下降（自然口径）2.2％，增幅较上年同期下降23个百分点。调研的4省（自治区）2022年上半年一般公共预算收入增幅，除山西较上年同期上升12个百分点外，广西、青海、宁夏增幅分别较上年同期下降23、36、23个百分点。脱贫县对中央和省级财政转移支付的依赖度高，保障农民低保等转移性收入持续增长难度较大。脱贫地区帮扶产业发展总体上仍处于起步阶段，帮扶产业技术、设施、营销、人才等存在明显短板，产业链和价值链较短，农产品加工转化率不高，一二三产业融合发展不够，抗风险能力较弱。就业帮扶车间等对免租金、用工补贴等财政政策的依赖度较高，一些地方龙头企业与农户之间的利益联结机制不完善，脱贫县财政涉农资金统筹整合力度有减弱趋势。脱贫人口受教育水平普遍较低，内生发展动力不强。160个国家乡村振兴重点帮扶县、易地扶贫搬迁集中安置点脱贫人口人均纯收入低于全国平均水平且增速较慢。

三、促进脱贫人口持续较快增收的对策建议

农业农村问题，说一千道一万，增加农民收入是关键。实践证明，只有努力推动脱贫群众收入持续增长，才能从根本上巩固好脱贫攻坚成果，守住不发生规模性返贫底线，让脱贫群众生活更上一层楼。

（一）压紧压实责任，健全促进脱贫人口增收的长效机制

促进脱贫人口持续增收是巩固拓展脱贫攻坚成果的根本措施，涉及多个部门，关系多方利益，是在党委和政府领导下的一项系统工程，必须强化组织领导，凝聚工作合力。一是持续落实各级责任。落实省市县乡村五级书记抓巩固拓展脱贫攻坚成果和乡村振兴的工作责任制，推动各级各有关部门共同参与、共同发力，确保责任、政策、工作落实。落实县级主体责任，推动县委县政府承担好巩固拓展脱贫攻坚成果"一线总指挥"职责，把促进脱贫人口持续增收作为重要工作抓紧抓好。压实乡村两级和驻村工作队具体工作落实责任，把帮扶工作做扎实做到位。二是加强监测分析研判。定期对脱贫人口收支与生活状况开展研判调度，切实用好全国巩固脱贫攻坚成果和防返贫监测信息系统，及时掌握本地收入下降脱贫人口和收入偏低脱贫人口的总量规模、区域分布特点、人群特征，找出收入变化的原因，采取针对性措施予以解决。三是广泛凝聚各方帮扶合力。推动东西部协作、中央单位定点帮扶等把工作重心转向促进脱贫人口持续增收、脱贫地区全面发展。推动"万企兴万村"帮扶企业深度参与乡村产业发展，带动脱贫村加快发展。推动驻村第一书记和工作队在助推产业发展、促进稳岗就业等方面发挥作用。四是较真碰硬严格考评。将促进脱贫人口收入增长作为巩固拓展脱贫攻坚成果同乡村振兴有效衔接考核评估的重要内容，强化考核结果运用。将脱贫人口持续增收成效纳入驻村工作队和工作队员考核，作为评先评优重要依据。

（二）加快推动县域经济发展，为脱贫人口持续增收提供坚实支撑

从全国面上来看，脱贫劳动力外出务工的半径越来越小，逐步回流到本省就业成为新的趋势，应顺势而为、因势利导，促进脱贫县县域经济加快发展、形成更多既富民又促进财政增收的增长点，支持脱贫县发展劳动密集型产业、增加就业容量。一是保持主要帮扶政策总体稳定。推动各地

切实把中央出台的主要衔接政策落实落细落到位。严格落实"四个不摘"要求，摘帽不摘责任，防止松劲懈怠；摘帽不摘政策，防止急刹车；摘帽不摘帮扶，防止一撤了之；摘帽不摘监管，防止贫困反弹。二是发展壮大特色产业。大力推动脱贫地区特色产业提质升级，因地制宜打造"一县一业""一镇一特""一村一品"。促进全产业链发展，支持农产品精深加工、副产物综合利用和以农业生产为主体的一二三产业融合发展。培育乡村工匠，支持鼓励传统技艺人才创办特色企业，带动发展乡村特色手工业。三是发展劳动密集型产业。充分利用脱贫县劳动力比较充足的优势，大力发展劳动密集型产业，积极发展服装纺织、食品加工等劳动密集型制造业，加快发展建筑施工、物流转运等劳动密集型服务业，既促进脱贫群众就业增收，又增强县域经济发展实力。四是倾斜支持乡村振兴重点帮扶县和易地扶贫搬迁安置点发展。推动各项支持政策切实落到促进国家乡村振兴重点帮扶县发展上，进一步细化支持措施，实施一批补短板、促发展的项目，改善基础设施条件，提升基本公共服务水平。加大对易地扶贫搬迁安置点产业培育力度，完善安置点配套设施和公共服务，提升安置社区治理水平，探索解决人口自然增长、生活成本增加等新问题的思路和办法，深入实施搬迁脱贫群众就业帮扶专项行动，确保搬迁群众稳得住、能融入、逐步能致富，防止发生社会不稳定问题。五是加强脱贫县与发达地区经济交流合作。继续发挥好东西部协作、中央单位定点帮扶作用，鼓励和推动中西部地区大力引进东部沿海地区的企业、项目，整合资源共建产业园区，建设开放开发平台，加深与发达地区产业链的协同，承接产业梯度转移，实现"一县一业一园"。

（三）持续抓好稳岗就业帮扶工作，保持脱贫人口务工就业规模和工资性收入稳中有增

2021年，全国脱贫人口务工总数3145万人，脱贫人口人均纯收入中工资性收入占比达到67.9%，稳住务工规模和收入对巩固脱贫成果至关重要。一是落实各项就业支持政策。落实就业创业服务补贴、跨省就业一

次性交通补贴等政策，促进有组织劳务输出和省内劳务协作。支持帮扶车间、社区工厂统筹做好疫情防控和扩大生产。落实创业孵化、返乡入乡创业和劳务品牌培育支持政策，鼓励各地培育创建有特色、有口碑、有规模的劳务（技能）品牌。二是促进省内务工就业。目前脱贫劳动力就业结构中，县内务工的占 45.6%，县外省内务工的占 18.2%，两项合计占 63.8%，抓好省内就业是大头。要继续发挥就业帮扶车间、乡村公益性岗位和以工代赈等渠道作用，吸纳更多符合条件的脱贫人口、监测对象就业。加大工作和政策支持力度，鼓励和引导更多脱贫人口自主创业和灵活就业。三是稳定省外务工就业。目前脱贫劳动力就业结构中，省外务工占 36.2%。要提升劳务输出组织化程度，落实东西部协作协议任务，西部省份履行好主体责任，做好脱贫劳动力外出务工组织发动和培训服务等工作，东部省份落实好帮扶责任，及时向中西部省份提供岗位需求清单，采取稳岗、转岗、拓岗等办法，使脱贫劳动力稳在就业地、稳在企业、稳在岗位；深化省际劳务协作，扩大就业渠道、增加就业机会。四是强化就业服务和保障。支持发展村级劳务组织，引导人力资源企业面向农村开展就业服务，建立常态化岗位信息共享和发布机制。扎实开展职业技能培训，以培训班次为单位，按照培训就业率分类核算确定培训补贴。深入推进"雨露计划＋"就业促进行动，做好新成长劳动力和脱贫家庭大学毕业生就业帮扶。努力让更多脱贫群众从体力型劳动力变为技术型工人，稳步提高收入水平。

（四）发挥帮扶产业带动增收作用，促进脱贫人口增加经营性收入

产业是脱贫群众持续增收、加快增收的重要支撑。2021 年，全国脱贫人口人均纯收入中，经营性净收入占比为 14%，比全国农民平均水平低 21 个百分点，依靠产业增收潜力巨大。一是加大政策支持力度。加大衔接资金投入，逐步提高中央财政衔接资金用于产业发展的比重，力争 2025 年达到 70%；加大金融资金投入，对有融资需求的帮扶产业项目及

时向金融机构推荐，对带动作用明显的帮扶企业给予贷款贴息支持，逐步扩大"富民贷"试点范围，对有贷款需求的脱贫户和监测户给予脱贫人口小额信贷支持、力争做到应贷尽贷；加大保险支持力度，推动脱贫地区增加农产品价格险、灾害险的覆盖面，加快农业保险理赔速度；督促指导驻村第一书记和工作队在协调落实产业扶持政策、组织开展技术人才服务、拓展销售渠道等方面发挥更大作用。二是完善联农带农机制。过渡期内，使用各级财政衔接资金、脱贫县统筹整合使用财政涉农资金、东西部协作资金、中央单位定点帮扶无偿援助资金、社会捐赠资金扶持的经营性项目，原则上都应建立联农带农机制，项目经营主体落实联农带农责任。三是发挥龙头企业带动作用。加强政策扶持，优化营商环境，促进龙头企业做大做强，支持和推动龙头企业带动脱贫户、监测户发展生产或吸纳就业，使脱贫群众更多分享产业发展收益。归结起来就是，政府支持龙头企业，龙头企业带动农民增收。四是发展高质量庭院经济。脱贫地区一些农户庭院面积比较大，并且利用不充分。大力推动庭院经济与现代农业有机结合，是促进脱贫地区发展帮扶产业的重要抓手，也符合农村老年劳动力多、弱劳动力多的实际。应出台专门政策，鼓励和引导有条件的脱贫户、监测户与龙头企业紧密联结，在符合用地政策的前提下，利用房前屋后、房顶地下等闲置土地和空间，因地制宜发展特色种植业、特色养殖业、特色加工业、特色旅游业和生产性服务业、生活性服务业，多措并举增加家庭经营性收入。五是发展农文旅融合产业。推动脱贫地区将农业农村的田园风光、农耕文明与自然景观等资源有机结合，构建"农业＋文化＋旅游"的发展模式，推动田园变公园、农房变客房、产品变商品、劳作变体验，通过培育新业态让农民卖特产、收租金、挣工资、拿分红，使农民得到更多实惠。六是加大消费帮扶力度。发展帮扶产业，重在群众受益，难在持续稳定，关键要解决产品卖难问题。建议推动脱贫地区在东西部协作框架下，与东部发达地区构建长期稳定的产销对接关系。探索开展脱贫地区帮扶产品进机关、进学校、进医院、进社区等活动，推动各级财政预算单位按照一定比例预留年度食堂食材采购份额，推动各级定点帮扶单位同等条件下优先采购脱贫地区、脱贫户生产的农产品。

（五）盘活用好农村资产，增加脱贫人口财产性收入

这是增加脱贫群众资产性收入的重要渠道。应稳步推进农村改革，创造条件赋予农民更多财产权利。一是深化"三变"改革，壮大农村集体经济。探索开展农村集体资产股权质押贷款、农村集体经营性建设用地使用权和林权抵押贷款业务，推动资源变资产、资金变股金、农民变股东，全面消除集体经济"空壳"村。进一步细化明确农村集体经济组织收益分配办法，推动具备条件的集体经济向入股成员分红。二是盘活农村闲置资产。规范有序开展土地流转、土地托管等。支持利用闲置宅基地和住宅，发展休闲农业、乡村旅游等富民产业，鼓励利用民居院落等资源打造具有品牌影响力的旅游民宿和养老型民居。三是规范和加强扶贫项目资产运营管理。全国已确权 2.7 万亿元扶贫项目资产，有一半确权到村，超过 1/4 确权到户，这其中包括大量经营性资产。对这些资产应规范管理，促进稳健收益、持续发挥效益。

（六）织密兜牢社会保障防线，尽量减轻脱贫人口支出负担

社会保障兜底是防止返贫的最后一道防线。2021 年，全国脱贫人口中享受农村低保和特困人员救助供养的有 1993 万人，大部分缺乏劳动能力，必须通过社会保障兜底。应根据经济社会发展情况，推动各地稳步提高兜底保障水平，确保应保尽保、应兜尽兜，保障基本生活需要。一是严格落实兜底保障政策。将符合条件的脱贫人口、监测对象及时全部纳入农村低保、特困人员救助供养和临时救助范围，支持各地适时调整补贴标准。加大养老保险支持力度，对参加城乡居民基本养老保险的脱贫人口、监测对象等，符合条件的为其代缴最低缴费标准的基本养老保险费。二是巩固提升"三保障"和饮水安全成果。健全控辍保学和教育帮扶机制，减轻脱贫家庭教育支出负担。完善重特大疾病医疗保险和救助制度，分类落实参保资助和待遇享受政策，确保基本医疗保险对脱贫人口全覆盖，减轻

医疗支出负担。有序推进农村危房改造和农房抗震加固改造，及时排查解决脱贫人口住房安全隐患。全面落实农村供水管理责任体系，持续提升脱贫人口供水保障水平。三是开展农村移风易俗专项整治行动。重点治理高价彩礼、人情攀比、厚葬薄养、铺张浪费等群众反映强烈、社会关注的突出问题，减少脱贫群众不必要的支出。

调研组牵头人：刘焕鑫

调研组成员：许健民　陆春生　王春燕　林江平　黄　阳

李新庚　余　祁　刘洪莉　孔祥文

陕西省巩固拓展脱贫攻坚成果同乡村振兴有效衔接工作情况调研报告

国家乡村振兴局赴陕西调研组

为推动各地区扎实做好巩固拓展脱贫攻坚成果同乡村振兴有效衔接工作，国家乡村振兴局组成调研组，先后赴陕西省榆林市、西安市、汉中市（简称"三市"）的7个县（区）8个村（社区）开展调研，走访脱贫村、易地扶贫搬迁安置村、文旅融合示范村，实地查看农业产业园、种养业基地、龙头企业等，详细了解巩固"两不愁三保障"成果、产业就业帮扶、乡村建设、乡村治理等方面工作情况，召开省市县乡四级干部座谈会，广泛听取基层干部群众意见建议，形成调研报告。

一、主要做法和亮点

从调研情况看，2022年以来，陕西省认真贯彻党中央、国务院决策部署，严格落实"四个不摘"要求，聚焦"守底线、抓发展、促振兴"，积极应对疫情灾情影响，狠抓责任、政策、工作落实，着力推动巩固拓展脱贫攻坚成果同乡村振兴有效衔接，工作措施实、干劲足、势头好。

（一）坚持高位推动，精准严实强措施

陕西省委、省政府坚持"省负总责、市县乡抓落实"的巩固拓展脱贫

攻坚成果同乡村振兴有效衔接工作机制，强化"五级书记"一起抓的领导体制，成立省市县三级巩固衔接领导小组，由党政主要负责同志担任"双组长"。实行省级领导和部门责任清单制度，省委书记、省长多次深入基层一线调研指导，示范带动全省各级持续紧抓巩固衔接工作。推行"158"工作思路（紧扣守底线、抓发展、促振兴"一条主线"，围绕巩固拓展脱贫攻坚成果、实施乡村建设、推进乡村治理、发展农村社会事业、强化统筹协调"五项任务"，突出防止返贫动态监测和帮扶、规划引领、项目支撑、重点县帮扶、人居环境整治、示范带动、干部培训、督导考核"八个重点"），制定全省巩固衔接实施意见及 40 余个省级配套落实文件，着力提升"三保障"和饮水安全保障水平，推动脱贫地区产业发展提档升级，促进脱贫劳动力务工就业，加大 11 个国家乡村振兴重点帮扶县对口帮扶力度，千方百计增加脱贫群众收入，守住了不发生规模性返贫的底线。截至 2022 年 8 月底，陕西省脱贫劳动力（含监测对象）务工规模达到 220 万人，超全年目标任务 9.6 万人；中央财政衔接资金支出进度 79.3%，超全国平均进度 12.8 个百分点，居全国第 3 位。

（二）发展特色产业，联村带户促增收

"三市"坚持把产业发展作为巩固拓展脱贫攻坚成果、全面推进乡村振兴的根本之策，立足资源禀赋和地域优势，因地制宜、因村择产，大力发展苹果、柑橘、猕猴桃、杂粮等特色主导产业，持续推进一二三产融合发展，探索"村党支部＋龙头企业＋合作社＋脱贫户""村党支部＋合作社＋农户"等利益联结机制，越来越多的乡村和群众在致富路上有了自己的优势产业。米脂县高西沟村历届党支部带领村民几十年如一日，在推进生态治理中创造出农林牧并举的"三三制"模式，党的十八大后坚持巩固退耕还林成果，注重生态效益与经济效益转换，将原来的"三三制"调整为"三二一"模式，森林覆盖率达 70%，并借助林地大力发展山地苹果、有机杂粮、秸秆饲草养牛等产业，2021 年村集体经济收入 11.5 万元，村民人均可支配收入 19955 元，高出全县平均水平 5473 元，走出了一条生

态和经济协调发展、人与自然和谐共生之路。城固县青龙寺村立足地理优势培育壮大柑橘产业，全村柑橘种植面积 4304 亩，并成立柑橘分选打蜡厂、塑框包装厂，培养销售大户、代理人，将果品远销国内外，年产值逾2600 万元，仅这一个产业就带动全村人均收入达到 1.26 万元。同时坚持农文旅融合，大力发展以柑橘观光、柑橘采摘为主的乡村旅游，成立旅游开发公司，建成农家乐 4 家、民宿 6 家。2021 年，全村旅游总收入 258万元。城固县垣山社区探索多元模式发展猕猴桃产业，引进国家和省级双料农业龙头企业齐峰果业，建成 1200 亩智慧农业核心基地，带动全镇建成万亩猕猴桃产业园区。成立社区互助合作社，注入 242 万元衔接资金撬动民营资本 1000 余万元，村企共建猕猴桃光电分选、产品包装生产线和保鲜贮藏现代化气调库，社区互助合作社年保底收益 24 万元，全镇 242户脱贫户每户每年稳定分红 400 元。

（三）坚持规划引领，乡村建设提质效

"三市"立足地域资源和文化特色，遵循乡村建设规律，先规划后建设，以规划生成项目库，以项目实施促进乡村发展、建设、治理，以示范引领、梯次推进补齐乡村基础设施和公共服务短板，推动乡村逐步具备现代化生活条件。榆阳区碎金驿村结合"三区三线"划定，按照"一拆三改、四区分离、五化同步、全域治理"的思路统筹推进乡村建设。"一拆三改"即拆废旧房屋、改厕、改房、改圈舍；"四区分离"即将规模种植区、清洁养殖区、宜居生活区、现代服务区空间布局科学分离设置；"五化同步"即同步推进乡村环境净化、美化、亮化、绿化、硬化；"全域治理"即生态环境治理全域覆盖。由此生成了 23 个重点项目，计划投资近千万元、5 年内完成，通过一张规划图清晰展示了发展基础、建设内容和发展愿景，引领乡村全面振兴。蓝田县樊家村坚持不搞大拆大建，通过精设计、小投资、微改造提升村容村貌，在建设过程中遵循多用石头、少用砖头，多用木材、少用钢材，多用原色、少用彩色的"三多三少"原则，就地取材、盘活资源，统筹 700 余万元资金，将臭水沟改造为景观、将废

弃地改造为文化广场、将闲置庭院改造为村史馆，保留了本土特色和乡村气息，打造富有地域特色的现代版"富春山居图"。长安区石砭峪新村是典型的涉秦岭和水库移民搬迁安置新型农村社区，2018 年完成新村"两委"换届和旧村搬迁安置工作。新村统一规划建设，房屋错落有致，整体以徽派建筑风格为主，各类设施完备，配套建设了党群服务中心、党建文化广场、健身活动广场、医疗卫生室、图书阅览室、文化礼堂等公共基础设施和水、电、气等生活服务设施，彻底改变了山区群众生产生活条件。

（四）建强人才队伍，搭建平台优素能

"三市"紧紧抓住人才这个乡村振兴的关键，把乡村人力资源开发摆在突出位置，积极引导人才返乡创业，注重搭建产学研、培训提升和乡村人力资源开发平台，为乡村振兴提供强有力的人才支撑。洋县龙亭村吸引大学生返乡创业，成立龙亭田园农业发展有限公司，联合汉中市生态养蛙产业创新联盟、稻蛙产业技术创新研究院，引进专业人才、成熟经验和先进技术，采取"公司＋基地＋农户"模式，与村集体共建集种养基地、旅游观光、田园文化、现场研学为一体的高标准"鹮乡稻蛙·试验田""朱鹮国际·稻蛙空间"田园荷蛙荷鱼共生示范基地，产品远销西安、重庆、成都等一线城市，实现年产值8350万元。榆阳区创新推出"理论教学＋返岗调研＋成果答辩"三段式培训模式，对 278 名驻村第一书记及工作队员实施全覆盖轮训，全面提升驻村干部抓乡村振兴的能力。蓝田县着力开发乡村人力资源，围绕打响扮靓"厨师之乡"品牌，整合闲置教育资源，2021 年成立公办烹饪学校，把农民工就地转化为"农技工"，首批 300 名学员基本实现到各大星级酒店就业，蓝田厨师劳务品牌成为全国"我最关注的劳务品牌"和"行业引领类劳务品牌"。

（五）深化农村改革，释放潜能增效益

"三市"注重运用改革的手段加快农业农村发展，抢抓政策机遇，整

合多元资金，调动各方积极性，激发农村资源要素活力，促进乡村全面振兴。榆阳区赵家峁村以农村集体产权制度改革试点为契机，以流转农户土地经营权、发展村集体经济为突破口，引导村内"三资"全面整合，建立"归属清晰、权能完整、流转顺畅、保护严格"的现代农村产权关系，发展特色现代农业和乡村旅游，破解了山区土地零散、贫瘠撂荒、资源利用率低下和村集体经济薄弱难题，2021 年人均可支配收入达 23125 元，是2012 年的 7.7 倍；村集体经济从一穷二白到年收入 280 万元，成为远近闻名的乡村旅游度假村、村集体经济发展示范村。高陵区何村利用土地增减挂钩改革试点政策，整合村集体建设用地、宅基地，腾出 300 余亩土地进行指标出让，用土地出让的 1.68 亿元，建成 466 套别墅式新型农村社区，并用好毗邻西安的区位优势大力发展"菜篮子"经济，采取"村党支部＋合作社＋农户＋经纪人"模式，建成日光温室大棚 3180 栋（户均5.6 栋），成立蔬菜经纪人合作社，为全村蔬菜种植户提供产前、产中、产后全方位服务，促进村集体经济组织和农民双增收，2021 年人均可支配收入达 25325 元。

二、基层反映的困难和问题

调研中，省市县乡的干部群众反映了一些困难和问题，并提出了建议，经过梳理归纳，主要有五个方面。

（一）体制机制衔接问题

一是职责不明晰，统筹协调难。普遍反映乡村振兴任务艰巨、涉及面广，市县乡村振兴部门职责职能与有关部门划分不明晰，在统筹协调中有困难。二是乡镇没有独立的乡村振兴机构。目前，乡镇的乡村振兴机构都是临时性机构，人员都是临时抽调或兼职，没有经过编制部门核定，影响工作稳定性。希望比照乡镇市场监管所、司法所等，设立乡镇乡村振兴办公室，按副科级建制定编定岗定责。

（二）数据统计与共享问题

一是收入监测统计计算周期不一致。乡村振兴部门脱贫户收入统计计算周期为上年 10 月至本年度 9 月，统计部门统计农村居民收入为上年 12 月至本年度 11 月。二是数据共享存在一些壁垒。巩固拓展脱贫攻坚成果、推进乡村建设和乡村治理数字化，涉及多部门、多行业数据资源，数据要素因信息安全、部门利益等因素影响，导致数据共享难、兼容难，亟待建设基础性、广泛性、兼容性的共享数据库。

（三）发展不平衡问题

脱贫攻坚战以来，各级各类利好政策、项目资金集中向原贫困村投放，产业发展、基础设施和公共服务水平等得到极大提升，总体水平已超越原非贫困村，形成了新的发展不平衡问题。基层建议：一是出台有关政策，加大对原非贫困村的项目和资金投放力度，用中央财政衔接资金的增量部分支持原非贫困村发展。二是调整"县级可统筹安排不超过 30％的到县衔接资金，支持非贫困村发展产业、补齐必要的基础设施短板及县级乡村振兴规划相关项目"政策，适当提高支持原非贫困村发展产业、补齐基础设施短板的资金比例限制，由县级根据实际情况灵活统筹。三是参照国家乡村振兴重点帮扶县的做法，兼顾秦岭、巴山片区脱贫县和革命老区县中巩固衔接任务重的县，在脱贫群众稳定增收、项目资金、乡村建设等方面加大扶持力度。

（四）衔接资金支持问题

一是各村发展基础不同，有的地方产业好、有的地方基础设施薄弱，加之产业项目包装论证周期较长，这与中央衔接资金用于产业发展比重达 55％以上的要求不完全匹配。建议不搞一刀切，由脱贫县根据工作实际予以支出。二是从实操层面看，一般性投资项目前期经费占总投资的 3％～5％，目前中央衔接资金只允许将 1％作为项目管理费，主要用于项目前期设计、评审、招标、监理以及验收等与项目管理相关的支出，不利于长远谋划储备项目。建议适当提高衔接资金用于支持项目前期经费比例。

（五）乡村人才引进问题

乡村人才支撑存在短板，本土人才总量不足、素质参差不齐、培育效果不明显，外来人才引进、留用难度较大。基层建议：一是国家层面加大协调力度，在国家部委、央企和东部地区选派更多金融投资、政策规划等方面的专业人才到西部地区挂职，推动西部县市更好地利用国家人才、资金和政策，助推乡村振兴、促进经济发展。二是深化拓展东西部协作领域，加强学校、医院结对帮扶，扩大教育医疗人才挂职交流规模，帮助西部地区更好解决"专家型""专技型"人才薄弱问题，提升西部地区教育、医疗整体水平。

三、几点工作建议

一是推动建立统一共享的数据信息平台。进入数字时代，拥有一个统一、精准、共享的数据信息系统，是做好乡村振兴工作的重要基础之一。建议对接统计、公安、民政、人社、财政等部门，统一制定重点信息数据统计口径和具体标准，聘请第三方整合优化原扶贫系统和有关部门数据资源，构建统一共享、权责明晰、分级保护的全国乡村振兴大数据平台。

二是统筹脱贫村与原非贫困村发展。脱贫攻坚战全面胜利后，脱贫村都发生了翻天覆地的大变化，基础设施、公共服务、产业发展、群众生活都得到了跨越式发展。但是，脱贫攻坚的这几年，各级对原非贫困村发展的关注和支持相对较少，现与脱贫村的差距已经不同程度显现，急需加大对原非贫困村发展建设的支持力度，避免差异程度拉大。建议统筹考虑脱贫村和原非贫困村，制定有关扶持政策措施，加大项目和资金投放力度，支持原非贫困村发展。

三是加大脱贫地区人才支持力度。人才是实现乡村全面振兴的重要支撑。建议会同中央组织部、中央人才办进一步完善选派人才下基层、到一线建功立业的政策及配套激励保障措施，引导各类人才积极投身乡村振兴事业。探索建立"以才带才"激励机制，鼓励各类人才充分发挥传帮带作用，外来高端人才与本土人才结对、本土中高级人才与"土专家""田秀才"结对，梯队式、链条型提升素质能力，让人才活力充分涌流。

四是评估调整完善支持政策。2023年是五年过渡期的中期之年，具有承上启下的意义。建议适时对过渡期以来巩固衔接政策措施的落实成效开展中期评估，对行之有效的政策措施进行固化或明确延长执行期限，对与巩固衔接工作实际不协调、不匹配、不完善的政策措施进行科学合理的中期调整，结合贯彻党的二十大精神谋划创设一批新政策。同时，从顶层设计上对接下来3年的过渡期工作提出更加具体、更有针对性的指导性意见。

五是支持基层建强乡村振兴工作机构。乡村振兴，关键在县乡。建议加强与编制部门沟通协调，在加快推进"三定"的同时，研究出台关于规范设置基层乡村振兴工作机构的指导意见，指导基层进一步理顺乡村振兴工作的体制机制、机构设置和职责职能，打造专职专责的基层乡村振兴运转体系和干部队伍，推动中共中央、国务院关于乡村振兴各项决策部署落细落实。

调研组牵头人：蒋天宝
调研组成员：接 萍 李 博 黄 阳 张喜强

脱贫人口持续增收问题研究

西北农林科技大学课题组

党的二十大报告提出"全面推进乡村振兴"，强调"巩固拓展脱贫攻坚成果""建设宜居宜业和美乡村"。巩固拓展脱贫攻坚成果、让脱贫群众生活更上一层楼，最根本的是要促进脱贫群众持续增收。但百年未有之大变局以及新冠疫情带来的不确定性，导致经济增速换挡回落，返贫致贫现象时有发生，规模性返贫的风险依然存在。防范复杂情景下脱贫不稳定户、边缘易致贫户、突发严重困难户等"三类户"的返贫致贫风险，健全脱贫人口持续增收机制，成为当前面临的迫切任务和重点工作。国家乡村振兴局委托西北农林科技大学组成课题组，深入重点帮扶县、易地扶贫搬迁安置点进行实地调研，就脱贫人口持续增收的现状、问题及风险挑战进行分析，在此基础上提出促进脱贫人口持续较快增收的政策建议。

一、脱贫人口增收现状及特征

课题组赴云南、广西、山西、青海、宁夏5省份，对重点区域约1120户脱贫家庭进行访谈，获得约4300个脱贫户的年龄、教育、收入、就业、支出、享受政策等方面信息，时间范围涵盖2018年至2021年（表1）。从地理方位来看，山西、广西、青海与宁夏、云南分别位于我国中部、南部、西北、西南，对中西部脱贫地区具有较好的代表性。

表 1 调研村和样本人数

省份	调研村	样本人数			
		2018 年	2019 年	2020 年	2021 年
云南	贡山普拉底乡其达村	325	331	335	329
	贡山独龙江乡孔当村	715	725	707	700
广西	隆安县那桐镇定江村	200	194	193	192
	天等县驮堪乡道念村	1349	1352	1344	1335
山西	榆社县云镇镇东庄村	150	144	136	136
青海	共和县次汗达哇村	66	65	61	60
宁夏	固原市原州区头营镇杨郎村	297	299	301	294
	隆德县神林乡辛平村	594	596	602	593
	西吉县火石寨乡沙岗村	621	620	622	627
样本合计		4317	4326	4301	4266

（一）脱贫人口收入水平分析

总体来看，样本户人均收入呈现逐年递增趋势，由 2018 年的 8672.54 元增长至 2021 年的 13224.21 元，年均增长率达 15.10%（图 1）。从省域对比看，青海、山西、宁夏、广西 4 省份样本户人均可支配收入年均增长率分别为 31.28%、27.89%、19.18%、14.48%，但云南的该指标年均增长率不足 6.5%，显示出较明显的区域差异。

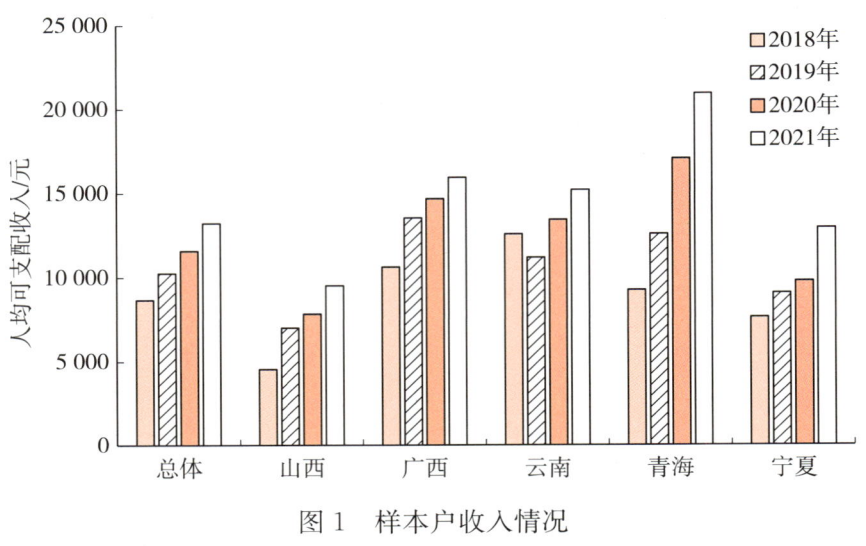

图 1 样本户收入情况

（二）脱贫人口收入结构分析

总体来看，样本户收入结构稳定，四大收入来源在总收入中的重要性排名无较大变化（表 2）。2021 年，人均可支配收入占比从高到低依次是工资性收入（64.52%）、转移性收入（16.69%）、生产经营性收入（16.03%）以及财产性收入（2.75%）。动态来看，工资性收入在脱贫户人均可支配收入中占比逐年增加，从 2018 年的 55.63% 上涨到 2021 年的 64.52%；生产经营性收入占比总体呈下降态势，从 2018 年的 25.18% 下降到 2021 年的 16.03%；财产性收入、转移性收入的占比总体保持稳定。

表 2 样本户收入结构

区域	时间	收入来源			
		生产经营性收入/%（排名）	工资性收入/%（排名）	财产性收入/%（排名）	转移性收入/%（排名）
全体	2018 年	25.18（2）	55.63（1）	2.41（4）	16.78（3）
	2019 年	17.77（3）	61.42（1）	2.72（4）	18.09（2）
	2020 年	15.74（3）	62.51（1）	2.68（4）	19.07（2）
	2021 年	16.03（3）	64.52（1）	2.75（4）	16.69（2）

（续）

区域	时间	收入来源			
		生产经营性收入/%（排名）	工资性收入/%（排名）	财产性收入/%（排名）	转移性收入/%（排名）
山西	2018 年	15.40 (3)	59.33 (1)	7.02 (4)	18.26 (2)
	2019 年	5.25 (4)	52.84 (1)	17.86 (3)	24.05 (2)
	2020 年	4.42 (4)	58.93 (1)	16.41 (3)	20.24 (2)
	2021 年	5.61 (3)	64.55 (1)	5.55 (4)	24.29 (2)
广西	2018 年	12.24 (2)	76.33 (1)	3.40 (4)	8.03 (3)
	2019 年	8.84 (2)	81.80 (1)	2.42 (4)	6.94 (3)
	2020 年	11.85 (2)	76.79 (1)	2.58 (4)	8.78 (3)
	2021 年	10.68 (2)	78.89 (1)	2.34 (4)	8.09 (3)
云南	2018 年	63.08 (1)	23.54 (2)	2.88 (4)	10.51 (3)
	2019 年	43.69 (1)	28.04 (2)	2.28 (4)	25.98 (3)
	2020 年	37.09 (1)	29.28 (2)	2.09 (4)	31.54 (2)
	2021 年	38.52 (1)	34.58 (2)	2.47 (4)	24.44 (3)
青海*	2018 年	13.13 (4)	31.81 (2)	8.70 (4)	46.37 (1)
	2019 年	35.32 (2)	16.97 (3)	3.31 (4)	44.41 (1)
	2020 年	31.03 (2)	18.59 (3)	13.95 (4)	36.43 (1)
宁夏	2018 年	15.92 (3)	58.73 (1)	1.77 (4)	23.58 (2)
	2019 年	16.12 (3)	62.04 (1)	2.47 (4)	19.38 (2)
	2020 年	17.34 (3)	62.08 (1)	2.72 (4)	17.86 (2)
	2021 年	19.97 (2)	63.15 (1)	2.20 (4)	14.68 (3)

* 2021 年青海省调查数据变化较大，此处不报告。

分区域来看，脱贫户人均可支配收入结构呈现区域性差异：①山西、广西、宁夏 3 省份样本呈现工资性收入占主导的"一家独大"特征，比重在 50%～80%。②青海样本收入来源主要依靠转移性收入，2020 年占比为 36.43%。③云南样本呈现经营性收入、工资性收入、转移性收入较为均衡的"三足鼎立"发展态势，2021 年三者占比分别为 38.52%、34.58%、24.44%。

（三）"三类户"概况

1. 发生规模。2018 年调研村"三类户"数量为 0；2019 年增长为 86 户，占调研村的 2.09%；2020 年略微下降到 83 户，占比为 2.02%；2021 年上升为 139 户，占比增长为 3.42%（图 2）。整体来看，"三类户"人群有增加趋势，尤其在疫情发生后，出现小幅上涨。

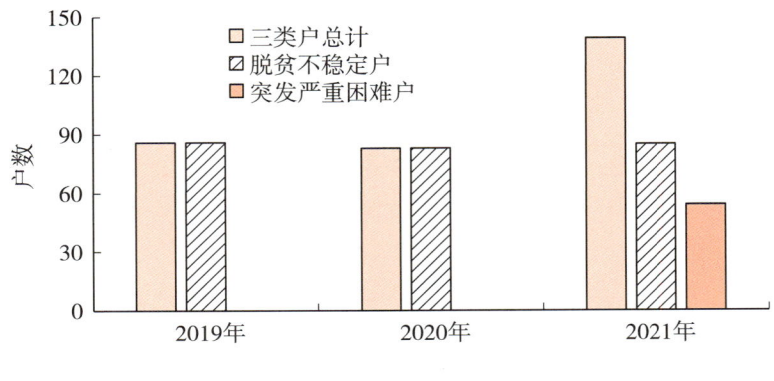

图 2　"三类户"数量变化

2. 结构特征与区域分布。"三类户"调查样本涉及云南、广西、宁夏三省份。从内部结构看，"三类户"的增加主要来自 2021 年新增突发严重困难户 54 户；脱贫不稳定户数量在 2019—2021 年间基本保持稳定（图 2）。从区域分布看，云南"三类户"占比逐年下降，广西、宁夏"三类户"占比逐年攀升，尤其是宁夏的"三类户"约占全部"三类户"的 1/2（图 3）。

3. 收入差距。图 4 将"三类户"的人均可支配收入与其所在省份农村居民人均可支配收入进行对比分析。结果显示，"三类户"人均可支配收入较其所在省份农村居民人均可支配收入存在一定差距。值得关注的是，"三类户"2020 年人均可支配收入较 2019 年小幅上涨，但 2021 年略有下降；其中，脱贫不稳定户的人均可支配收入相对较低。

4. "三类户"人群特征。"三类户"与非"三类户"在健康状况、受

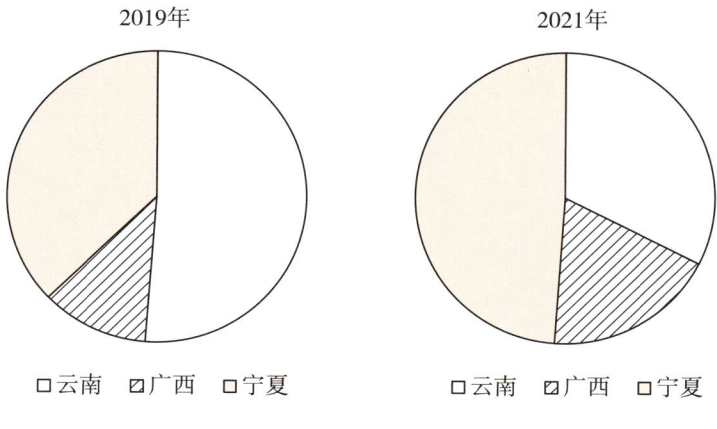

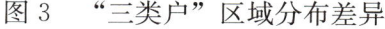

图 3 "三类户"区域分布差异

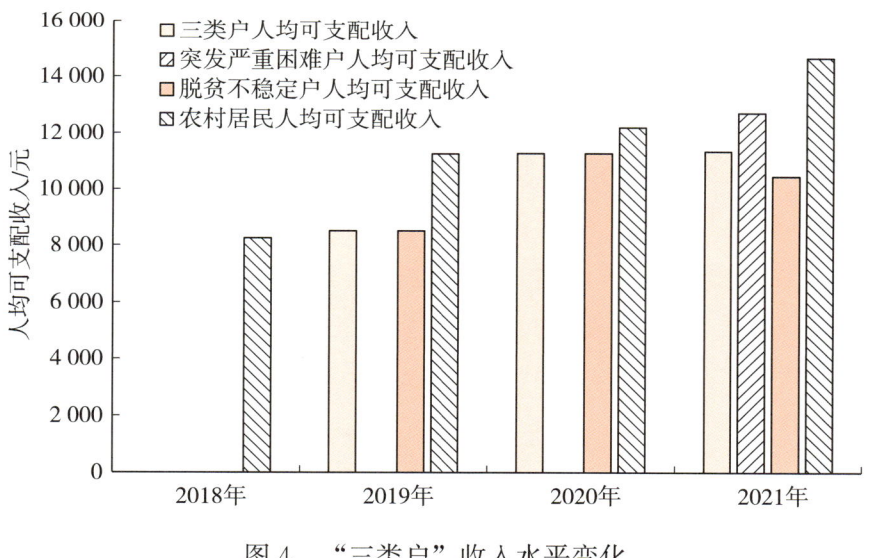

图 4 "三类户"收入水平变化

教育程度、务工天数、务工人数和享受政策数量等变量上均存在显著差异，且都在 1% 的统计水平上显著（表 3）。从数值大小可以推断出，"三类户"普遍表现出健康状况堪忧、受教育程度偏低、家庭外出务工不足等特征。尤其是健康状况的 t 检验值最大，从侧面反映出疾病是"三户类"形成的重要成因。

表3 组间比较结果

变量	全部		"三类户"		非"三类户"		t检验
	均值	标准差	均值	标准差	均值	标准差	
健康	0.85	0.36	0.79	0.37	0.87	0.36	−7.67***
教育	7.19	3.63	6.47	2.94	7.21	3.64	−3.45***
务工人数	1.71	0.98	1.28	0.70	1.72	0.98	−4.82***
务工天数	98.05	139.50	73.39	131.60	98.53	139.60	−3.13***
政策	4.52	1.48	5.09	1.50	4.51	1.48	6.80***

二、脱贫人口增收的可持续性评估

（一）增收可持续性的概念内涵

在借鉴可持续能力分析框架和生计恢复力概念的基础上，提出增收可持续性的概念内涵：脱贫人口增收可持续性指的是脱贫户在享受一定帮扶政策支撑的基础上，其自身具备一定内生增收动力的条件下，保持脱贫户可支配收入稳定增长趋势，同时其生计承受外部风险冲击的综合能力。根据上述概念框架，脱贫人口增收的可持续性评估体系可以由收入发展性、稳定性、支撑性、内生动力性、外部冲击性五个维度构成（表4）。

表4 脱贫人口增收可持续性评价指标体系

目标层	维度层	指标层	内涵	单位	效应	权重
增收可持续性	发展性	收入增长率	人均可支配收入同比增长	％	＋	0.064
		家庭就业率	务工人数占家庭劳动力比例	％	＋	0.059
		就业天数	劳动力外出务工的总天数	天	＋	0.041
		是否外出就业	反映劳动力是否外出就业	—	＋	0.036
	稳定性	收入的标准差	人均可支配收入的离散程度	—	—	0.080

（续）

目标层	维度层	指标层	内涵	单位	效应	权重
增收可持续性	稳定性	收入波动性	人均可支配收入的波动程度	—	—	0.053
		就业波动性	就业天数的波动程度	—	—	0.067
	支撑性	政策享受数量	劳动力享受帮扶政策数量	—	＋	0.062
		享受政策质量	劳动力享受帮扶政策质量	—	＋	0.098
		享受政策稳定性	劳动力享受帮扶政策时长	年	＋	0.040
	内生动力性	教育水平	劳动力的人力资本水平	—	＋	0.093
		健康水平	劳动力的健康状况	—	＋	0.067
		家庭规模	劳动力增收的动力	人	＋	0.040
	外部冲击性	疫情发生次数	县域发现病例次数	次	—	0.118
		疫情确诊人数	县域确诊病例人数	人	—	0.082

（二）评估方法

首先，由于各评价指标具有不同的量纲和数量级，故采用极差法对数据进行标准化处理。其次，采用熵值法和层次分析法相结合的赋权方法计算权重，结算结果如表4最后一列所示。再次，采用加权求和方法分维度计算发展性、稳定性、支撑性、内生动力性、外部冲击性五个指标值。最后，将各维度指标进行加总，得出增收可持续性指数。在此基础上，为了进一步明晰阻碍增收可持续性的关键因素，引入障碍度模型，探寻影响持续增收的阻力因素。

（三）测算结果及分析

1. 增收可持续性指数。首先，样本户的增收可持续性指数保持上涨态势（图5），这反映出脱贫人口的持续增收能力稳步提升。其次，"三类户"增收可持续性指数也呈现逐年递增趋势，从2018年的0.41增长至2021年的0.48（图6）。相比而言，"三类户"增收可持续性指数明显低于脱贫户，这反映出"三类户"增收的可持续性与脱贫户相比较弱。进一步对比发现，二者差距有略微扩大趋势。

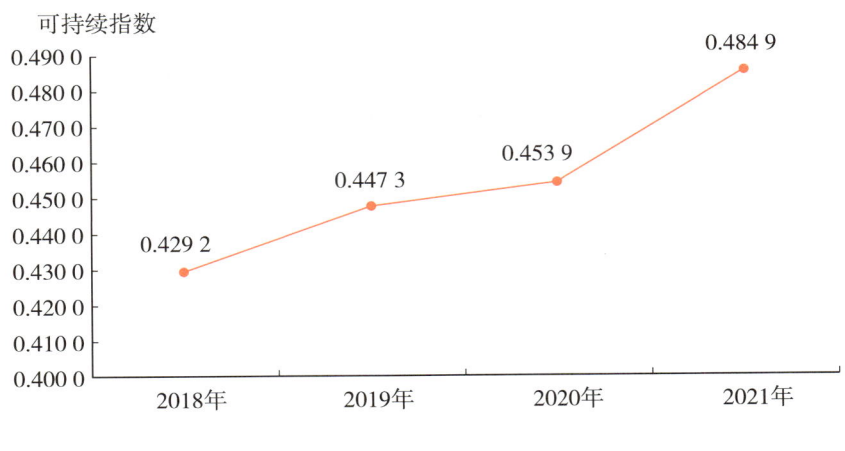

图 5　样本户增收的可持续性

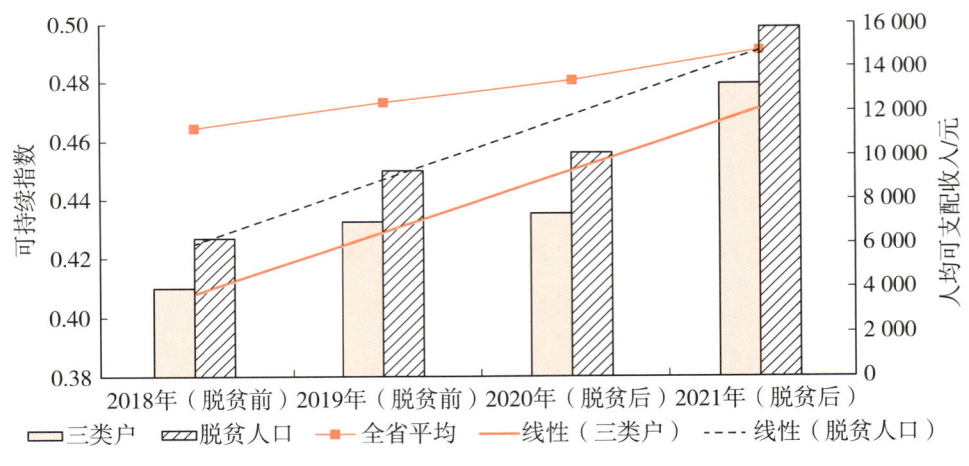

图 6　"三类户"的增收可持续性对比

2. 障碍度分析。障碍度由大到小依次是外部冲击性、发展性、支撑性、内生动力性和稳定性，并且前三个维度占到了障碍度总值的 62.24%（图 7）。这说明外部因素冲击、收入发展性不强、政策支撑性不足是阻碍增收可持续性的三大关键因素。

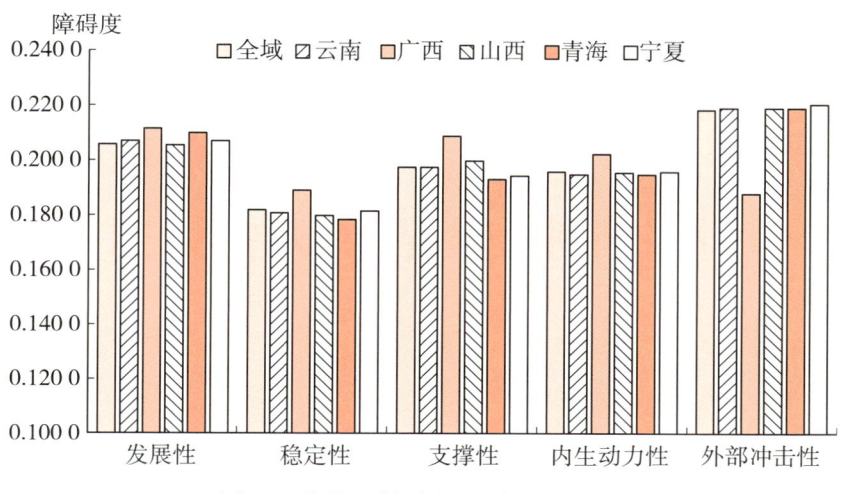

图 7　增收可持续性的障碍度分解

三、脱贫户对帮扶政策的需求分析

为进一步研究脱贫户对帮扶政策的满意度，课题组以陕南地区脱贫户为研究对象，分别选择了山阳县、略阳县、镇安县、商南县、丹凤县等共5个县作为研究样本，在每个县随机选择了50户脱贫户进行问卷调查和访谈，共发放问卷250份，收回问卷250份，其中有效问卷246份，问卷有效收回率为98.4%。将脱贫户对各项政策的满意度得分加总、并按照加总分值进行综合排名，可以得到各项帮扶政策的实施效果（表5）。

表 5　脱贫户对帮扶政策实施效果评价

| 政策 | 变量 | 满意度占比/% | | | | | 加权平均分 | 排名 |
		A	B	C	D	E		
经济补贴类	农业种植补贴	15.0	73.2	4.9	3.7	3.3	78.6	3
	退耕还林还草补贴	12.2	61.8	9.3	6.9	9.8	72.0	8
	农机具购置补贴	10.2	58.1	17.1	8.1	7.3	71.6	9
社会保障类	农村低保制度	11.4	48.8	33.3	5.3	1.2	72.8	5
	城乡居民基本医疗保险	15.9	74.4	6.1	2.0	1.6	80.2	1
	城乡居民社会养老保险	16.3	71.1	5.3	2.8	4.5	78.4	4

（续）

政策	变量	满意度占比/%					加权平均分	排名
		A	B	C	D	E		
教育帮扶类	农村义务教育	15.4	73.2	6.9	1.6	2.8	79.3	2
	劳动力就业培训	4.9	39.4	31.3	17.1	7.3	63.5	14
	农村中高等职业教育减免	8.9	55.7	27.2	5.3	2.8	72.5	6
基础设施建设类	农村危房改造	10.6	60.2	15.9	6.9	6.5	72.3	7
	道路、电网、农田建设	12.2	56.5	13.0	11.4	6.9	71.1	10
	饮水安全工程	9.8	54.9	12.2	19.1	4.1	69.4	12
其他	小额信贷	11.0	52.4	17.5	12.6	6.5	69.8	11
	移民搬迁	4.5	43.5	39.4	8.5	4.1	67.2	13

注：A、B、C、D、E 分别表示很满意、满意、一般、不满意、很不满意；例如，第一行 15.0 表示，有 15.0% 的脱贫户对农业种植补贴政策很满意。在计算加权平均分时，A、B、C、D、E 分别计 5、4、3、2、1 分。

从总分来看，排在第 1 到第 5 名的帮扶政策依次是城乡居民基本医疗保险、农村义务教育、农业种植补贴、城乡居民社会养老保险、农村低保制度。这五类政策中有三类是社会保障类政策，反映出该类政策对脱贫户的帮扶作用较大。排名第 6 到第 10 位的帮扶政策依次是农村中高等职业教育减免，农村危房改造，退耕还林还草补贴，农机具购置补贴，道路、电网、农田建设。这些政策大多与脱贫户生产、生活密切相关。排名第 11 到第 14 的政策分别是小额信贷、饮水安全工程、移民搬迁、劳动力就业培训。整体来看，脱贫户满意度不高。例如劳动力就业培训，仅有不到 45% 的脱贫户认为很满意或满意，政策效果不甚理想。

从需求层面来说，课题组调研了脱贫户希望政府提供的具体支持措施（图 8）。其中，提供就业机会、提供资金支持、提供技术支持是脱贫户的主要诉求，其所占比例分别为 29.3%、27.2%、25.6%。可以发现，在疫情等外部因素影响下，脱贫户外出务工和本地就业受到一定冲击，因此对政府提供就业机会的需求排名第一。更进一步，脱贫户对于资金及技术帮扶的用途以特色种养业需求为主。通过调查了解到，陕南部分重点帮扶县前几年号召栽种桃树，但由于村民缺乏技术指导，成活率很低，即使有一些成活率较高的家庭，也因滞销而收益大减。此外，约8.1%的脱贫户期望政府能够解决因为疾病支出较多而导致的生活困难，尤其是"三类户"对该诉求的反映最为强烈。这从侧面反映出"三类户"的因病致（返）贫问题值得关注。

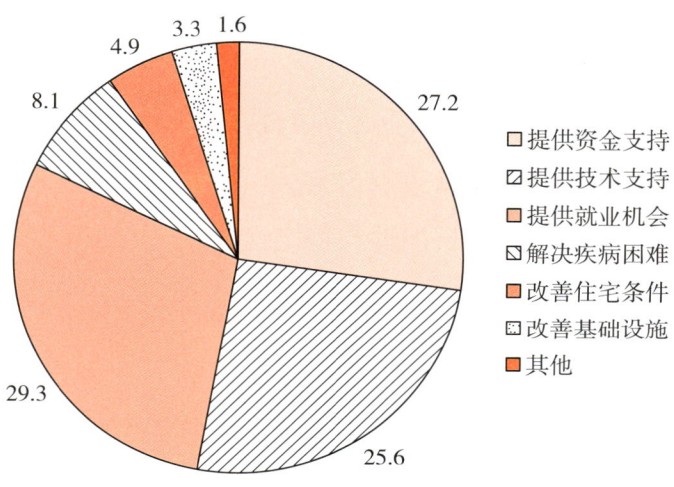

图 8　脱贫户的政策需求分布（%）

四、国外可持续增收经验和做法

在对比分析发达国家和发展中国家促进农村居民可持续增收的做法基础上，得到相关的经验总结及政策启示（表 6）。

表 6　主要国家可持续增收经验及启示

国家/地区	经验	启示
美国	1. 立法先行 2. 教育与就业援助 3. 强化开发式增收	1. 发挥政府与市场协调配置功能 2. 强化增收立法保障
日本	1. 覆盖全国的农业协会 2. 成熟的农业金融机制 3. 注重农业教育的作用	1. 培育农村社会组织 2. 加强脱贫人口职业教育培训

（续）

国家/地区	经验	启示
印度	1. 实施脱贫人口就业计划 2. 建立最基本的社会保障制度 3. 发展农村普惠金融	1. 建立健全医疗、养老保障体系 2. 完善农村普惠金融

（一）美国的相关经验与启示

首先，通过制定有关法律法规和进行体制机制建设，为相关群体活动提供保障。美国先后颁布了《农村发展法》《农场安全与乡村投资法》等法案，保证农村经济开发的长期性与稳定性。其次，在教育帮扶方面，美国通过《开端计划法》《初等与中等教育法》等法案，积极引导低收入者关注长远发展。再次，在就业帮扶方面，美国政府颁布《劳动力投资法》，通过州级一站式服务体系和地区服务中心为福利受惠者提供就业培训。最后，对于集中连片特困地区进行综合性开发帮扶，形成了田纳西河流域开发式帮扶以及阿巴拉契亚地区开发式帮扶。

从启示上看，美国是典型的市场经济国家，在增收制度设计上具有市场导向、注重效率的特点。我国当前的帮扶工作主要是以政府为主导的，可以借鉴美国做法，保证政府的托底，发挥市场的活力。同时，我国帮扶工作在法治建设方面存在不足，仅有一部《中华人民共和国乡村振兴促进法》，相关法律制度和监督制约机制有待健全。

（二）日本的减贫经验与启示

首先，覆盖全国的农业协会。农业协会联合采购农业生产所需的材料，共同销售农畜产品，以合作社化的方式降低农民的耕作成本，提高农产品收益，抵御市场的风险。其次，成熟的农业金融机制。一是"共济会、保险、再保险"的农业保险业务，二是服务于农民会员的存款与信贷业务。最后，注重农业教育的作用。日本农业学校建立了完善的课程体系，通过讲座、练习和实践训练，培养农民的"管理能力""农业能力"

"社会技能"和"人才能力"。

从启示上看，我国应当鼓励各类农村社会组织的发展，培育类型多样、功能完善、布局合理的农村社会组织。此外，我国现阶段帮扶投入仍主要以脱贫人口的经济补贴为着力点。应当引入文化教育的要素，实现脱贫人口的"增能"和"赋权"，提升其内生发展动力。

（三）印度的减贫经验与启示

首先，实施低收入人口就业计划。印度实施了农村综合发展计划、乡村自我就业计划等一系列增加低收入人口就业机会的计划。其次，建立最基本的社会保障制度。通过发展公营分配制度、完善医疗保障制度，印度政府在全国各地建立控制基本消费品价格的平价商店，建立全民免费医疗制度等。最后，发展普惠金融。印度发起了银行业的"最后一公里"运动，商业银行被要求将资金首先投放至小微企业，满足农业和中小企业的融资需求。

从启示上看，我国应当加大对低收入人口在农业科技、经营管理方面的培训，从而缓解脱贫人口的就业压力。同时，印度通过各种医疗减免措施提高社会保障水平，值得我国借鉴。此外，要提高普惠金融巩固拓展脱贫攻坚成果的效能，一方面要提升普惠金融促进增收的效能，另一方面要强化普惠金融促发展能力。

课题组牵头人：张　寒

课 题 组 成 员：刘金典　陈晓楠　郑伟伟　靳亚亚　张永旺

脱贫地区发展劳动密集型产业研究

中国农业科学院农业经济与发展研究所课题组

党的二十大报告提出，全面推进乡村振兴，坚持农业农村优先发展，巩固拓展脱贫攻坚成果，加快建设农业强国，扎实推动乡村产业、人才、文化、生态、组织振兴。劳动密集型产业始终是实现我国经济稳步发展的基础性产业，促进脱贫地区劳动密集型产业繁荣发展，是巩固拓展脱贫攻坚成果、全面推进乡村振兴的重要途径。尤其是在当前全球经济下行风险加大、中国经济总体恢复动能依然偏弱的背景下，脱贫人口就业不充分、收入下降压力骤增，部署加强脱贫地区劳动密集型产业发展，正当其时，恰逢其势，是集人民群众所盼、脱贫地区所能、国家战略所需的一项重要举措。谋划引导脱贫地区依托各类资源要素优势，抓住国内大循环为主体、东部地区劳动密集型产业向中西部梯度转移的有利时机，充分释放劳动密集型产业带动脱贫地区经济社会发展、就地就近就业功能，对于实现脱贫人口稳岗增收、守住不发生大规模返贫底线、维护我国制造业产业链供应链完整性、稳定性均具有重要意义。国家乡村振兴局委托中国农业科学院农业经济与发展研究所组成课题组，围绕这一问题进行了深入研究。

一、促进脱贫地区劳动密集型产业发展的战略意义

（一）促进劳动密集型产业发展，是人民群众所盼

就地就近就农发展劳动密集型产业，是把更多的就业岗位和增值收益留在农村、留给农民的最佳选择。习近平总书记曾经在《摆脱贫困》一书中讲道：为城市大工业服务的劳动密集型企业，应以集体办为主，以吸收大量的富余劳动力，调整好农村产业结构，使更多农民走上致富道路。2021年5月，习近平总书记在河南南阳市调研时指出："我们一方面要发展技术密集型产业，另一方面也要发展就业容量大的劳动密集型产业，把就业岗位和增值收益更多留给农民。"这为脱贫地区产业振兴和农民富裕生活实现提供了方法论遵循。脱贫地区遵循"姓农、兴农、富农"原则，积极发展劳动密集型产业，能够实现更多农民"家门口就能挣钱，顾家挣钱两不误"，解决"平时外出、春节返乡"的"候鸟式"迁移带来的空巢老人和留守儿童等社会问题，提升脱贫人口获得感与幸福感。

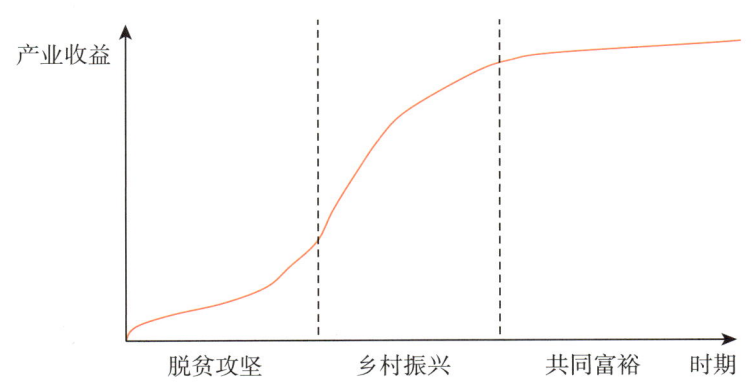

图1　脱贫地区劳动密集型产业发展示意图

持续加强劳动密集型产业发展支持，是巩固拓展脱贫攻坚成果、奠定乡村产业振兴的长远基础。脱贫地区产业基础薄弱，远离消费大市场，构建劳动密集型产业体系需要付出远高于其他地区的努力。理论来

看，脱贫地区劳动密集型产业要经历三个轨迹不同的发展阶段（图1）。但当前脱贫地区劳动密集型产业增速还不够快、就业收入效益还不够广泛。需要继续实施产业政策，帮助相关行业渡过疫情发生以来的各类困难，尤其是逐步适应市场竞争，形成自生能力，让劳动密集型产业成为脱贫地区共同富裕的主导产业。如果产业政策强度过早过快降低，有可能让脱贫地区得之不易的产业成效付诸东流。

提升劳动密集型产业就业增收带动能力，是解决脱贫人口就业收入脆弱性、守住不发生规模性返贫底线的不二之选。脱贫地区人口劳动技能普遍偏低，主要从事"劳力活"和"打零工"，转岗难、再就业难。尤其是在疫情持续冲击下，已脱贫人口、边缘弱势群体等就业不充分、收入下降的压力骤增，农民工回流趋势愈加明显且回流后务工区位选择以县城和村庄为主。劳动密集型产业具有投资少、门槛低、涉及面广、见效快，而且吸纳就业能力强、对劳动力技能要求低等特点，是解决脱贫人口以及回流农民工就业增收最直接、最有效、最具潜力的产业。

（二）做大做强劳动密集型产业，是脱贫地区所能

脱贫地区劳动密集型产业体系初步建立，并具备发展所需的基础设施和发展机制支撑。脱贫攻坚期间，产业扶贫将劳动密集型产业设为优先发展项，有力推动了脱贫地区劳动密集型产业从无到有，相关地区初步建立了包括农产品加工、纺织服装、电子产业、玩具箱包、建材等在内的劳动密集型产业体系，发展初见雏形。脱贫地区交通、电力、通信设施等逐步完备，生产生活条件有了根本改观，动员资源要素能力、产业培育能力、基层治理能力有效提升，形成了帮扶脱贫地区产业发展的完备组织体系，能为劳动密集型产业做大做强提供必要的基础支撑。

脱贫地区资源要素优势和政策优势突出，产业发展潜力较大。脱贫地区劳动力资源丰富，用工成本相对较低，培育了一批经验足、上手快的产业工人。部分脱贫地区产业发展所需的原料、电力、土地等资源丰富，能为劳动密集型产业发展提供有利的先决条件。更值得一提的是，脱贫攻坚期间脱贫地区形成了 2.77 亿元的扶贫项目资产，当前还有大量的衔接资金投入，能为劳动密集型产业发展提供必要的资金支持。同时，脱贫地区具有东西部协作和对口支援等独特政策优势，东部省份积极推动劳动密集型产业向西部转移，省与省之间、省内各地形成了对口支援、东西部协作、消费扶贫等共赢良好局面。聚力上述优势，脱贫地区有条件、有能力、更有动力承接好、发展好劳动密集型产业。

（三）稳住劳动密集型产业发展份额，是国家战略所需

脱贫地区积极承接东部转移产业，能有效维护我国产业链供应链完整性稳定性。劳动密集型产业始终是实现我国国民经济稳步发展的基础性产业。当前国内外经济形势复杂严峻，更要发挥好劳动密集型产业稳经济、促就业的托底作用。近年来，国家高度重视劳动密集型产业转移，积极引导劳动密集型产业重点向中西部劳动力丰富、区位交通便利地区转移。然而，当前东部劳动密集型产业加工组装和低端制造环节向脱贫地区转移规模有限，向东南亚国家转移态势却在加速，长期发展下去有可能导致我国的产业链完整性受到威胁。事实上，相比东南亚等国家，我国脱贫地区承接东部劳动密集型产业转移优势依然明显，促进脱贫地区有效承接东部劳动密集型产业，有利于维护我国产业链供应链完整性和稳定性。

脱贫地区发展劳动密集型产业，能助力推进县域城镇化并扩大内需。2020 年 7 月，李克强总理在部署加强新型城镇化建设、补短板扩内需的国务院常务会议上提到，要发展劳动密集型产业，为进城农民就近打工就业提供机会。进一步推动城镇化，最大的潜力在中西部脱贫地区。2020 年脱贫地区的城镇化率不到 50%，低于全国平均水平近 10 个百分点，仍有很大上升空间。同时，新冠疫情暴发及防控政策调整以后，扩大消费在国民经济增长中的重要性和紧迫性日益突出，扩大内需已经成为国家战略，我国脱贫地区人口规模大，消费基数低，边际消费

倾向高，拉动内需潜力大，是扩内需、稳增长的重要抓手。未来，脱贫地区充分发挥劳动密集型产业带动就业、促进增收能力，能为推进县域城镇化、拉动内需做出更大更积极的贡献。

二、脱贫地区劳动密集型产业概念界定、发展现状及趋势特点

（一）劳动密集型产业是一个相对概念，内涵与外延在不断发展变化

总体来说，劳动密集型产业是资本、技术构成较低，但容纳劳动力数量多的产业，在一二三产业中广泛存在。劳动密集型产业是一个相对概念，会随着信息化、智能化、机械化等的普及以及经济社会发展的变化而变化。内涵与外延的不断发展变化，主要体现在三个方面：一是原来传统劳动密集型产业，现在仅存在于部分产业中。如以前农业各个环节主要依靠人力完成，而现在尤其是平原地区，主要粮食生产几乎全程机械化。苹果、草莓、茶叶等的生产，也仅在采摘环节才需要较多的劳动力，对人力依赖程度显著下降。二是外延在扩大，产生了一些新的劳动密集型产业。以前，劳动密集型产业更多集中在制造业，服装、玩具、箱包、鞋帽、家具板材、电子组装等制造加工类产业是最典型的代表，现在包括家政、电子商务、物流配送等在内的新兴服务业，已成为劳动密集型产业不可或缺的重要组成部分。三是不同地区、不同产业衡量标准不一样。学术界通常用"单位固定资本吸纳社会劳动力"的平均比值来衡量，但具体多少才是劳动密集型产业，很难达成一个统一的标准。如，同样一个产业，在脱贫地区、山区丘陵地区仍然是劳动密集型产业，但在发达地区、平原地区已不需要更多劳动力了。

科学划定劳动密集型产业类型，是一项复杂的系统工程。尽管难以给劳动密集型产业设定一个绝对的衡量标准和范围，但可结合资源禀赋和特点，提出脱贫地区未来可以重点发展的一些劳动密集型产业的方向和细分

领域（表1）。

表1 劳动密集型产业分类（GB/T 4754—2017）

门类	大类	中类
农、林、牧、渔业	农业	谷物种植，豆类、油料和薯类种植，棉、麻、糖、烟草种植，蔬菜、食用菌及园艺作物种植，水果种植，中药材种植
	林业	林木育种和育苗，森林经营、管护和改培，木材和竹材采运，林产品采集
	畜牧业	牲畜饲养，家禽饲养
	渔业	水产养殖，水产捕捞
	农、林、牧、渔专业及辅助性活动	农业专业及辅助性活动（种子种苗培育活动、农产品初加工活动）
制造业	农副食品加工业	粮食加工，制糖业，屠宰及肉类加工，水产品加工，蔬菜、菌类、水果和坚果加工
	食品制造业	焙烤食品制造，糖果、巧克力及蜜饯制造，方便食品制造（如速冻食品制造），乳制品制造，罐头食品制造，调味品、发酵制品制造
	酒、饮料和精制茶制造业	饮料制造（如瓶装水、果菜汁饮料等），精制茶加工
	纺织业	棉纺织及印染精加工，毛纺织及染整精加工，麻纺织及染整精加工，化纤织造及印染精加工，针织或钩针编织物及其制品制造，家用纺织制成品制造，产业用纺织制成品制造
	纺织服装、服饰业	机织服装制造，针织或钩针编织服装制造，服饰制造
	皮革、毛皮、羽毛及其制品和制鞋业	皮革鞣制加工，皮革制品制造，毛皮鞣制及制品加工，羽毛（绒）加工及制品制造，制鞋业
	木材加工和木、竹、藤、棕、草制品业	木材加工，人造板制造，木质制品制造，竹、藤、棕、草等制品制造
	家具制造业	木质家具制造，竹、藤家具制造，金属家具制造，塑料家具制造，其他家具制造，五金配建制造

（续）

门类	大类	中类
制造业	文教、工美、体育和娱乐用品制造业	文教办公用品制造，乐器制造，工艺美术及礼仪用品制造（如刺绣、地毯等），体育用品制造（如球类制造），玩具制造
	橡胶和塑料制品业	橡胶制品业，塑料制品业
	电子元器件制造	电子元件（电阻电容电感等）、电子材料、电子版、半导体器件、光电子器件、其他电子专用器件
	零部件及配件制造	汽车摩托车等车辆用零部件（车灯、仪表盘等）及配件、仪器仪表制造（电工、测量测绘、农用、环境监测、教学用等）、计算机零部件、制冷空调设备零部件、机器人用零部件、移动通信系统设备零部件等制造
	其他轻工制造	日用杂品制造（鬃毛加工、制刷及清扫工具等）、普通人造革生产、泡沫塑料生产、食品保鲜包装膜生产、照明灯具生产等
建筑业	房屋建筑业	住宅建筑
	土木工程建筑业	铁路、道路、隧道和桥梁工程建筑，架线和管道工程建筑
	建筑装饰、装修和其他建筑业	建筑装饰和装修业、黏土空心砖生产、烧结砖及烧结空心砌块生产
批发和零售业	批发业	农、林、牧、渔产品批发，食品、饮料及烟草制品批发，纺织、服装及家庭用品批发
	零售业	综合零售（百货、超市、便利店等），食品、饮料及烟草制品专门零售，纺织、服装及日用品专门零售，互联网零售（电子商务）
交通运输、仓储和邮政业	道路运输业	道路货物运输，道路运输辅助活动（如公路管理与养护）
	装卸搬运和仓储业	装卸搬运
	邮政业	快递服务，其他寄递服务

（续）

门类	大类	中类
住宿和餐饮业	住宿业	民宿服务
	餐饮业	正餐服务，快餐服务，餐饮配送及外卖送餐服务，小吃服务
居民服务、修理和其他服务	居民服务业	家庭服务（家政服务），康养护理、医院护工、托儿所服务等
	其他服务业	清洁服务（建筑物清洁、保洁）
文化、体育和娱乐业	娱乐业	休闲观光活动（以农林牧渔业为对象的休闲观光旅游活动）

（二）不同地区发展形态及所处阶段有所不同，呈现梯度发展格局

整体上看，当前我国劳动密集型产业呈现出一些新的发展特征。劳动力成本上升对其发展影响巨大，东部地区劳动密集型产业加快向外转移，依托数字共享经济发展起来的新兴劳动密集型服务业已成为带动农村劳动力就业增收的重要力量。区域上看，不同地区在产业类型、产业附加值水平、产业体系完整度等方面存在明显差异。东部沿海地区处于产业链条完整、集聚程度高、带动就业能力强的成熟发展阶段，中部地区积极承接产业转移有效驱动劳动密集型产业迈入快速发展黄金阶段，西部地区绝大部分劳动密集型产业仍处于"小散弱"的起步发展阶段。

脱贫地区劳动密集型产业处于典型的起步发展阶段，但发展潜力巨大、长期红利可期。地处中部的一般脱贫县，依托园区模式，承接劳动密集型产业转移，涌现了一批劳动密集型产业发展卓有成效的县域，如安徽太和县毛发制品产业、贵州正安吉他制造等；地处西部及原"三区三州"深度贫困地区，在对口帮扶机制下，通过扶贫车间、社区工厂等形式使劳动密集型产业发展初具雏形。尽管脱贫地区劳动密集型产业"小散弱"，

产业结构呈现产业链短、价值链短、创新链短的特征，增速还不够快、收入效益还不够广泛。但也要看到，部分地区已经开始由点状零星发展向链条式、集聚式发展提升，从传统种养加工为主向三产融合方向、向高附加值环节延伸拓展。

三、劳动密集型产业发展典型模式

全国各地形成了一批带动就业效果显著、特色鲜明、机制完善、发展模式各异的劳动密集型产业发展典范。主要发展模式如下。

一是产业帮扶与承接发展型，指在东西部扶贫协作战略引导下，通过建立产业园区、发展制造基地、开展产业链供应链对接合作，积极承接东部产业转移，推动帮扶承接地区劳动密集型产业发展，如江苏常州帮扶的陕西安康毛绒玩具产业、新疆纺织服装产业。二是农业特色产业融合发展型，指依托当地特色农业资源、独特农产品加工技术手段等，开发具有区域特色和较高市场竞争力的农产品，并通过延长产业链，形成一二三产融合发展格局，具有代表性的有云南会泽高山夏季草莓产业、贵州锦屏县鹅产业等。三是生态度假康养资源开发型，指在距离大城市相对较近、交通便捷、具有独特气候且适宜休闲康养地区，发展文旅度假、避暑康养、吃住食宿等为一体的服务业，如：湖北利川市的"清凉产业"、重庆石柱县的森林康养产业等。四是"无中生有"发展壮大型，指通过"筑巢引凤"吸引在外创业人才将产业带回家乡发展，或推动传统"家庭作坊式"小产业提档升级，实现产业从无到有、从小到大，贵州正安县吉他产业、河南兰考县乐器产业等具有较强代表性。五是特色小吃产业创业输出型，指一些能人携亲带友以开小吃店、快餐店等形式，将富有地方特色的传统小吃带到全国各地甚至国外而形成的产业，如青海循化县拉面产业。六是品牌家政服务劳务输出型，指劳动力富足地区建设家政服务输出基地，培育家政服务品牌，组织培训机构和实训基地，让农村劳动力通过家政出村进城，实现就业增收，如浙江常山阿姨、山西天镇保姆等。

四、脱贫地区劳动密集型产业发展问题与挑战

脱贫地区经济由农业向制造业转型的进程尚未完成，早期培育的设施农业、轻工制造等产业还处于起步阶段。尤其是受限于基础条件、疫情冲击和经济下行压力等外部约束，使得当前部分脱贫地区早期发展起来的劳动密集型产业面临前所未有的生存压力。脱贫地区劳动密集型产业普遍面临以下六大突出问题。

一是顶层谋划欠缺，既没有结合脱贫地区产业基础和比较优势，建立一套科学的劳动密集型产业遴选方法，也没有按照"链式布局、空间互动、集聚发展、配套互补"原则，指导建立发展核心区，造成产业布局不合理、发展雷同、同质竞争等问题突出。二是产业链不完整，普遍"两头在外"，尚未建立起从上游到中游再到下游的全产业链条；上下游发展不平衡，产业配套不足尤其是商贸物流业等生产性服务业发展严重滞后，难以形成集聚发展态势。三是产品品种单一且以初级产品为主，对于附加值较高的前端研发设计和后端市场营销等环节明显发力不足或够不到，产品质量不高、品牌效应不强，只能留在"微笑曲线"底端。四是人才制约明显，就业人员以留守妇女、老人为主，熟练产业工人缺乏；产业发展急需高层次骨干技术人才和懂经营、善管理、精技术、会市场策划的综合型人才，"引留"两难问题突出。五是体制机制不优，产业承接园区生产性、生活性配套不足，招商引资机制重增量、轻存量、轻"链群配"，政务服务意识与水平不高，导致转移企业落户脱贫地区积极性不高与落户后发展稳定性不足问题并存。六是外部不确定性加大，新冠疫情冲击增加产业供应链和用工不稳定性，全球消费市场低迷使部分企业订单减少，国际争端加剧使部分产业发展困难。

五、脱贫地区发展劳动密集型产业的战略思路与重点任务

（一）战略思路

以习近平新时代中国特色社会主义思想为指导，全面贯彻落实党的二十大精神，立足新阶段脱贫地区发展劳动密集型产业面临的新形势新要求，牢牢把握国内大循环为主体、劳动密集型产业重点向中西部梯度转移的历史机遇，按照"接链、创核、建节"的发展方针，锚定"产业遴选、布局优化、产业升级、模式创新、主体培育"的重点任务，聚焦国家乡村振兴重点帮扶县和易地搬迁集中安置区两类地区，以因地制宜、分类施策为原则，以脱贫地区政策、资源优势为依托，以提升产业可持续发展水平和带动就业能力为核心导向，加快构建"区域布局合理、结构层次分明、产业链条完整、联动融合发展"的劳动密集型产业体系。奋力促进脱贫地区就业稳定、收入增加、社会稳定，为巩固住拓展好脱贫攻坚成果、守住不发生规模性返贫底线、有效衔接乡村振兴提供有力支撑。

（二）战略目标

到 2035 年，基本形成"区域布局合理、结构层次分明、产业链条完整、联动融合发展"的劳动密集型产业体系，成为巩固拓展脱贫攻坚成果的新支撑、脱贫地区高质量发展的新亮点和脱贫人口稳岗增收的新载体。

1. 产业可持续发展基础持续夯实。脱贫地区劳动密集型产业发展的基础设施水平不断加强，劳动密集型企业发展能力显著提升，产业工人技能水平全面提高，产业发展良好生态加快形成。

2. 产业竞争力显著提升。脱贫地区承接东部沿海地区劳动密集型产业转移速度加快、规模增加，发展模式迭代升级，产业布局不断优化，产业形态由"小、散、弱"向"大、集、强"转变，建成一批劳动密集型产业核心区，形成多中心、多层级、多节点的劳动密集型产业集群集聚发展

格局。

3. 产业带动就业增收能力不断增强。在劳动密集型产业就近就地就业的脱贫人口规模大幅增长，产业园区、就业帮扶车间等就业吸纳功能提质扩容，产业优先吸纳脱贫不稳定户、边缘易致贫户以及收入骤减或支出骤增户的激励机制形成，成为脱贫地区稳定就业、促进增收的"稳压器"。

（三）发展方针

一是集中资源创建核心区，以160个国家乡村振兴重点帮扶县和70个万人以上特大型安置区为备选点，建设不同类型劳动密集型产业发展核心区。引导和推动更多资本、科技、人才、土地等要素向核心区集聚，加强政策帮扶、配套设施建设，促进产业集群集聚发展。二是接通供应链和消费链，结合资源禀赋、基础设施条件、产业发展基础等，建立一套科学遴选方法，找到适宜发展的劳动密集型产业和产品类型。具体地，离消费市场近、消费能力强、消费潜力大的地区，重点生产劳动密集型消费品；生产中间供应品的地区，要以成本优先，并结合上下游企业及配套产业情况，确定优势产区。三是按规律建设关键节点，将部分适宜作业下沉至乡镇末端，继续创新用好"总部工厂＋乡镇生产车间（扶贫车间、社区工厂、卫星工厂等）"发展模式，夯实产业节点在解决脱贫人口及难以外出务工弱势群体就近就地就业中的作用。

（四）重点任务

一是遴选产业类型，以差异化发展为基础，打造六大劳动密集型产业发展品牌：利用东西部协作帮扶机制发展承接制造加工类产业，挖掘本地农特资源发展三产融合类产业，利用气候生态资源发展旅游康养类产业，凝聚民族文化特色的手工制作类产业，特色餐饮向外拓展类产业，以及品牌化家政服务劳务输出类产业。二是优化区域布局，以因地制宜为根本，发展五大劳动密集型产业集聚区：中西部中心城市的综合服务发展区，中西部人口密集地区的产业转移承接区，革命老区的"红色＋生态"资源开发类产业发展区，少数民族聚居区的民族特色产业发展区，边境脱贫地区的加工出口类产业发展区。三是促进产业升级，以分类施策为指引，探索不同劳动密集型产业转型升级策略：实施农产品加工业转化能力提升和加工重点下沉策略、传统劳动密集型制造业"链式"发展策略以及劳动密集型服务业创新发展策略。四是创新发展模式，以模式创新为引擎，激发脱贫地区劳动密集型产业发展活力：推动东西部协作发展模式从单向帮扶向共赢转变，探索扶贫车间发展模式"升级版"，促进产业园区发展模式提质升级。五是加强主体培育，以企业和工人培育为抓手，提升劳动密集型产业可持续发展能力：积极引进行业领军型龙头企业入驻产业发展核心区，重点支持并宣传推广帮扶龙头企业，加快培育多元节点上的劳动密集型中小微企业，构建与产业发展需求相适应的产业工人队伍。

六、促进脱贫地区劳动密集型产业高质量发展的对策建议

做大做强脱贫地区劳动密集型产业，要兼顾短期、中期、长期发展需求和要求，在加强顶层设计的同时，要提高配套政策对产业政策的支撑力度，确保产业政策能有效引导资源投向目标产业，或者服务劳动密集型产业发展的目标环节。

（一）"策划"：加强顶层谋划，为产业发展提供方向指引

要加强顶层设计谋划，加快构建政策协同机制。一是成立脱贫地区劳动密集型产业协调工作领导小组，建议由农业农村部、工业和信息化部、国家发展改革委、财政部、人力资源和社会保障部等部门主要领导组成。建立健全脱贫地区劳动密集型产业发展工作联席会议制度。二是构建并发布《脱贫地区劳动密集型产业发展指导目录》，明确脱贫地区优先发展类、重点发展类、一般发展类劳动密集型产业目录及产品。三是开展脱贫地区劳动密集型产业发展普查行动，依托脱贫攻坚建立的工作机制和方法，由各层级乡村振兴部门牵头，以县域为基本单位，摸清劳动密集型产业发展底数。

（二）"建库"：加快信息平台建设，为精准对接提供基础支撑

建立工作台账制度，加强信息数据对劳动密集型产业发展决策支撑。建议农业农村部联合工业和信息化部、国家发展改革委、商务部等，搭建覆盖全部脱贫地区、涉及不同类型劳动密集型产业的数据监测网络体系，开发数据联网直报平台系统。该系统由以下模块组成：一是产业基础信息数据模块；二是产业转移和承接信息对接模块；三是产业就业供需信息对接模块。

（三）"示范"：依托两类重点地区，打造高水平可复制发展典范

建议尽快启动示范区建设，中央财政给予一定数额投入，并整合各种政府财政与扶贫资源统一使用。一是依托国家乡村振兴重点帮扶县，启动百亿级标志性全产业链示范区建设。结合产业基础、比较优势条件、要素集聚水平、市场建设程度、产业完整性等，有重点、有步骤地遴选部分帮扶县的标志性劳动密集型产业，开展示范试点。二是依托特大型易地搬迁安置区，启动强产业促就业示范基地建设。围绕龙头企业长效发展机制、产业项目招引机制、安置区创业园区建设、搬迁人口"直播带货"和门店加盟创业模式以及就业创业服务优化等内容开展先行先试。

（四）"工程"：多点突破短板瓶颈，推进产业蝶变跃升

聚焦脱贫地区劳动密集型产业发展的短板瓶颈，在布局谋划重大工程上下功夫。一是软硬设施提升工程，在建强产业基础设施硬支撑和建优发展服务软环境上下功夫，加大对劳动密集型产业园区和标准化厂房的投资力度，加强园区生产和生活配套设施建设，筑牢产业发展基石。二是产业链招引和技能提升工程，强化产业链精准招引，开展"组团式"产业招商，加强引进产业集群、关键配套企业，推进职业院校和技工院校与脱贫村帮扶结对"1＋N"合作，构建产业工人到东部地区总公司轮训机制，提升产业核心竞争力。三是产品升级与品牌打造工程，围绕健康、育幼、

养老等需求创新产品，促进传统手工艺保护和传承，开发文化创意产品，深化产业价值增长路径。

（五）"研策"：强化支持配套政策，打好产业发展保障拳

统筹用好存量政策和创设政策，形成支持合力。一是设立脱贫地区劳动密集型产业发展专项基金，可由国家开发银行、中国农业发展银行、中国进出口银行等出资设立，对指导目录中优先发展产业给予支持。二是建立财政金融优先支持机制，引导乡村振兴衔接资金向劳动密集型产业倾斜，提高衔接资金支持劳动密集型产业项目比例，设立产业专项贷款，实施流动资金贷款贴息政策，对重点产业开发实行投资补贴等。三是实行更积极的产业促就业政策，稳住劳动密集型企业原有就业岗位，支持引导返乡农民工依托当地主导劳动密集型产业自主创业就业，打造地方特色人力资源品牌。四是用好脱贫攻坚过渡期土地政策，用好增减挂钩节余指标跨省流转和交易政策、新增建设用地计划指标优先保障巩固拓展脱贫攻坚成果和乡村振兴用地需要政策。五是建立"优存量、育增量、链群配"相结合的招商引资考核机制，提高招引企业存续时间、发展潜力以及产业配套企业数量等在劳动密集型产业招商业绩考核中的比例。

课题组牵头人：谢玲红

课题组成员：吕开宇　李　芸　朱海波　施海波　张　姝

张崇尚　腾晨光

防范因气象灾害返贫预警分析研究[*]

防范因气象灾害返贫预警分析研究[*]

国家气象中心课题组

为有效防范化解因灾返贫致贫风险，国家乡村振兴局委托国家气象中心组成课题组，开展防范因气象灾害返贫预警分析研究课题。国家气象中心利用最新的 30 年气候态数据（1991—2020 年中国地面气象数据集），采用气象致灾强度算法对高温、低温、暴雨洪涝、干旱、大风、雪灾等 6 种气象致灾风险进行分析，将风险的级别从高到低分为高风险区、较高风险区、中风险区、较低风险区、低风险区 5 个等级，并对从单维单种灾害到多维多种灾害的发生规律进行了总结和分析，形成 160 个国家乡村振兴重点帮扶县和 832 个脱贫县气象灾害风险区划图。

一、国家乡村振兴重点帮扶县和脱贫县气象灾害风险区划

（一）160 个国家乡村振兴重点帮扶县气象灾害风险情况

1. **总体情况。**陕西、重庆、贵州、广西等省份国家乡村振兴重点帮扶县发生高温、洪涝灾害风险的可能性相对较高；内蒙古、甘肃等省份国家乡村振兴重点帮扶县发生低温、大风、干旱灾害风险相对较高；青海、四川等省份国家乡村振兴重点帮扶县发生低温、大风、雪灾、干旱风险的

---

* 本文地图审图号：GS（2019）3028 号

可能性相对较高；云南等地国家乡村振兴重点帮扶县发生低温、干旱、洪涝、雪灾风险可能性相对较高。

2. 分灾害类型分析

（1）低温灾害

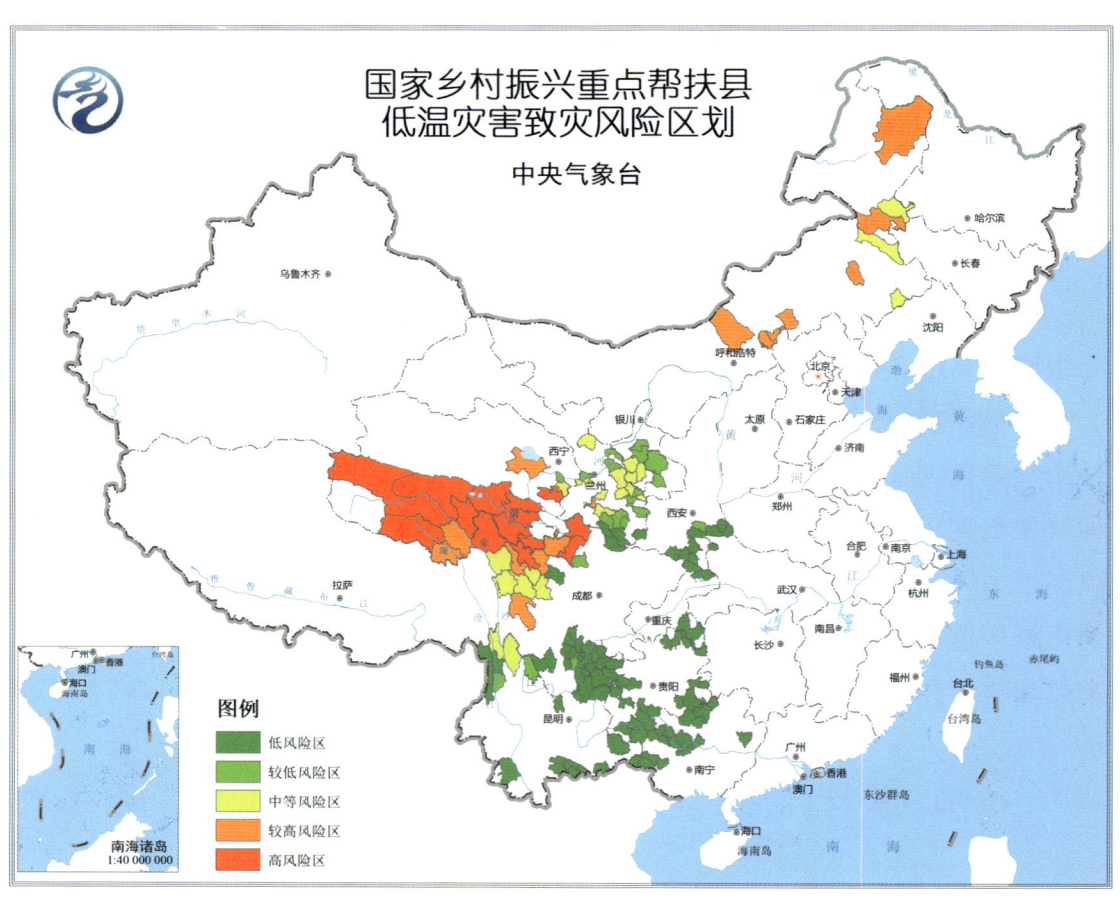

图1　160个国家乡村振兴重点帮扶县低温灾害致灾风险区划

从160个国家乡村振兴重点帮扶县低温灾害致灾风险区划空间分布来看（图1），14个县为高风险区（青海10个、四川4个），15个县为较高风险区（内蒙古7个、四川4个、青海3个、甘肃1个），23个县为中风险区（甘肃9个、四川5个、宁夏3个、内蒙古3个、云南2个、青海1个），18个县为较低风险区（甘肃10个、宁夏2个、四川2个、云南2

个、青海 1 个、陕西 1 个），90 个县为低风险区（云南 23 个、贵州 20 个、广西 20 个、陕西 10 个、四川 10 个、重庆 4 个、甘肃 3 个）。

（2）大风灾害

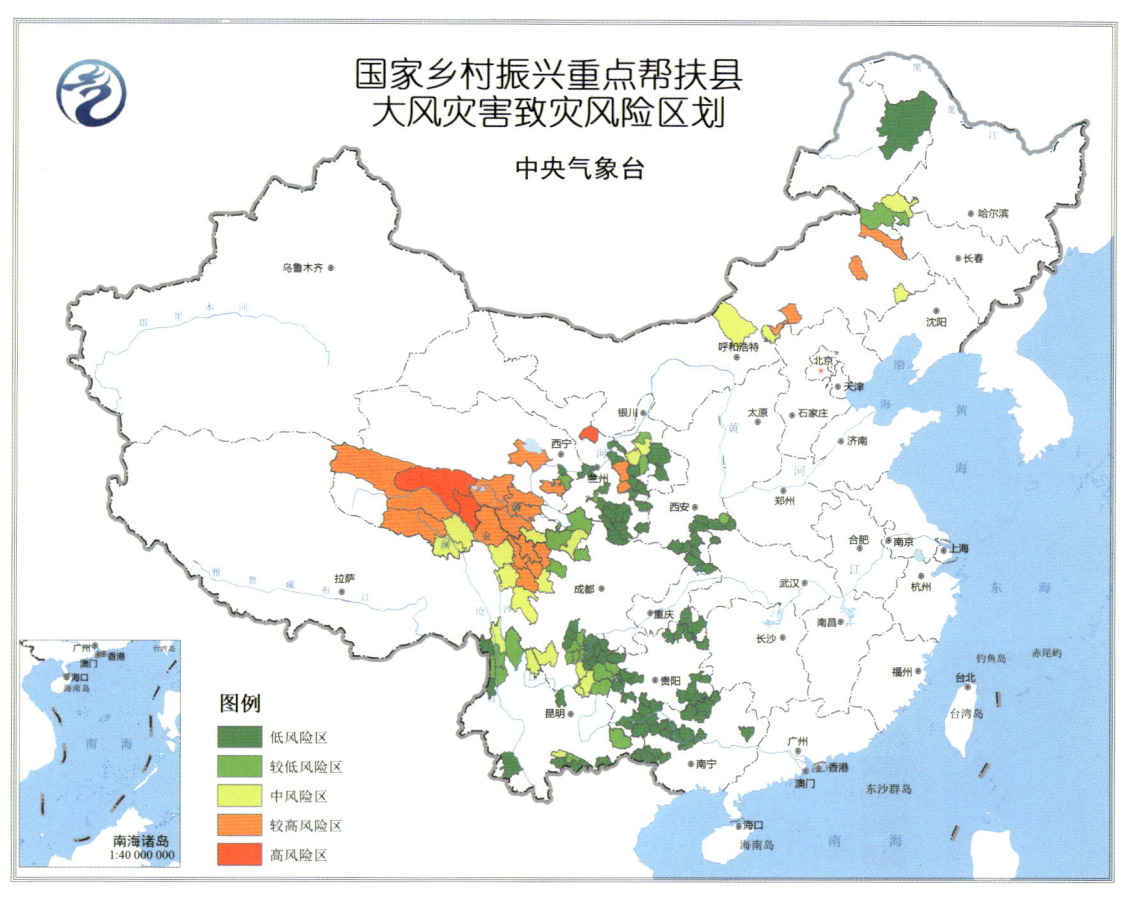

图 2　160 个国家乡村振兴重点帮扶县大风灾害致灾风险区划

从 160 个国家乡村振兴重点帮扶县大风灾害致灾风险区划空间分布来看（图 2），3 个县为高风险区（青海 2 个、甘肃 1 个），20 个县为较高风险区（青海 8 个、四川 6 个、内蒙古 4 个、甘肃 2 个），21 个县为中风险区（四川 6 个、云南 6 个、内蒙古 4 个、青海 3 个、宁夏 2 个），24 个县为较低风险区（四川 9 个、云南 7 个、贵州 2 个、宁夏 2 个、青海 1 个、陕西 1 个、甘肃 1 个、内蒙古 1 个），92 个县为低风险区（广西 20 个、甘肃 19 个、贵州 18 个、云南 14 个、陕西 10 个、四川 4 个、重庆 4 个、宁夏 1 个、青海 1 个、内蒙古 1 个）。

（3）雪灾

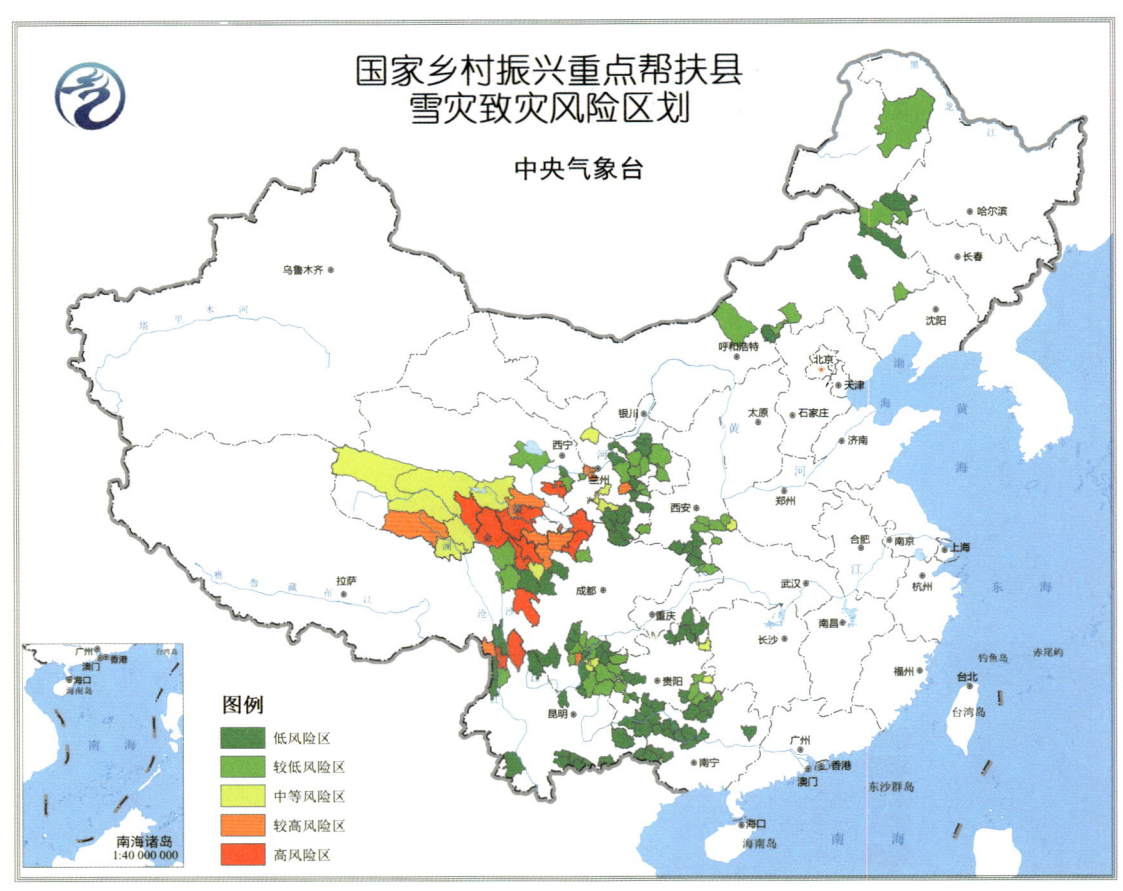

图 3　160 个国家乡村振兴重点帮扶县雪灾致灾风险区划

从 160 个国家乡村振兴重点帮扶县雪灾致灾风险区划空间分布来看（图 3），12 个县为高风险区（四川 6 个、青海 4 个、云南 2 个），10 个县为较高风险区（甘肃 3 个、青海 3 个、四川 3 个、云南 1 个），15 个县为中风险区（青海 5 个、甘肃 4 个、贵州 2 个、云南 2 个、陕西 1 个、四川 1 个），44 个县为较低风险区（贵州 7 个、四川 7 个、内蒙古 6 个，陕西 6 个、甘肃 6 个、云南 5 个、宁夏 3 个、青海 2 个、重庆 1 个、广西1个），79个县为低风险区（广西19个、云南17个、贵州11个、甘肃10个、四川8个、内蒙古4个、陕西4个、重庆3个、宁夏2个、青海1个）。

（4）高温灾害

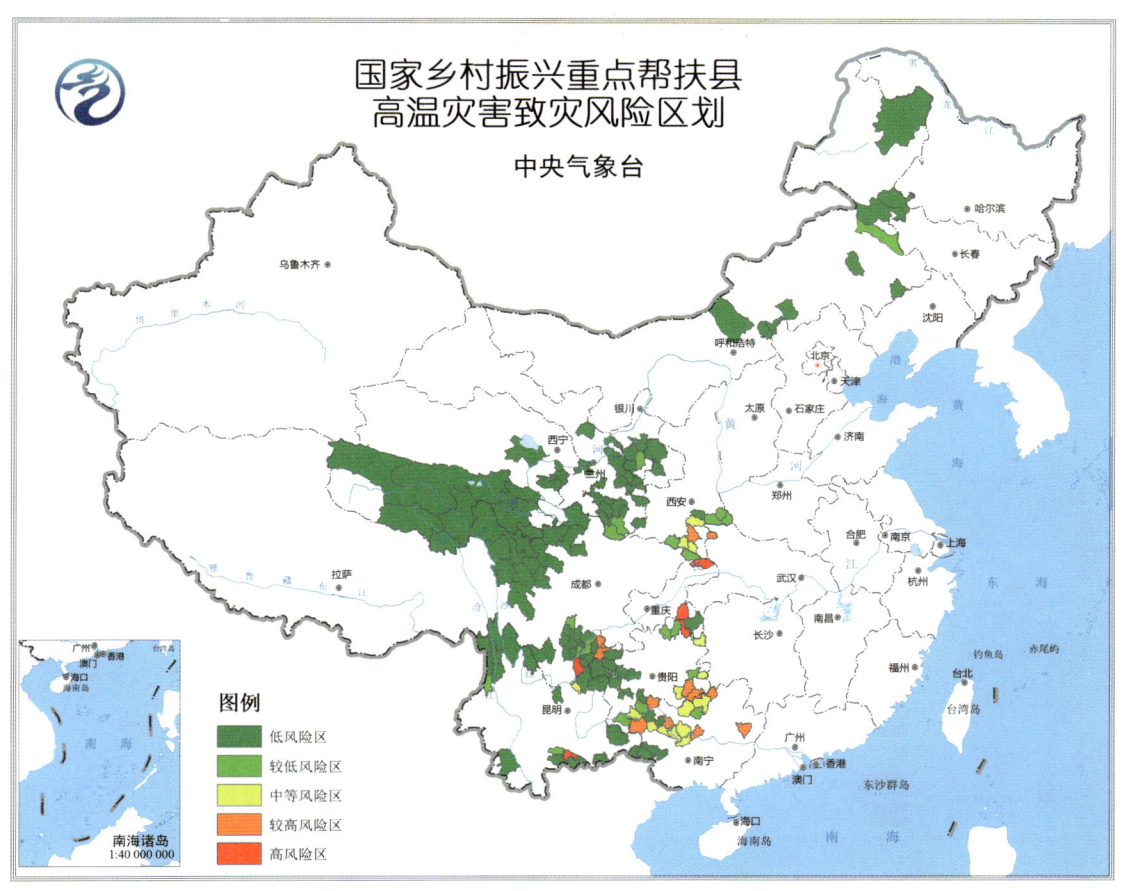

图4　160个国家乡村振兴重点帮扶县高温灾害致灾风险区划

从160个国家乡村振兴重点帮扶县高温灾害致灾风险区划空间分布来看（图4），5个县为高风险区（云南2个、重庆2个、贵州1个），11个县为较高风险区（广西5个、贵州3个、云南2个、陕西1个），15个县为中风险区（广西7个，贵州4个、陕西3个、云南1个），22个县为较低风险区（陕西5个、贵州4个、云南3个、四川2个、甘肃2个、宁夏

2个、广西2个、内蒙古1个、重庆1个），107个县为低风险区（四川23个、甘肃21个、云南19个、青海15个、内蒙古9个、贵州8个、广西6个、宁夏3个、陕西2个、重庆1个）。

（5）暴雨洪涝灾害

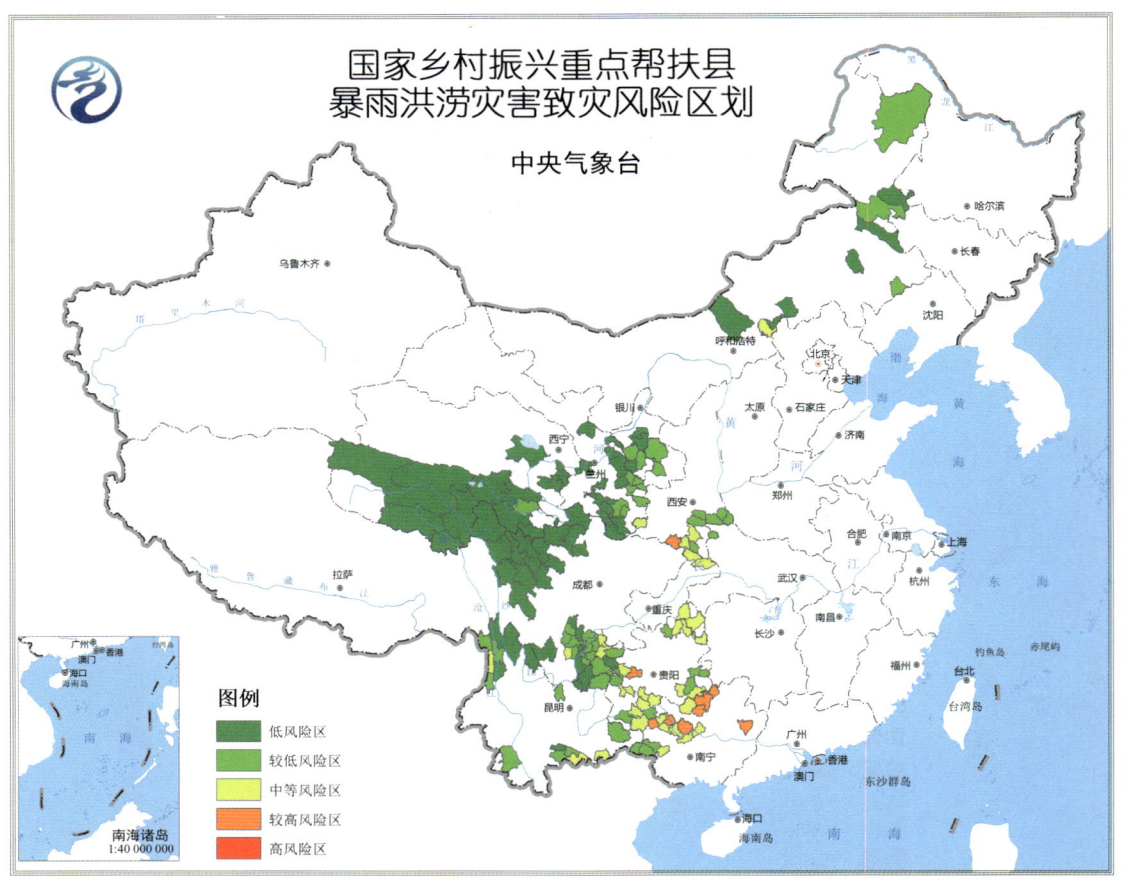

图5　160个国家乡村振兴重点帮扶县暴雨洪涝灾害致灾风险区划

从160个国家乡村振兴重点帮扶县暴雨洪涝灾害致灾风险区划空间分布来看（图5），9个县为较高风险区（广西7个、贵州1个、陕西1个），34个县为中风险区（贵州12个、广西8个、云南5个、重庆4个、陕西3个、四川1个、内蒙古1个），52个县为较低风险区（云南14个、甘肃9个、陕西7个、贵州6个、广西5个、四川5个、内蒙古3个、宁夏2个、青海1个），65个县为低风险区（四川19个、甘肃14个、青海14

个、云南 8 个、内蒙古 6 个、宁夏 3 个、贵州 1 个）。

（6）干旱灾害

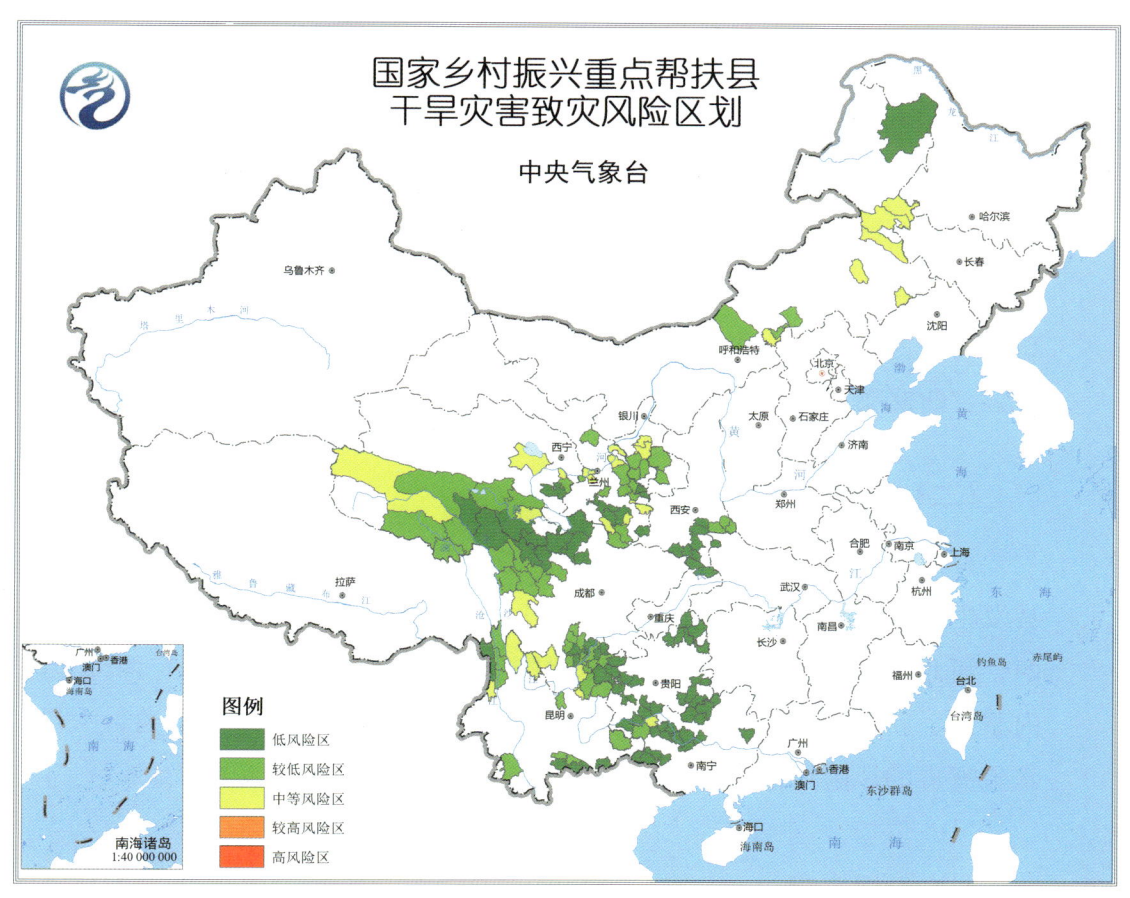

图 6　160 个国家乡村振兴重点帮扶县干旱灾害致灾风险区划

从 160 个国家乡村振兴重点帮扶县干旱灾害致灾风险区划空间分布来看（图 6），26 个县为中风险区（内蒙古 6 个、甘肃 6 个、云南 5 个、青海 4 个、宁夏 2 个、四川 2 个、广西 1 个），55 个县为较低风险区（云南 14 个、四川 13 个、甘肃 11 个、青海 7 个、宁夏 3 个、陕西 3 个、内蒙古 3 个、广西 1 个），79 个县为低风险区（贵州 20 个、广西 18 个、四川 10 个、陕西 8 个、云南 8 个、甘肃 6 个、重庆 4 个、青海 4 个、内蒙古 1 个）。

3. 小结。通过分析发现，部分国家乡村振兴重点帮扶县存在 2 到 3

种高或较高风险程度的气象灾害。

10个重点帮扶县具有 3 种高或较高风险灾害：青海的玛沁县、甘德县、达日县、泽库县、杂多县、称多县，四川的壤塘县、石渠县、甘孜县、色达县发生低温、雪灾、大风三种灾害可能性较高。

16个重点帮扶县具有 2 种高或较高风险灾害。其中，甘肃通渭县发生大风和雪灾两种灾害可能性较高。广西的东兰县、昭平县、三江侗族自治县发生高温和暴雨洪涝灾害两种灾害可能性较高。青海的班玛县，四川的若尔盖县、阿坝县、红原县、理塘县发生低温和雪灾两种灾害可能性较高。内蒙古的巴林左旗、化德县、正镶白旗，青海的玛多县、共和县、治多县、曲麻莱县发生低温和大风两种灾害可能性较高。

（二）脱贫县气象灾害风险情况

1. 总体情况。 中部地区的河南、安徽、江西、湖南、海南等省脱贫县发生高温、暴雨洪涝灾害风险的可能性相对较高，黑龙江、吉林、山西、河北等省脱贫县发生干旱、低温灾害风险可能性相对较高；西部地区内蒙古、新疆、青海、西藏、甘肃等省份脱贫县发生干旱、低温、大风、暴雪灾害的风险可能性相对较高。

2. 分灾害类型分析

（1）低温灾害

从脱贫县低温灾害致灾风险区划空间分布图来看（图7），36 个县为高风险区（西部 36 个：西藏 25 个、青海 9 个、甘肃 1 个、内蒙古 1 个），60 个县为较高风险区（中部 17 个：黑龙江 6 个、河北 5 个、吉林 3 个、山西 3 个；西部 43 个：西藏 20 个、青海 9 个、内蒙古 6 个、甘肃 4 个、新疆 3 个、四川 1 个），120 个县为中等风险区（中部 53 个：山西 21 个、黑龙江 14 个、河北 13 个、吉林 5 个；西部 67 个：西藏 22 个、甘肃 14 个、内蒙古 14 个、新疆 5 个、青海 4 个、宁夏 3 个、陕西 3 个、四川 2 个），103 个县为较低风险区（中部 34 个：河北 21 个、山西 11 个、河南 2 个；西部 69 个：陕西 23 个、新疆 19 个、甘肃 13 个、西藏 6 个、四川

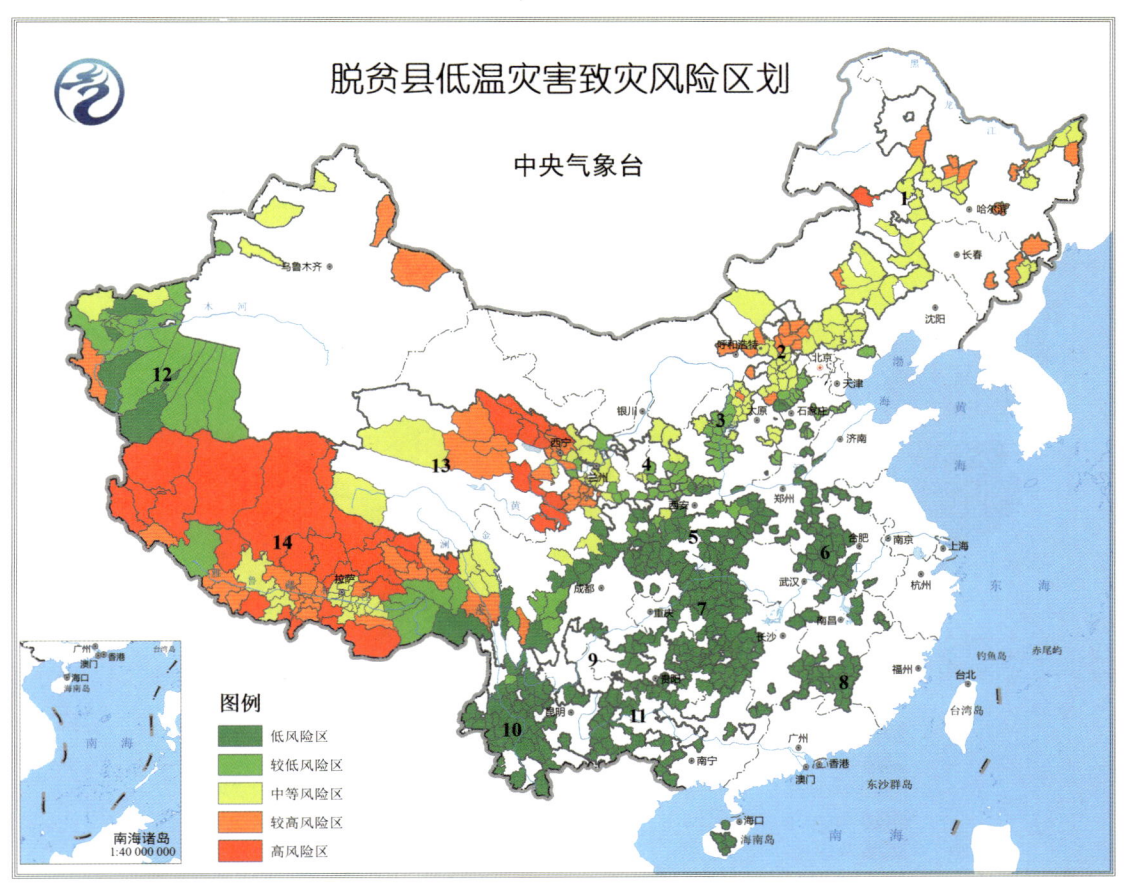

图7 脱贫县低温灾害致灾风险区划

4个、青海2个、云南1个、宁夏1个），351个为低风险区（中部160个：湖南40个、河南36个、湖北28个、江西24个、安徽20个、河北6个、海南5个、山西1个；西部191个：云南60个、贵州46个、四川34个、陕西19个、广西13个、重庆10个、新疆5个、甘肃3个、西藏1个）。

（2）高温灾害

从脱贫县高温灾害致灾风险区划空间分布图来看（图8），28个县为高风险区（中部21个：江西15个、湖南3个、海南2个、安徽1个；西部7个：重庆市5个、广西2个），58个县为较高风险区（中部40个：湖南18个、湖北13个、江西7个、山西1个、海南1个；西部18个：

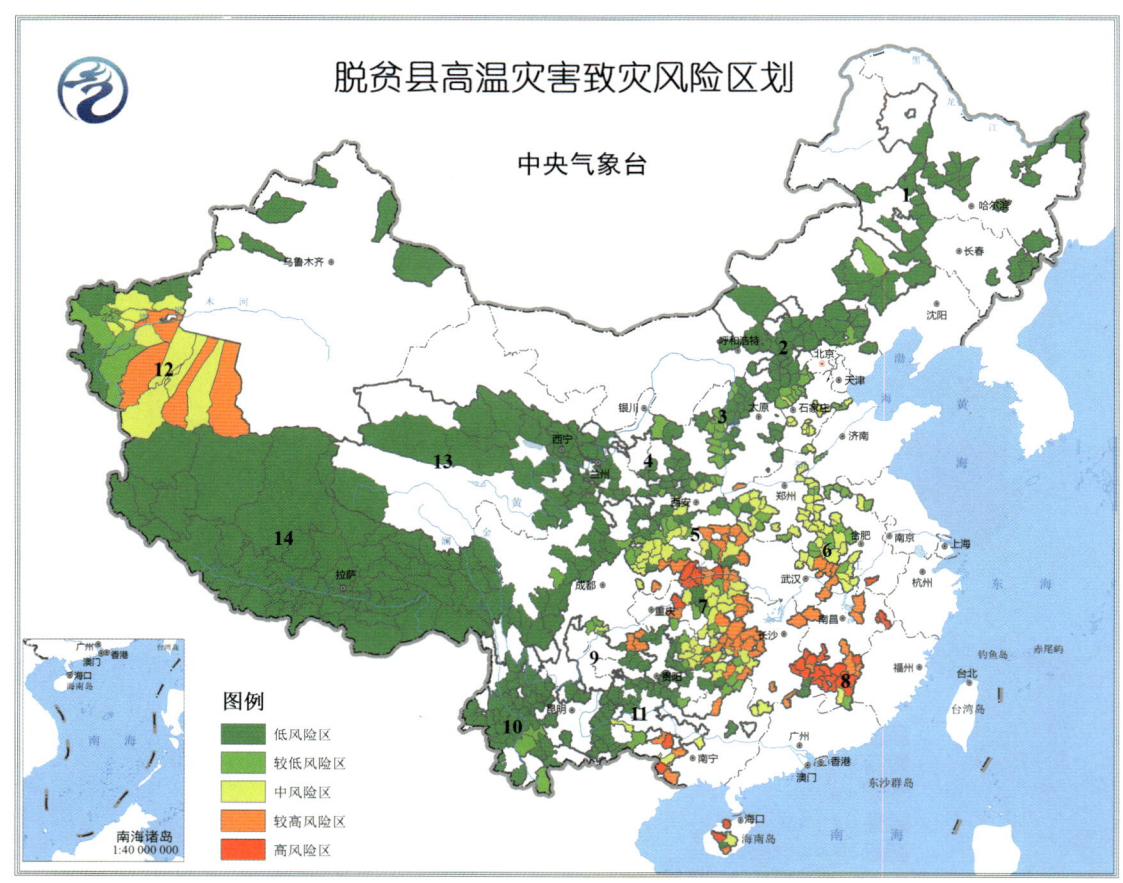

图 8 脱贫县高温灾害致灾风险区划

四川 5 个、新疆 4 个、广西 4 个、贵州 2 个、重庆 2 个、陕西 1 个），118 个县为中等风险区（中部 77 个：河南 25 个、河北 14 个、湖南 13 个、安徽 13 个、湖北 9 个、海南 1 个、山西 1 个、江西 1 个；西部 41 个：新疆 11 个、四川 9 个、陕西 8 个、贵州 7 个、广西 4 个、重庆 2 个），89 个为较低风险区（中部 41 个：河北 13 个、河南 12 个、安徽 6 个、山西 3 个、湖北 3 个、湖南 3 个、江西 1 个；西部 48 个：陕西 17 个、四川 8 个、新疆 8 个、贵州 5 个、云南 5 个、广西 2 个、内蒙古 1 个、重庆 1 个、宁夏 1 个），377 个为低风险区（中部 85 个：山西 31 个、黑龙江 20 个、河北 18 个、吉林 8 个、湖北 3 个、湖南 3 个、海南 1 个、河南 1 个；西部 292 个：西藏 74 个、云南 56 个、甘肃 35 个、贵州 32 个、青海 24 个、内蒙古 20 个、陕西 19 个、四川 19 个、新疆 9 个、宁夏 3 个、广西 1 个）。

（3）暴雨洪涝灾害

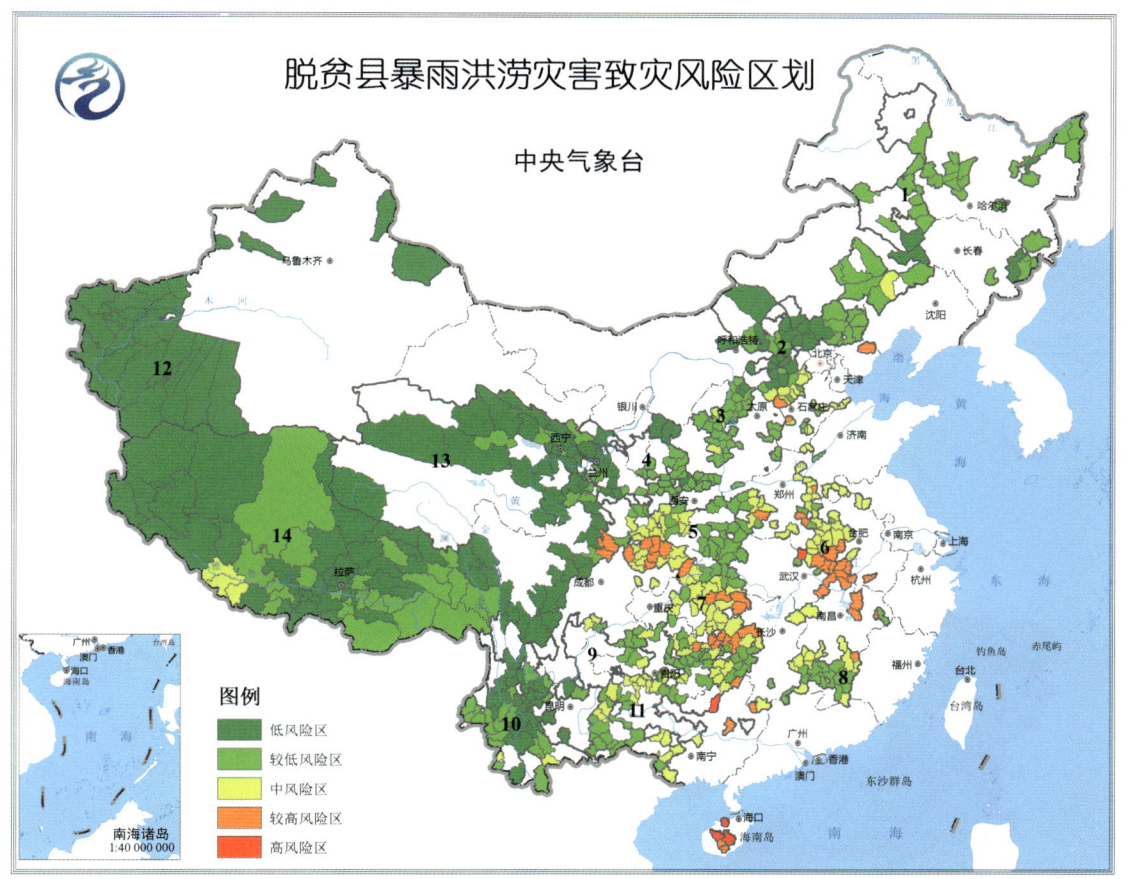

图 9　脱贫县暴雨洪涝灾害致灾风险区划

从脱贫县暴雨洪涝灾害致灾风险区划空间分布图来看（图 9）5 个县为高风险区（中部 4 个：海南 3 个、湖北 1 个；西部 1 个：广西 1 个），49 个县为较高风险区（中部 36 个：湖南 8 个、安徽 8 个、湖北 7 个、河南 4 个、江西 4 个、河北 3 个、海南 2 个；西部 13 个：四川 8 个、广西 3 个、重庆 1 个、贵州 1 个），155 个县为中等风险区（中部 89 个：河南 24 个、湖南 19 个、河北 18 个、安徽 11 个、江西 9 个、湖北 7 个、山西 1 个；西部 66 个：贵州 19 个、陕西 13 个、四川 12 个、广西 7 个、重庆 6 个、云南 4 个、西藏 3 个、内蒙古 1 个、甘肃 1 个），276 个为较低风险区（中部 113 个：山西 26 个、黑龙江 19 个、河北 14 个、湖北 13 个、湖南 13 个、江西 11 个、河南 10 个、吉林 6 个、安徽 1 个；西部 163 个：云南 31 个、陕西 30 个、西藏 26 个、贵州 26 个、甘肃 19 个、内蒙古 14 个、四川 5 个、青海 4 个、重庆 3 个、宁夏 3 个、广西 2 个），185 个为低风险区（中部 22 个：河北 10 个、山西 9 个、吉林 2 个、黑龙江 1 个；西部 163 个：西藏 45 个、新疆 32 个、云南 26 个、青海 20 个、四川 16 个、甘肃 15 个、内蒙古 6 个、陕西 2 个、宁夏 1 个）。

（4）雪灾

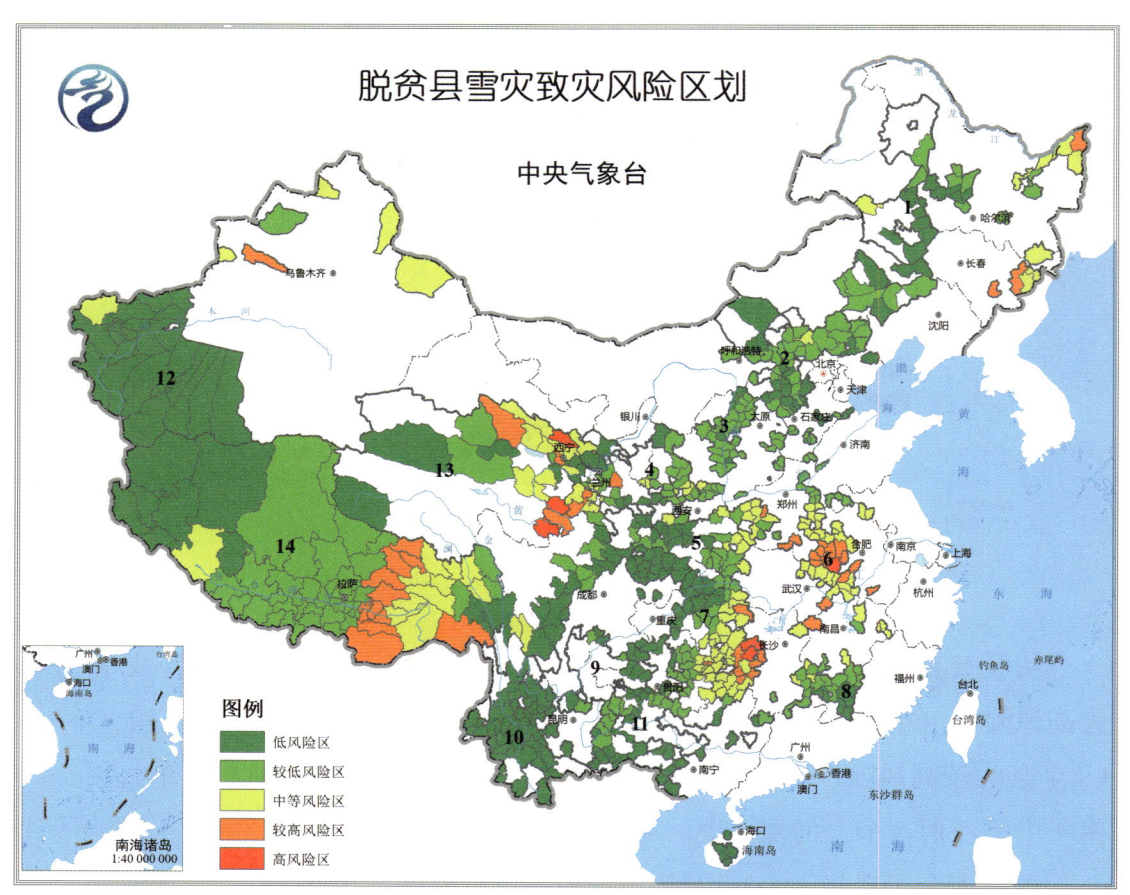

图 10　脱贫县雪灾致灾风险区划

从脱贫县雪灾致灾风险区划空间分布图来看（图 10），6 个县为高风险区（中部 3 个：湖南 2 个、安徽 1 个；西部 3 个：青海 3 个），46 个县为较高风险区（中部 26 个：河南 9 个、湖南 7 个、安徽 5 个、吉林 2 个、黑龙江 1 个、湖北 1 个、江西 1 个；西部 20 个：西藏 12 个、甘肃 4 个、青海 2 个、贵州 1 个、新疆 1 个），129 个县为中等风险区（中部 79 个：湖南 23 个、河南 16 个、湖北 14 个、安徽 12 个、江西 6 个、黑龙江 4 个、吉林 3 个、河北 1 个；西部 50 个：西藏 11 个、青海 9 个、贵州 7 个、甘肃 6 个、新疆 5 个、陕西 5 个、四川 2 个、宁夏 2 个、广西 1 个、重庆 1 个、内蒙古 1 个），242 个为较低风险区（中部 103 个：河北 26 个、山西 26 个、河南 13 个、湖北 10 个、江西 10 个、黑龙江 8 个、湖南 8 个、安徽 2 个；西部 139 个：西藏 42 个、陕西 27 个、贵州 22 个、甘肃 16 个、内蒙古 13 个、云南 6 个、四川 5 个、青海 3 个、重庆 2 个、宁夏 1 个、广西 1 个、新疆 1 个），247 个为低风险区（中部 53 个：河北 18 个、山西 10 个、江西 7 个、黑龙江 7 个、海南 5 个、湖北 3 个、吉林 3 个；西部 194 个：云南 55 个、四川 34 个、新疆 25 个、贵州 16 个、陕西 13 个、广西 11 个、西藏 9 个、甘肃 9 个、内蒙古 7 个、重庆 7 个、青海 7 个、宁夏 1 个）。

（5）干旱灾害

从脱贫县干旱灾害致灾风险区划空间分布图来看（图 11），16 个县为高风险区（西部 16 个：新疆 16 个），31 个县为较高风险区（西部 31 个：西藏 20 个、新疆 7 个、青海 2 个、四川 2 个），208 个县为中等风险区（中部 91 个：河北 39 个、山西 16 个、黑龙江 12 个、河南 11 个、安徽 4 个、湖北 3 个、吉林 3 个、海南 1 个、湖南 1 个、江西 1 个；西部 117 个：西藏 40 个、内蒙古 15 个、甘肃 14 个、云南 12 个、陕西 12 个、青海 8 个、四川 7 个、新疆 3 个、贵州 2 个、宁夏 2 个、广西 2 个），177 个为较低风险区（中部 67 个：河南 20 个、山西 19 个、安徽 8 个、湖北 6 个、河北 5 个、黑龙江 5 个、吉林 2 个、海南 2 个；西部 110 个：云南 41 个、陕西 21 个、甘肃 15 个、青海 10 个、西藏 8 个、内蒙古 5 个、四川 4 个、新疆 3 个、广西 2 个、宁夏 1 个），238 个为低风险区（中部 106 个：湖南 39 个、江西 23 个、湖北 19 个、安徽 8 个、河南 7 个、黑龙江 3 个、吉林 3 个、海南 2 个、山西 1 个、河北 1 个；西部 132 个：贵州 44 个、

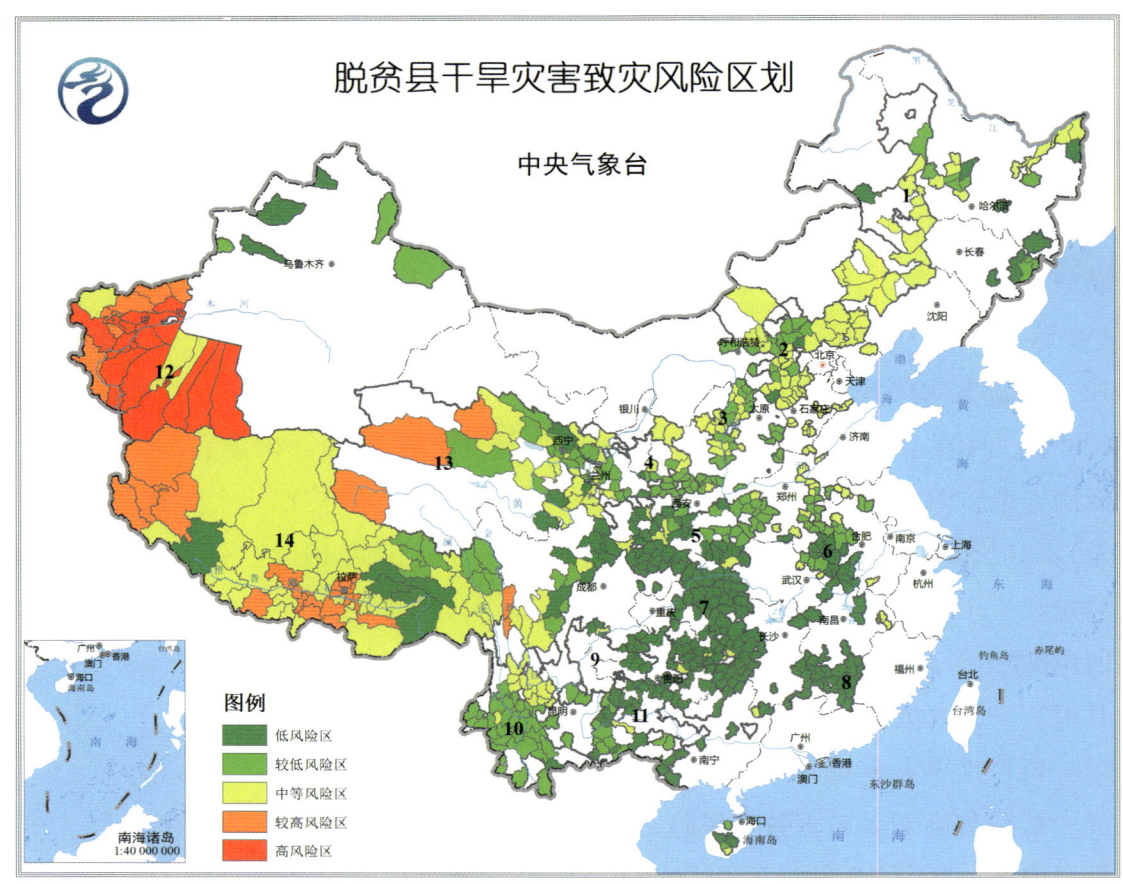

图 11　脱贫县干旱灾害致灾风险区划

四川 28 个、陕西 12 个、重庆 10 个、广西 9 个、云南 8 个、西藏 6 个、甘肃 6 个、青海 4 个、新疆 3 个、内蒙古 1 个、宁夏 1 个）。

（6）大风灾害

从脱贫县大风灾害致灾风险区划空间分布图来看（图 12），13 个县为高风险区（西部 13 个：西藏 12 个、甘肃 1 个）。33 个县为较高风险区（中部 4 个：河北 2 个、山西 2 个；西部 29 个：云南 6 个、西藏 6 个、四川 5 个、内蒙古 5 个、青海 4 个、甘肃 2 个、新疆 1 个）。103 个县为中等风险区（中部 29 个：山西 11 个、河北 7 个、黑龙江 6 个、吉林 4 个、湖南 1 个；西部 74 个：西藏 31 个、内蒙古 13 个、云南 11 个、青海 7 个、陕西 4 个、四川 4 个、新疆 2 个、甘肃 2 个）。126 个为较低风险区（中

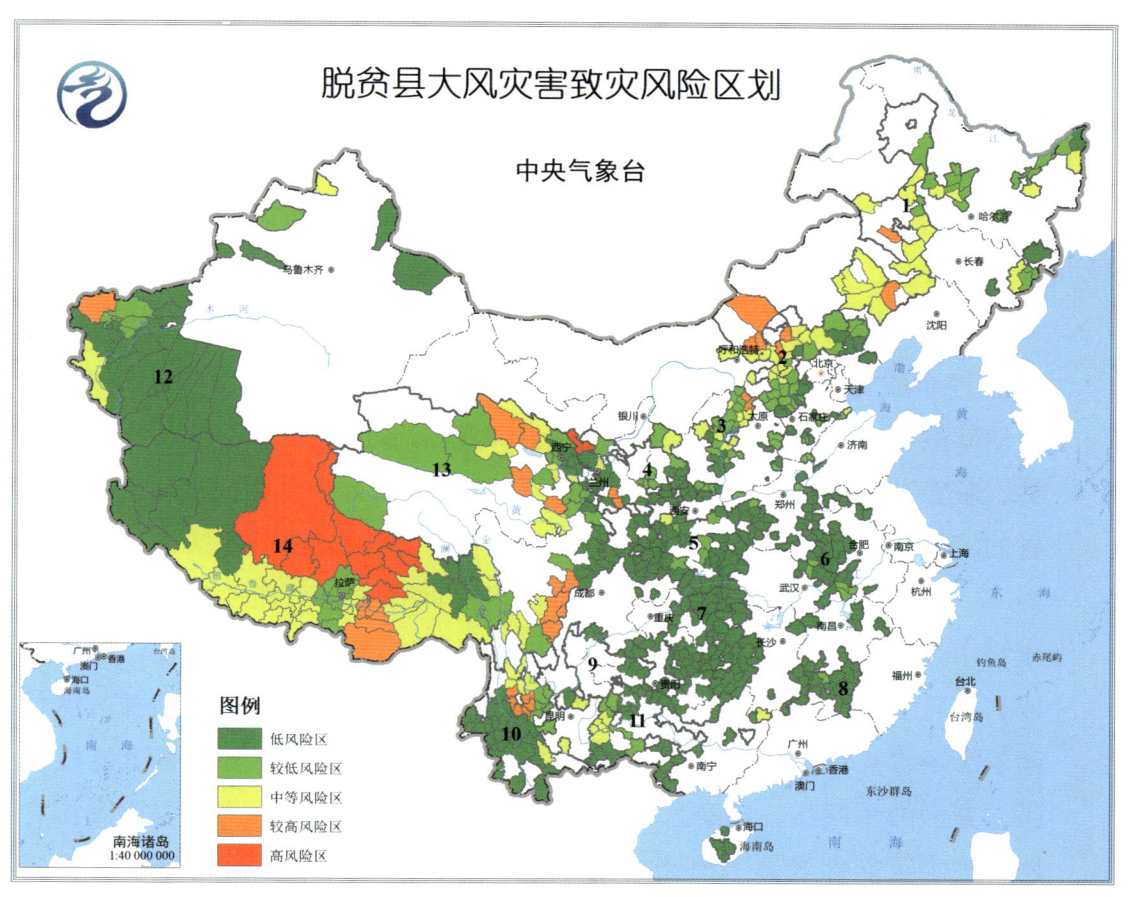

图 12　脱贫县大风灾害致灾风险区划

部 60 个：山西 19 个、河北 18 个、黑龙江 13 个、安徽 3 个、河南 3 个、吉林 2 个、湖北 1 个、江西 1 个；西部 66 个：西藏 13 个、陕西 12 个、云南 8 个、甘肃 7 个、青海 7 个、新疆 6 个、宁夏 4 个、四川 4 个、内蒙古 3 个、贵州 1 个、广西 1 个）。395 个为低风险区（中部 171 个：湖南 39 个、河南 35 个、湖北 27 个、江西 23 个、河北 18 个、安徽 17 个、海南 5 个、山西 4 个、吉林 2 个、黑龙江 1 个；西部 224 个：贵州 45 个、云南 36 个、陕西 29 个、四川 28 个、新疆 23 个、甘肃 23 个、广西 12 个、西藏 12 个、重庆 10 个、青海 6 个）。

3. 小结。通过分析发现，部分脱贫县存在 2 到 4 种高或较高风险程

65

度的气象灾害。

西藏的隆子县发生低温、干旱、雪灾、大风四种灾害可能性较高。

13个脱贫县存在3种高或较高风险灾害。其中，安徽省石台县，湖北省阳新县，湖南省石门县、溆浦县、安化县发生高温、暴雨、雪灾三种灾害可能性较高。青海省的天峻县、河南蒙古族自治县，西藏的工布江达县、巴青县、索县、比如县、嘉黎县、错那县发生低温、雪灾、大风三种灾害可能性较高。

66个脱贫县存在2种高或较高风险灾害。其中，海南省的临高县、白沙黎族自治县、保亭黎族苗族自治县，湖北省的麻城市、罗田县、英山县、蕲春县，湖南省的辰溪县、麻阳苗族自治县、泸溪县、慈利县，江西省的广昌县、鄱阳县、余干县、横峰县；广西的融安县，重庆市的开州区等17个县（市、区）发生高温和暴雨洪涝两种灾害可能性较高。青海德令哈市，西藏的革吉县、日土县、札达县、噶尔县、谢通门县、桑珠孜区、定日县、康马县、白朗县、江孜县、浪卡子县、洛扎县，新疆的塔什库尔干塔吉克自治县等14个县（市）发生低温和干旱两种灾害可能性较高。安徽的岳西县、金寨县、六安市裕安区等3县（区）发生暴雨和雪灾两种灾害可能性较高。河北的康保县、尚义县，内蒙古的察哈尔右翼后旗，青海的刚察县、兴海县，西藏的班戈县、双湖县、安多县、聂荣县、色尼区、申扎县、尼玛县等12个县（区）发生大风和低温两种灾害可能性较高。新疆的皮山县、策勒县、民丰县、巴楚县等4个县发生高温与干旱两种灾害可能性较高。湖南的新化县、涟源市、新邵县，江西的修水县等4个县（市）发生高温与雪灾两种灾害可能性较高。吉林的靖宇县、安图县，甘肃的碌曲县、玛曲县、合作市，青海的久治县、门源回族自治县、湟中县等8县（市）发生低温与雪灾两种灾害可能性较高。西藏的朗县、加查县、桑日县、曲松县等4个县发生雪灾与大风两种灾害可能性较高。

二、基层气象局应对气象灾害防范因灾返贫经验总结

国家气象中心课题组结合相关的灾害风险区划和地域分布，选取了重庆彭水苗族土家族自治县、江西兴国县、安徽望江县、广西融水苗族自治县、内蒙古突泉县、甘肃会宁县、河北广宗县、四川达州市渠县和泸州市叙永县、黑龙江抚远市和饶河县等 11 个县级气象局开展调研，收集了相关基层气象局应对气象灾害、防范因灾返贫等相关工作经验，总结如下。

（一）强化气象灾害风险普查，摸清气象灾害风险底数

1. 制作县域气象灾害风险区划和气象防灾减灾作战图。利用全国气象灾害风险普查项目，开展气象灾害风险普查工作，掌握县域的历史气象灾害数据和各种气象灾害发生风险的详细点位、隐患点地理信息、影响区域范围、影响人口数量等，制作县域防灾减灾作战图。

2. 制作县域分作物、分灾种的风险区划分布图。针对相关的农业产业扶贫项目需求，围绕当地特色经济作物，开展针对性的分作物、分灾害风险区划，助力乡村振兴。例如江西兴国县专门制作了脐橙冻害气候风险区划产品，脐橙冬季冻害新型防御措施在全县得到推广应用，2021 年兴国县土口岭农业专业合作社在选择脐橙种植位置时，结合气象灾害风险普查成果，排除初期选择的易受冻害影响的区域，从趋利避害、减轻和防御冻害等角度，助力农民专业合作社科学选址，避免了先天性气候缺陷。

（二）提升预警信号发布精准度，打好"预警"提前量

1. 密切监视天气变化，及时发布灾害天气预警信号。充分利用天气预报服务集约化系统和短时临近预报一体化平台，密切关注天气形势变化，按照"11631"递进式精细化服务流程开展预报预警服务。提前 1 周预报出灾害性天气影响时段，划定重点时段；提前 1～3 天发布精准到乡的预报以及暴雨预警；过程期间，提前 6 小时或 12 小时划定未来

6～12小时暴雨落区；逐3小时更新暴雨橙红预警信号，制作未来3小时精准定量到乡的降雨预报；降水量达严重致灾阈值时逐小时更新。过程结束后，及时就预报和服务情况进行复盘总结。

2. 强化乡村气象灾害风险预警，开展基于行业的气象风险预报。与农业农村、应急、水利、自然资源等部门合作，联合制作发布农业、中小河流洪水、地质灾害等气象风险预警产品，在农业、森林草原防火等乡村重点领域开展基于影响预报的气象灾害风险预警服务业务。

（三）健全气象灾害预警和应急响应机制

1. 强化面向党政领导和重点涉灾部门的电话叫应服务。将县、乡（镇）、村等主要党政干部电话纳入气象预警发布电话叫应服务体系，有效衔接党委、政府决策部署以及防汛值班值守、巡查防守、转移避险等。如2022年4月26日4时03分，江西兴国县崇贤乡党政办值班人员接到气象局业务值班员打来的强降雨叫应服务电话后，马上电话通知乡长和村值班人员，各村值班人员第一时间以发微信群或打电话方式通知切坡建房隐患点农户进行转移，在2022年4月26日晚至5月2日过程中，共转移人口90人，未出现人员伤亡。崇贤乡党政办值班人员评价"气象局的叫应太及时了，否则来不及转移切坡建房农户"。

2. 健全气象预警信息接收对象库。将全县所有乡村振兴驻村工作队队员手机号码纳入预警发布短信平台，确保遇有重要天气过程或转折性天气时，预警信息能提前发布至相关人员手中。

3. 多平台、全方位发布气象灾害预警信息。一方面借助新媒体，例如官方运营的抖音号、微信公众号等渠道，第一时间发布预警信息。另一方面，利用分布在各村镇的大喇叭开展防灾减灾宣传、传递气象预警信息。分布广泛的大喇叭在广大农村地区颇具优势，气象预警信息能第一时间传递到农户手中，也能迅速引起农民的注意，为农户采取应对措施争取了宝贵的时间。

（四）开展防灾救灾人工气象干预，减轻气象灾害影响

1. 做好人工增雨作业工作。 2022 年南方长时间的高温干旱给群众生产生活、人畜饮水等带来了严重威胁，抗旱、森林防火形势异常严峻。为最大程度缓解旱情和降低森林火险等级，江西省兴国县气象局于 2022 年 8 月 24—31 日连续 8 天在该县高兴镇人影标准化作业点蹲守，开展人工影响天气增雨作业，作业后全县平均降水 7.3mm，最大降水 36.8mm。当年 11 月 1—6 日，作业人员连续 6 天人影标准化作业点蹲守作业，全县平均降水 21.5mm。11 月 14 日 18 时至 15 日 17 时经两次增雨作业，全县平均降水 8.6mm，最大降水 18.7mm，旱情得到明显缓和。

2. 科学布局防雹炮点，做好科学防雹工作。 内蒙古突泉县人工影响指挥中心围绕高标准农田科学布局，以五三村为例，西北 20 公里为和富炮点，西南 10 公里为大营子炮点，北 5 公里为东信炮点，东 7 公里为三道沟炮点。这 4 个炮点地处于突泉县冰雹带，能有效拦截各方向对高标农田带来影响的冰雹天气，防护面积达 12 万亩。

（五）开展气象趋利避害服务，助力乡村振兴

1. 利用气象预报助力智慧农业生产。 内蒙古突泉县通过气象网格实况/智能预报和地面观测数据，实时、精准、高效监测土壤墒情、农作物长势等信息。结合精细化格点气象预报和农作物生长发育阶段的需水量，开发基于云计算和移动互联的手机应用客户端，实现对浅埋滴灌区玉米的 1 公里网格土壤湿度逐小时滚动监测和提前 10 天对灌溉日期和灌溉量的精准预报。

2. 打造生态气象品牌，提升当地生态旅游。 广西融水苗族自治县积极申报"中国天然氧吧"，为融水苗族自治县提高旅游收益、打响旅游知名度提供有力支撑。将"中国天然氧吧"创建工作落实作为融水苗族自治县政府推进生态文明建设和促进生态旅游提质升级的重要举措，协助地方政府广泛吸纳并投入各项资源，开展气候品牌创建。

3. 积极参与农业保险，分散气象灾害风险。 安徽望江县与地方政策性保险公司合作，对灾害损失影响比较广的地区推出便民政策，由保险公司出具说明，县气象局据实开具证明，保险公司即报损理赔，改变以往每个种植户自行申请开具证明的做法，既方便了农业种植户，又缩短了理赔时间，还减轻了种植户因受灾造成的损失。2022年，望江县气象局共出具气象证明28份，其中为政策性保险公司国元保险出具7份。据统计，2022年国元保险公司已办理理赔101733户次，赔付金额超过6400万元。

（六）加强气象灾害防灾减灾科普宣传

1. 各县联合应急管理局、水利局等相关部门开展气象信息员培训，提升了气象信息员的履职能力。 在"3·23"世界气象日、"5·12防灾减灾日"及春耕春播等关键时期，深入乡村开展气象科普宣传，指导乡镇开展气象灾害防御工作，有效增强了群众的气象灾害防御意识和能力。

2. 以气象服务的方式，为脱贫户提供专题预报。 通过专业的手段尽可能为村民规避灾害性天气对农业生产的不利影响；开展防灾减灾宣传，让村民了解掌握气象灾害应对方法，既能预防因灾返贫，也能丰富村民防范自然灾害的基本常识。

课题组牵头人： 何　亮

课题组成员： 赵晓凤　刘　维　张　蕾　谭方颖

乡村发展篇

东部地区推进乡村振兴调研报告

国家乡村振兴局赴东部调研组

为深入贯彻落实《乡村建设行动实施方案》，扎实推进乡村建设，国家乡村振兴局组成调研组，对东部九省市进行书面调研，召开两次视频座谈会对山东、江苏、广东、浙江开展线上调研，赴福建三明、莆田、泉州和浙江嘉兴、湖州进行实地调研，深入乡、村、企业、项目点、农户座谈访谈，广泛了解乡村建设情况，听取意见建议，形成调研报告。

东部九省市坚决贯彻落实党中央决策部署，落实习近平总书记对东部地区重要讲话精神和指示要求，以率先基本实现农业农村现代化为目标，坚持运用改革的思维、创新的办法，对建设宜居宜业和美乡村、健全城乡融合发展的体制机制进行积极探索，已经基本形成推进乡村振兴的制度框架和政策体系，乡村振兴全面推进取得明显成效，走在全国前列。

一、东部地区经济社会发展水平居于全国前列

（一）农业农村经济发展领先

八省市人均 GDP 高于全国平均水平。2021 年九省市人均 GDP 均值为 117800 元，高于全国平均水平 80976 元（表 1）。除辽宁（65026 元）外，其他八省市人均 GDP 都高于全国平均水平。北京、上海、江苏的最高，按照当年汇率计算，超过 2 万美元。在国际货币基金组织定义的 39

个发达经济体中，人均 GDP 最低为 1.77 万美元，东部有六省市达到发达经济体水平。

表 1　2021 年各省市人均 GDP

	北京	上海	天津	浙江	江苏	广东	福建	山东	辽宁	全国平均
人均 GDP/万元	18.4	15	11.43	11.3	13.7	9.83	11.69	8.17	6.5	8.1
人均 GDP/万美元	2.89	2.35	1.79	1.78	2.15	1.54	1.83	1.28	1.1	1.2

九省市农民人均可支配收入比全国平均水平高 45%。2021 年九省市农民人均可支配收入均值为 27485 元，比全国平均水平（18931 元）高 8555元（表 2）。上海、浙江、北京位列前三，分别为 38521 元、35200 元、33303 元，辽宁的最低，为 19217 元，仍高于全国平均水平。

表 2　2021 年城乡居民人均可支配收入

	北京	上海	天津	浙江	江苏	广东	福建	山东	辽宁	全国
城镇/元	81518	82429	51400	68500	57700	54854	51140	47066	43051	47412
农村/元	33303	38521	28000	35200	26800	22306	23229	20794	19217	18931
城乡收入倍差	2.45	2.146	1.84	1.95	2.15	2.46	2.2	2.26	2.24	2.5
城乡收入差	48215	43908	23400	33300	30900	32548	27911	26272	23834	28481
农村恩格尔系数/%	28.3	28.6	30.8	31	27.5	39.3	34	27.2	29.7	32.7

七省市农民恩格尔系数低于全国平均水平。除广东（39%）、福建（34%）外，其他七省市恩格尔系数低于全国平均水平（32.7%）。国际上，发达国家恩格尔系数一般低于 30%。北京、上海、江苏、山东、辽宁五省市恩格尔系数低于 30%。广东省的恩格尔系数最高，表明广东省内部仍存在明显发展差距。

九省市城乡居民收入差距均低于全国平均水平。全国平均水平是 2.5，有七省市城乡收入倍差降至 2 以下或接近 2，浙江、天津收入倍差降至 2 以下，分别为 1.95 和 1.84，广东、北京的较大，分别为 2.46 和 2.45，表明省市内城乡发展不平衡。

（二）乡村建设走在全国前列

八省市村内道路硬化率实现或接近100%（表3）。九省市村内道路硬化率全部超过中西部平均水平（79.7%）；天津最低，为80%。

表3　东部地区乡村建设相关指标

	北京	上海	天津	浙江	江苏	广东	福建	山东	辽宁	中西部
村内道路硬化率/%	100	100	80	100	100	100	100	93	98	79.7
自来水普及率/%	100	100	95	99.8	100	99	88.7	97	82	88
通光纤行政村比例/%	100	100	95	100	100	100	95	100	100	
卫生户厕普及率/%	99.4	100	94.6	99	97	96	99.4	91	23	67
生活污水治理率/%	72	83	90	100	37	47	50.7	37.6	23	22.8
生活垃圾无害化处理率/%	99	100	97.4	100	100	99	100	95	处理设施全覆盖	

注：上述数据为2021年底抽样调查数据。

六省市的农村自来水普及率达到或接近100%。八省市农村自来水普及率超过中西部平均水平（88%），辽宁低于全国平均水平，为82%，北京、上海等六省市达到或接近100%。

九省市通动力电行政村比例均为100%。

七省市通光纤行政村比例达到100%。北京、辽宁、上海、浙江、江苏、广东、山东通光纤行政村比例达到100%。

四省市农村卫生户厕普及率达到或接近100%。除辽宁外，八省市卫生厕所普及率高于中西部平均水平（67%），均已达到《乡村振兴战略规划（2018—2022年）》中2022年85%的目标值。北京、上海、浙江、福建农村卫生户厕普及率达到或接近100%；辽宁最低，为23%。

八省市生活垃圾无害化处理率达到或接近100%。辽宁处理设施全覆盖，没有无害化处理率的统计数据。

五省市生活污水治理率达到50%。九省市生活污水治理率全部超过中西部平均水平（22.8%）。浙江省生活污水治理率达到100%，北京、上海、天津、福建四省市都在50%以上；辽宁省最低，为23%，刚达到中西部平均水平。

（三）乡村治理能力逐步迈向现代化

九省市村"两委"成员年富力强、学历较高。九省市村"两委"成员平均年龄43.5岁，大专以上学历占53.6%，高于全国（46.4%）平均水平（表4）。上海市村"两委"大专以上学历占比最高，为92.7%；福建、辽宁较低，分别为33.9%和20%。

表4 东部地区乡村治理相关指标

	北京	上海	天津	浙江	江苏	广东	福建	山东	辽宁	全国
农民参加职工基本医保比例/%	72.3	100	—	—	98	—	—	25.6	—	
农民参加职工老保比例/%	72.3	100	—	—	98	—	36.6	30	—	
村"两委"平均年龄	47	45	41.2	42.5	41.1	44.4	40.9	45.3	43.7	42.5
村"两委"大专以上学历比例/%	48.5	92.7	42.6	74	61.5	62.8	33.9	46.1	20	46.4
有综合便民服务设施村比例/%	100	100	100	100	100	100	99.6	65.7	67	
有文体活动中心村比例/%	100	100	100	100	100	98.4	100	100	61	
村集体收入/万元	699	1630	220	305	220	780	118	67	47	24*

*全国村集体收入数据为中西部平均值。

七省市有村级综合便民服务设施数达到或接近100%，山东、辽宁较低，分别为65.7%和67%。

八省市有文体活动中心村比例达到或接近100%，辽宁为61%。

七省市村集体经济收入达到或接近200万元。九省市村集体经济收入平均454万元，约是中西部平均值24万元的19倍。上海最高，达到1630万元；山东和辽宁较低，分别为67万元和47万元。上海的村集体收入是辽宁的 34 倍。

从全国看，东部地区农业农村现代化水平走在全国前列。东部地区在全国脱贫攻坚期间先行启动实施乡村振兴，已见成效，实践证明乡村是可以振兴的，党中央作出实施乡村振兴战略的决策部署是完全正确的。

从东部九省市间看，发展不平衡。可分为四类：一是共同富裕示范区的浙江。不仅人均 GDP、人均收入水平、人均收入倍差等发展指标好，在探索建立现代化的共同富裕示范区方面也取得了一些成效和经验。二是超大城市的京津沪。以城市化、都市型现代农业农村为发展定位，人均 GDP、人均收入、农村基础设施和公共服务水平高于全国平均水平，但在城乡收入、城乡发展均衡性方面有差距。三是具有良好发展基础的江苏、广东、福建、山东。在农村基础设施和基本公共服务建设方面各有短板。四是追赶发展的辽宁。与其他东部省市相比，在乡村发展、建设、治理上均有较大差距。

从东部各省市内部看，有的城乡和区域发展不平衡。有的省区域发展不平衡，城乡收入绝对差距持续扩大。广东的 GDP 是珠三角的几个城市撑起来的，广州、深圳、佛山、东莞、惠州、珠海六市占全省 GDP 的 70％以上，排名第一的深圳市 GDP 是排名最后的云浮市的 27.6 倍。山东青岛市黄岛区城乡居民收入绝对差距由 2016 年的 25148 元扩大到 2021 年的 32837 元。

二、东部地区推进乡村振兴的创新举措

东部地区认真贯彻落实党中央决策部署，高站位谋划乡村全面振兴，建立党政主要负责同志任双组长推进乡村振兴的工作机制，落实五级书记抓乡村振兴责任清单，构建实绩考核体系。调研中，福建泉州市干部反映他们在用 120％的精力抓占 GDP 1％的农业农村振兴。各省探索创新举措，取得明显成效。

（一）提高农业产业质效，率先推进产业融合发展

注重提高农业发展质量效益，在走特色路、打特色牌，推进特色现代农业加快转型升级、高质量发展上先行先试。

1. 建设产业园，推动一二三产融合发展。 建设各具特色的产业园区、产业集群，通过产业集聚发展，使农业产业的基础设施更加集聚，社会化服务更加集聚，产业链延伸更加集聚，引导各类农业经营主体合作，实现一二三产业融合发展，为现代农业高质量发展提供强有力支撑。广东建设"跨县集群、一县一园、一镇一业、一村一品"的现代农业产业体系，每个省级产业园补助 5000 万元、每个专业村补助 100 万元。浙江衢州市建设未来农业园区，以投资规模 5000 万元以上、带动农户 1000 户以上增收、园内农民收入高于当地平均水平 15％以上为条件，安排专项资金进行竞争性分配。上海建设"都市蔬菜优势特色产业集群"，安排中央财政资金 5000 万元，支持育苗、设施装备、区域化产后处理和商品化加工等。

2. 补齐关键链条，健全产业市场体系。 抓品牌建设，推动地方特色产业出名品、出精品，实现农产品价值的整体提升。抓营销体系，打通农产品从田地到餐桌的加工流通环节，让农产品快捷地走向市场、赢得市场。广东建设"12221"农产品市场体系：建设"1"个农产品大数据平台，组建销区采购商、培养产区经纪人"2"支队伍，拓展销区、产区"2"大市场，策划采购商走进产区和农产品走进大市场"2"场活动，实现品牌打造、销量提升、农民致富等"1"揽子目标。浙江长兴县发挥县城和乡镇连接城乡商业的枢纽作用，整合阿里巴巴、农村淘宝、菜鸟物流等城乡分级配送网点，实现城乡一体化配送，2021 年全县农村电商网络销售 48 亿元，其中农产品网络销售 17.3 亿元。

3. 整合资源，搭建农业社会化服务体系。 针对社会化涉农服务需求，整合资源、完善机制，搭建农业社会化服务体系，促进小农户与现代农业有机衔接，提升"三农"服务的质量水平。山东文登区搭建系统性涉农服

务平台，区级建立综合服务平台，涉农镇建立综合服务中心，200户以上的村设立综合服务社，打通涉农服务。探索市场主导社会化专业运作，组织126家种粮大户、家庭农场成立文登区绿色产业发展联盟，入驻各镇农业社会化服务中心，提供土地托管服务。推出新型集体化经营最低收益险，向经营主体提供承保服务，激发其参与农业社会化服务的积极性。广东也搭建起县镇村三级农业生产托管服务协办体系。

（二）建设宜居宜业和美乡村，率先推进城乡一体化发展

坚持规划先行、立足实际、大胆创新，在建设宜居宜业和美乡村、推进城乡一体化发展上先行先试。

1. 规划先行，注重顶层设计和科学部署。强化国土空间规划对乡村振兴的引领作用，采取以县为单位、按片规划等方式，统筹考虑土地利用、产业发展、居民点布局、公共服务设施、人居环境和历史文化传承等，推进村庄规划编制。上海建立不规划不设计、不设计不建设的机制，根据"上海城市总体规划2035"，构建"村庄布局规划—郊野单元村庄规划—村庄规划设计"的层级体系。实施乡村责任规划师制度，搭建一批高质量专家团队为镇村提供规划、政策、技术咨询服务。江苏南京市江宁区2020年起，按照"四类"村庄压茬推进"多规合一"的实用性村庄规划编制工作，加强乡村发展用地保障和规划引导。

2. 补齐短板，推动基础设施和公共服务城乡一体化。不断补齐农村基础设施短板，完善乡村路、水、电、气、通信、广播电视、物流等基础设施，促进市政公用基础设施向农村延伸，推动基本公共服务城乡一体化，提高农民保障水平。福建泉州市实施"整镇推进"，坚持全镇统筹，镇村项目一体设计、一并推进，推动城乡基础设施互联互通，基本公共服务共建共享，镇村功能互补、融合发展。上海建成城乡一体化社会保障体系，统一城乡居民基本养老保险、城乡低保标准、城乡居民基本医疗保险。促进城乡义务教育一体化发展，推进全市义务教育阶段学校建设、教育装备配置、信息化建设、教师配置和收入、生均经费五项标准统一。浙

江嘉善县 2017 年在全省率先启动长期护理保险纳入医保试点，将职工医保和城乡居民医保参保人员全部纳入保障范围，个人缴费 30 元，地方财政补助 90 元，政府与定点护理服务机构签约，对经评估符合保障条件的人员发放护理费或提供专业化上门护理服务，该做法已在嘉兴市推开。

3. 整治提升，建设生态宜居美丽乡村。因地制宜实施农村"三大革命"和村庄环境整治，探索出一套投资少、成效好、既建好又管好的乡村建设机制。江苏南京市江宁区根据资源条件和总体布局，将建成区外的自然村划分为特色保护村、集聚提升村、其他一般村、城乡融合村四类，提出四个层级的整治标准。改变以往财政直接奖补的筹资方式，创新提出"街企结对、市场运行"的路径，人居工程由街道和国企结对共建；污水工程引入市场主体以特许经营模式推进。福建采取"雇工购料法"进行乡村建设，由村级组织购买建筑材料、直接雇佣本地工匠组织施工，每个乡村小型项目平均可节约前期工作时间 3 个月，节省资金 30％左右，实现了成本节约、工匠增收、技艺传承、环境宜居。北京将农村人居环境长效管护纳入市、区财政资金保障范围，同时各区将人居环境整治纳入村规民约，开展党员"双报到"、"美丽庭院"评选、"周末大扫除"等活动，调动农民主体作用，建立建管长效机制。

4. 突破难点，建设数字乡村服务平台。推进农村信息基础设施优化升级，建设智慧防返贫监测、智慧农业、智慧治理服务，探索适合"三农"特点的信息化服务。浙江建立浙农帮扶数字化应用场景，对每个低收入农户赋"浙农码"，做到"一图一码一清单、一户一策一干部、一库打通全闭环"。线上线下齐推进未来乡村建设。线上是未来乡村应用平台和手机端建设，老百姓可以通过手机预约挂号、找律师、曝光村中不满意的事等，线下是配套线上的服务，做好未来乡村落地场景的建设。在长兴县龙溪村调研时看到，村民在手机平台预约挂号、就诊、开药，在村服务中心的健康屋自动机中刷医保卡取药，实现了乡村数字化管理服务。上海推进农业农村数字化转型，建设以农业数字底图和专题数据库为基础的服务平台，实现"一图知三农、一库汇所有、一网管全程"，服务于生产者、消费者和管理者。

（三）建设共富乡村，率先推动治理能力现代化

坚持自治、法治、德治、智治融合，在推进乡村治理能力现代化、增强群众获得感上先行先试。

1. 构建"四治融合"乡村治理体系。建设县、乡、村联网的网格治理信息系统，镇设网格化治理中心、村设治理工作站，选聘专兼职网格员，夯实乡村治理基础。发动村民参与村规民约修订，发挥村民议事会等自治组织作用，开展乡村治理"清单制""积分制"实践，有效调动群众参与积极性，提升乡村治理效能。广东全省超过90%县（市、区）建立村级小微权力清单。推进基层法治建设，实施"阳光治理"工程。浙江探索推行集体三资"云管理"、党务村务财务"三公开"、村干部"云监督"。山东威海文登区建立集阳光公示、阳光交易、阳光采购、阳光支付于一体的网上平台系统，所有村级事务全程网上留痕、公开透明运行。

2. 以信用建设涵养村民文明素养。全面开展新时代文明实践活动，推行农村信用体系建设，将村民的道德约束转化为文明实践。山东威海文登区制定《文登区农村居民信用积分评价办法》，设立区、镇、村三级信用基金，出台153条信用惠民措施，建设镇级信用超市和村级信用超市、"便民服务站"等，信用进农村进社区实现了全覆盖。浙江嘉兴市嘉善县实行"三治"积分＋金融赋能项目，为每户家庭建立"行为银行"，将农村环境整治、垃圾分类、星级文明户创建等纳入"三治"积分，县政府与中国银行合作，将村民的积分存入银行卡，积分既可以按一分一元支取现金，也可以在村服务中心兑换生活必需品，积分排名前列人员享受房贷、普惠、分期等最低贷款利率。

3. 实施富民强村行动促进共享共富。把富民强村作为乡村振兴的一项重要标志性成果，通过村企联业联责共建、闲置资源盘活、乡村联合体共富，实现民富村强。浙江衢州市组织百企结百村、百商会帮百村，推动企业、商会在结对村建党建基地、产业基地、培训基地。打造党建联盟共

富项目，鼓励地缘相近、人员相亲的村平台共建、资源共享、产业共兴，强村带动周边"造血"功能较差村增加经营性收入。广东陆丰市探索"土地银行"机制，村集体收储农户土地承包权，由村集体经营或成片发包给企业，经营收益全村分红，实现了土地增值、村民集体双增收。

（四）深化农业农村改革，释放乡村发展活力

以改革推动工作，在强化政策要素保障，释放乡村发展活力，全面推进乡村振兴上先行先试。

1. 强化资金投入。 浙江衢州构建"大三农"专项政策，由市财政预算统筹安排涉农资金，专项用于实施乡村振兴战略，资金规模从 2018 年前约 1.5 亿元调整为现在每年 4 亿元，并明确各县（市、区）设立规模 1 亿元以上的"大三农"专项资金，加大乡村振兴资金保障。上海拓宽资金筹集渠道，明确"十四五"期间逐年提高土地出让收益支农比例，确保到"十四五"末全市土地出让收入用于农业农村比例不低于 8%。

2. 强化用地保障。 广东推行"点状"用地，省级每年安排不少于10% 的新增建设用地计划指标，专项预留 7000 亩计划指标主要保障乡村重点产业和项目。上海市政府出台文件推进农民相对集中居住，把尊重农民意愿放在首位，在交通沿线、生态敏感区、环境综合整治区，采取进城上楼和平移建房等多种方式，推进农民相对集中居住，改善农民居住条件，促进农村建设用地集约利用。

3. 强化金融服务。 广东以省政府名义印发《关于金融支持全面推进乡村振兴的实施意见》，协调 8 家金融机构出台配套措施，成立全国首家金融支农联盟——广东金融支农促进会。浙江衢州市推行包含"工匠贷""新农贷""农创贷"等产品的"共富贷"，为全市工匠、农业经营主体、村经济合作社、强村公司，提供优惠利率的最高 30 万元或 300 万元的贷款。上海支持发展农业保险，全市已将种植业、养殖业、涉农财产类、价格指数类、种源类五大类、27 项险种纳入市级财政保费补贴范围，占全部农业保险险种的 90% 以上。

4. 强化人才支撑。 广东坚持技能培训与学历教育协同、提升能力与延伸服务衔接，在全国首创乡村工匠专业人才职称评价，组织实施"百名卫生首席专家下基层计划"，面向全国选聘100名首席专家在47家升级建设的中心卫生院作学科领头人。江苏每年从应届高中毕业生中招收200名左右大专学制"定制村干"，省财政每年每人补助8000元学费，毕业后全部回村工作。福建开展"台湾农民福建行""闽台乡建乡创"等人才交流活动，引进台湾乡建乡创团队95支，在228个村庄开展陪护式服务。

调研中感到，东部地区的乡村振兴具有领先的阶段性特征：一是乡村发展方面，农村产业已经具备良好基础，由注重产品产量向打造品牌、平台、市场的高质高效乡村产业迈进。二是乡村建设方面，水电路房等基本设施已经建成，正向补齐短板和提高生产生活质量的光纤、物流、垃圾污水治理等新基建转变，生活环境由洁美向秀美、富美迈进，基本公共服务由重点解决教育、医疗向加强养老、文体、综合便民服务转变。三是乡村治理方面，由就村治村向县、镇、村一体化转变，基本实现精细化、规范化、一体化治理，注重运用数字技术，促进共享共富。

三、主要问题

东部地区乡村振兴取得了重大进展，但与中央对东部地区的战略定位相比还存在一些不足和难点需要解决，一些制约发展的体制机制障碍需要破解。从调研情况看，人才缺乏是乡村振兴长远发展面临的最重要问题，资源要素优化配置是当前最紧迫的问题。

1. 城乡居民收入绝对差距持续扩大。 东部各省市城乡居民收入比逐渐缩小，但绝对差距持续扩大。北京城乡居民收入绝对差距由2015年的32290元扩大到2020年的45476元，人均GDP水平已经达到发达经济体的水平，但农民人均收入水平仍然较低，城乡居民收入比为2.51：1，排在全国第22位。国际上发达国家城乡居民收入差距较小，2019年欧盟27国城乡收入比为1.21，美国近10年来城乡居民人均收入比值在1～1.1。

2. 产业发展质量不够高。东部地区农业高质量发展仍面临矛盾和问题亟须解决，主要是产业规模小、布局散、链条短，品种、品质、品牌水平有待提高。农产品加工企业开发层次较浅，精深加工产品和品牌覆盖率不高，山东省规模以上农产品加工业与农业总产值之比为1.56∶1，实现程度仅为41%。一些地方的农村二、三产业，组织结构松散，多是在外发展的大户能人组织农村留守人员开展生产，规模小，生产经营水平不高。部分地方冷链物流、货物运输道路等生产性设施还有欠缺。

3. 乡村建设用地紧张问题反映集中。乡村建设用地紧张严重影响农业产业化发展，设施农业、乡村文旅业、乡村物流体系建设、乡村基本建设都有用地需求，有的地方在产业园区培育了农业人才，但由于没有项目用地，人才出不了孵化园区，成长不起来。

4. 乡村人才资源等要素匮乏现象突出。缺人才是制约农业农村发展的重要因素。青壮劳动力留不住、专业人才引不来问题突出，村庄空心化、人口老龄化趋势明显。农业龙头企业、农民合作社、家庭农场、种粮大户、社会化服务组织等五支主体力量，在专业化生产、加强市场研判、密切小农户等方面发挥作用仍然不够。基层人才普遍待遇低、出路少，有的新招聘大学生将乡镇作为"跳板"，很难在基层长期工作。

5. 农民持续增收动能不足。农民增收途径少，就业范围窄，服务业没有充分提质扩容，农民就地就近就业渠道少。大多数农户只能从事简单的农产品初始生产，没有深度参与高增值的后续产业链，所得收益十分有限。农业兼业的现象很普遍，许多村民外出打工，或者是全家外出打工，留在村里的劳动力也大多在附近农场、工厂、建筑工地等打散工。受近几年疫情等影响，很多村民反映"活不好找""打工机会明显少"，务工收入难以保障。农村资源资产还未充分激活，农民持续稳定增收新动能不足。

6. 村集体经济增收压力大。村集体经济发展壮大模式较为单一，主要依靠土地流转、资产租赁等途径获取收益。山东省2020年村集体经营收益10万元以下的村还有54%。广东还有30%的村年集体经济收入低于

10 万元。

7. 农村基础设施和公共服务短板弱项仍较突出。公共基础设施覆盖不全、长效管护机制不健全，一些地方路、水、电等基础设施存在短板弱项。辽宁省农村卫生厕所普及率仅为 23％，山东、广东、福建、辽宁、江苏五省的生活污水治理率都在 50％及以下。长效管护机制还不够完善，存在"重建轻管"现象。农村教育、卫生、养老等公共服务虽有长足发展，但城乡之间差距大，离城乡基本公共服务均等化的目标还有不小差距。

四、工作建议

1. 支持东部地区根据发展水平和各地特点分类推进乡村振兴。乡村振兴是一项长期的历史任务，需要选取部分地区先行先试、作出示范。东部地区可根据经济发展、地方特色，分类推进乡村振兴。浙江共同富裕示范区美丽乡村建设基本完成，下一步需破解制约发展的体制机制障碍，进一步扩大试点示范，探索建设未来共同富裕乡村样板。京津沪超大城市农村基础设施和公共服务水平领先，下一步在促进城市化和都市型现代农业农村进程中，需在缩小城乡发展差距，促进城乡一体化发展方面加力。广东、江苏、福建、山东各省需补齐短板解决乡村建设等各领域存量问题，下一步增量问题需靠前规划，推进乡村全面振兴。辽宁需在各个方面加快发展，赶上东部地区的发展步伐。

2. 支持东部地区率先推进农村改革，在健全城乡融合发展体制机制上先行先试。随着城市化进程推进，农村还有大量能促进农民增收的"沉睡"资源，如集体经营性建设用地入市、宅基地有效盘活利用等方面，需进一步深化农村改革来激活潜力。农民有宅基地退出的需求，为保护农民利益、政策实施的规范性，建议国家层面出台关于闲置宅基地指导性意见，聚焦在宅基地有偿退出和建设用地指标增减挂钩，解决农民宅基地有偿退出问题。针对乡村建设发展需求与供地紧张之间的矛盾，实地调研时基层干部希望：国家允许东部地区试点，在保证完成粮食指标的基础上，给农地使用一点调整的空间，就像当初农村实行大包干改革一样，"交够国家的剩下的是自己的"。

3. 支持东部地区积极探索金融服务创新。强化金融惠农，对种粮贷款实行专项优惠利率政策，创新金融服务模式，加大贴息力度。出台扶持集体经济发展的税收优惠政策，更好促进村级集体经济发展，发挥其巩固农村基层执政基础、带领成员共同富裕的作用。

4. 支持东部地区探索乡村振兴人才培养机制。支持东部地区试点，打出一套组合拳，解决乡村振兴人才缺乏问题。一是建立农业农村人才退休制度，将持证的农业农村人才纳入社会保障体系，使从事农业农村工作的专业人员退休后有保障，打通由城到乡的人才流动障碍；二是政府加大奖励表彰力度，营造培育农业农村人才的良好氛围，让年轻人到农村去感到脸上有光；三是优化对人员流入地的资源配置，东部地区是人员流入地，为了更好地培养使用人才，财政资金、社会资源应给予倾斜；四是加大对改革的耐心和容错机制，激发基层改革的热情，扩充改革的空间。

5. 支持东部地区率先承担全国乡村振兴试点示范。国家级乡村振兴工作试点示范优先放在东部地区，在乡村振兴、现代化乡村建设、乡村治理等方面，创新可推广的经验做法。东部地区可以自己搞一些省内试点示范，为全国推进乡村振兴做贡献。

6. 及时总结推广东部地区经验做法。国家层面及时总结东部地区试点示范经验，在各类媒体上进行宣传，为全国各地，特别是中西部乡村振兴提供有益借鉴。

调研组牵头人：夏更生

调研组成员：聂新鹏　李　越　徐丽萍　徐兴华　谭明智

　　　　　　　周　翔　高凌宙

革命老区乡村振兴实践路径研究

农业农村部农村经济研究中心课题组

习近平总书记多次强调，要永远珍惜、永远铭记老区和老区人民的牺牲和贡献，让老区人民过上好日子，是我们党的庄严承诺。当前，受历史因素和自然因素影响，许多革命老区农村经济发展滞后，基础设施和公共服务不能满足人民实际生活需求，人民日益增长的美好生活需要和不平衡不充分的发展之间矛盾突出。党的二十大报告提出，要支持革命老区、民族地区加快发展。在新时代，革命老区应抓住乡村振兴战略的契机，积极作为、狠抓落实、大胆尝试，将农业农村现代化建设与改善老区人民生活、加强和改进党的建设、继承和发扬老区光荣传统结合起来，将老区和老区人民为中国革命做出重大牺牲和贡献换来的政策优势、红色优势、群众优势转化成乡村振兴的发展动力。国家乡村振兴局委托农业农村部农村经济研究中心组成课题组，系统研究了革命老区乡村振兴的实践路径，以期为革命老区进一步全面推进乡村振兴提供有益借鉴。

一、革命老区实施乡村振兴战略的重大意义

（一）革命老区乡村振兴是实现中华民族伟大复兴的应有之义

革命老区是党和人民军队的根，是中国人民选择中国共产党的历史见证。革命老区为中国革命做出了重大贡献和巨大牺牲，支持革命老区振兴

发展既是一项重大的经济任务，更是一项重大的政治任务。2015 年 2月，习近平总书记在陕西延安主持召开陕甘宁革命老区脱贫致富座谈会时指出："我们实现第一个百年奋斗目标，全面建成小康社会，没有老区的全面小康，特别是没有老区贫困人口脱贫致富，那是不完整的。"党的十八大以来，党和国家部署实施了一批支持措施和重大项目，助力革命老区如期打赢脱贫攻坚战、持续改善基本公共服务、发挥特色优势推进高质量发展，为全面建成小康社会做出了积极贡献。新时代继续支持革命老区振兴发展，让老区人民过上好日子，不仅是对过去的感恩，也是对未来的负责，更是实现中华民族伟大复兴的应有之义。

（二）革命老区乡村振兴是促进区域协调发展的必然要求

实施区域协调发展战略是新时代国家重大战略之一，是贯彻新发展理念、建设现代化经济体系的重要组成部分。我国幅员辽阔，自然环境差异较大，历史、文化发展进程不同。革命老区大都处于欠发达地区，区域发展不平衡、不充分的现象更为突出。全面推进革命老区乡村振兴，促进革命老区加快发展，有利于率先探索特殊类型地区高质量发展的有效途径，健全完善区域战略统筹、市场一体化发展、区域合作互助、区际利益补偿等机制，为实现区域协调发展探路开局。

（三）革命老区乡村振兴是传承红色文化的有效路径

红色文化是中国共产党领导人民在革命、建设、改革进程中创造的精神文明成果，是马克思主义中国化时代化的重要体现。党的二十大闭幕后不久，习近平总书记带领中央政治局常委瞻仰延安革命纪念地，明确指出，延安精神"是党的宝贵精神财富，要代代传承下去"，充分彰显了我们党在新时代新征程上赓续红色血脉、传承革命精神的不变信念。革命老区是弘扬传承红色基因、红色文化的重要依托。全面推进革命老区乡村振兴，既是传承红色文化的坚实基础，也是传承红色文化的有效路径。

二、革命老区推进乡村振兴的优势条件

（一）革命老区的红色优势

红色资源是我们党艰辛而辉煌奋斗历程的历史见证，是最宝贵的物质和精神财富。据国家文物局统计，截至 2018 年，全国革命专题博物馆和纪念馆 808 家，与近现代重要革命直接相关事件和人物有关的可移动文物 49 万件（套），登记革命旧址、遗址 33315 处，其中大部分位于革命老区，为革命老区振兴发展提供了独特的红色资源优势。革命老区还具有深厚的红色文化底蕴，如"坚定信念、艰苦奋斗，实事求是、敢闯新路，依靠群众、勇于胜利"的井冈山精神，以"坚定正确的政治方向、解放思想实事求是的思想路线、全心全意为人民服务的根本宗旨、自力更生艰苦奋斗的创业精神"为主要内容的延安精神等革命精神，是中国共产党人精神谱系的重要组成部分，砥砺着革命老区干部群众在新时代为全面推进乡村振兴而不懈努力。

（二）革命老区的群众优势

群众路线是中国共产党从胜利走向胜利的重要法宝。革命老区拥有践行党的群众路线的丰富实践经验，"一切为了群众、一切依靠群众""从群众中来到群众中去"的理念深入人心，具备"水乳交融、生死与共"的融洽干群关系，形成了"爱党信党、永跟党走"参与革命、建设、改革、发展的主体理念和主人翁姿态。革命老区的群众优势不仅在革命战争年代发挥了重要作用，还为老区打赢脱贫攻坚战做出了重大贡献。在新时代实施乡村振兴战略，让革命老区的群众优势继续充分发挥，就能够将群众优势转化为组织优势和治理优势，以组织振兴引领带动革命老区的产业振兴、人才振兴、文化振兴和生态振兴。

（三）革命老区的政策优势

党和国家高度重视推动革命老区经济社会发展。2020 年以来，国家和地方层面陆续出台多项政策，形成了支持革命老区全面发展的"1＋N＋X"政策体系，为支持新时代革命老区振兴发展提供了精准有力的政策保障。"1"是国务院《关于新时代支持革命老区振兴发展的意见》。"N"是《"十四五"特殊类型地区振兴发展规划》等"N"项支持实施方案，探索因地制宜振兴发展之路。"X"是支持赣南等原中央苏区和陕甘宁革命老区、左右江革命老区、大别山革命老区、川陕革命老区等"X"项专项政策，精准支持革命老区振兴发展。

（四）革命老区的生态优势

革命老区大多地处偏远，生态环境开发程度低，具有丰富的绿色生态资源，区域山川秀美、生态优良，森林资源、水资源等自然生态资源优势突出。据统计，约 90％的革命老区县（市、区）植被覆盖度高于全国平均值。如河南大别山革命老区是长江、淮河中下游地区重要的生态屏障，区域森林覆盖率达 40％左右；其中河南新县植被覆盖率 95％，森林覆盖率 78.6％，获评国家生态文明建设示范县、全国"绿水青山就是金山银山"实践创新基地。

三、革命老区推进乡村振兴存在的劣势与短板

（一）乡村基础设施相对落后

农村基础设施落后于产业发展和群众生活需求是革命老区农村基础设施现状的突出特征。从基础设施供给数量来看，革命老区的道路、自来水、通信设备、医疗设施、教育设施等供给总量相对落后。从基础设施供给质量来看，300 多个革命老区县（市、区）属于省际毗邻地区，公路不优不畅、饮水不足不稳等问题较多。从基础设施规划来看，很多

革命老区地形复杂、地势特殊，居民居住分布零散，道路、通信等基础设施的规划实施难度大、任务重。从基础设施建设投入来看，革命老区多为欠发达地区，财政收入较低，对农村基础设施整体投入较少、历史欠账较多。

（二）农业产业化水平相对较低

革命老区的农业产业化水平相对较低，表现为农业现代流通体系不完善、农业产业链条较短和农业科技支撑不足等。一是农村现代流通体系不完善。由于地理位置偏远、道路交通条件差等原因，革命老区农产品流通普遍存在"外运难""外运贵"问题，化肥、农机等生产要素的流通成本也相对更高。二是农业产业链条较短。革命老区农业产业通常以初级农产品供给为主，精深加工技术短缺，整体呈现"一流资源、二流加工、三流包装、末流价格"的局面。如广西灵山县是中国荔枝之乡，但全县荔枝果加工率却不到10%。三是农业科技支撑不足。以农业机械化为例，很多革命老区位于丘陵山区，受地形条件和科技水平限制，适用于丘陵山区的农业机械研发投入不足，农业机械化水平较低。

（三）人才力量薄弱

由于经济、社会、历史等原因，革命老区的经济发展较慢、收入水平低、生活条件艰苦，人才储量与吸引力不足，存在许多瓶颈问题。一是人才总量较少。革命老区因为所处地理位置偏远以及社会基础设施落后，人才流失较严重，人才引进困难，导致人才总量较少。特别是高层次专业人才比例较低，教育、卫生等领域高层次人才尤为缺乏。二是人力资源开发意识弱。革命老区经济发展较落后导致教育观念落后，很多家庭对于教育的重要性认识不够，不愿意在教育读书上进行投资，让子女放弃学业外出打工的做法比较普遍。三是人力资源开发资金投入少。受财力限制，革命老区在人力资源开发资金方面投入不足，其中对教育的投入更少。部分革命老区人才培训存在师资力量相对薄弱、培训经费较少、激励机制乏力等问题，无法提供更好的教育以及公共产品与服务。四是人力资源保障机制落后。受意识薄弱、资金较少等因素影响，部分革命老区目前尚未制定合理完善的人才保障机制，对于各种人才的引进、激励、保障等措施都较落后。由于保障机制不足，发展空间有限，优秀人才到革命老区工作的积极性不高。

（四）部分地区生态环境脆弱

革命老区的生态资源呈现较为极端的两极分化现象。除了大多数生态环境较好的地区之外，还有一部分革命老区生态环境十分脆弱，水土流失、荒漠化等生态环境问题突出，区域生态保护和经济发展间矛盾日益显现。有些革命老区处于地质灾害频发区域，使得乡村振兴存在着极大的不确定性。还有很多革命老区属于生态功能区，如陕西、山西、甘肃、宁夏等省份的革命老区多数位于黄土高原丘陵沟壑水土保持生态功能区，一定程度上限制了革命老区生态资源的开发利用。

四、革命老区推进乡村振兴的模式探索

（一）革命老区产业振兴模式

革命老区依托农村特色资源，因地制宜发展类型多样的乡村特色产业，通过党组织领办合作社、农村集体经济组织带动、多主体产业融合发展等方式促进产业振兴。

1. 党组织领办合作社模式。多个革命老区把党组织领办合作社纳入乡村振兴重点任务，不断提高村级党组织领导农村经济社会发展能力，切实做到村集体增收、老百姓致富。主要有以下类型：一是种植或养殖型合作社。把农民组织起来，开展适度规模经营，推进种植养殖生态化、规模化、标准化、品牌化。二是土地股份合作社。引导农民进行土地流转，推进土地股份化、经营产业化、运作市场化。三是劳务服务合作社。组织农村富余劳动力，针对性开展种植养殖、物业保洁、乡村旅游等专业化技能

培训，提供优势岗位推介，组织社员务工，实现劳动力转移就业。四是旅游服务合作社。依托红色资源、自然风光、民俗风情、农耕文化等资源优势，积极发展红色教育、休闲度假、农业观光等乡村文旅项目。五是农业社会化服务合作社。集聚整合农村科技、机械、设施、信息等各类资源要素，为农民群众提供生产资料"统购"、生产过程"统管"、农副产品"统销"等社会化服务。六是置业型合作社。依托城郊村和集镇驻地中心村区位优势，利用集体经营性建设用地，兴办专业市场、仓储设施、生产加工等运营项目。

2. 村集体发展壮大模式。革命老区积极挖掘"沉睡"集体资产，探索多种集体经济发展模式，蹚出发展"新路子"。主要有以下模式：一是资源盘活型。对村集体土地、山水、田园等资源和闲置的会堂、厂房、祠堂和废弃学校等设施，通过公开拍卖、租赁、承包经营、股份合作等进行盘活，增加村集体收入。二是特色产业发展型。依托良好的生态优势、气候优势、区位优势，由村集体主导发展"规模化、产业化、生态化"农业产业。三是服务经济创收型。村集体组织创办多种形式的村级经营性服务实体，提供农业生产性服务、联结龙头企业和农户的中介服务以及生活用品购销服务。四是社会资本撬动型。社会资本通过"龙头企业＋农户＋合作社"等多种模式，发展农业产业，推广特色农产品，参与基础设施建设等。

3. 产业融合发展模式。一些革命老区发挥自身优势，探索出多种三产融合模式和经验。一是以"特色农业"为核心的三产融合。一些革命老区利用特色农业优势，打造以特色农业为核心的休闲产业，如江西赣州市仙下乡龙溪村打造"龙溪生姜"品牌，以此为基础发展生态旅游、特色民宿等。二是以"红色教育"为核心的三产融合。一些革命老区整合各类文化资源，发展"红色＋非遗""红色＋人文"等业态，如延安市打造了大型红色主题文化旅游项目——延安红街。三是"互联网＋"新业态模式。一些革命老区积极发展"互联网＋农业"，如乐昌市创建"互联网农业小镇"试点，打造九峰电商品牌，带动了全镇种植大户、家庭农场开设网店。

（二）革命老区生态振兴模式

革命老区的生态条件不一，有的具有明显的生态资源优势，有的却担负繁重的生态治理任务。根据自身特点，不同革命老区分类推进，探索出多层次的生态振兴路径。

1. 生态保护模式。 一些生态环境脆弱、生态承载力低的革命老区，通过不断推动山水林田湖草沙一体化保护和系统治理，实现当地乡村的可持续发展。如江西革命老区赣州市多措并举推进生态保护修复项目整体保护、系统修复、综合治理，结合废弃矿山修复建设了 1 万余亩循环产业园，种植 3000 余亩经济林。

2. 环境整治模式。 一些农村环境脏、乱、差问题突出的革命地区，通过农村环境整治，乡村人居环境得到大幅度改善，农民生活满意度不断提高。如福建省泰宁县大田乡以建设"生态休闲康养小镇"为主线，探索"红＋绿"乡村环境整治机制，人居环境得到了很大的改善，老百姓的生活满意度明显提高。

3. 生态价值转化模式。 一些自然条件优越、生态环境优势明显的革命老区，通过生态价值多重转化，实现生态保护与经济发展耦合发展。如浙江丽水市被评为全国首个生态产品价值实现机制试点，发布国内首个山区市《生态产品价值核算指南》，开创 GEP（生态系统生产总值）进规划、进决策、进考核等机制，培育了一整套生态产品市场交易体系，实现了"红绿融合"的创新到"红绿生金"的生态价值转换。

4. 绿色农业循环模式。 一些革命老区积极探索农业废弃物多级循环、种养结合循环、节水农业等绿色农业技术应用，打造具有当地特色的农业绿色发展模式。如陕西铜川市耀州区探索出以"菌菇种植—养殖业—苹果种植"为主的绿色循环产业链，有效形成了种养结合闭环。

（三）革命老区文化振兴模式

革命老区借助独特的红色资源优势，一方面积极推动红色文化事业发展，传承、保护和发扬红色文化；另一方面积极推动红色文化产业发展，通过红色文化事业与产业双轮驱动，实现社会效益和经济效益双丰收。

1. 红色基因保护传承模式。革命老区加强对革命文物、遗址、遗迹和革命历史等红色资源的挖掘、保护和传承，培养了一大批优秀的红色文化解说人员。一些革命老区搜集和整理革命文物和影像资料，形成红色文化记忆档案库，打造"红色议事厅""红色收藏馆"。如延安市宝塔区组建红色教育宣讲队、红色技术指导队、红色志愿服务队等三支"红色队伍"，狠抓党员干部教育培训，大力发展红色教育基地。

2. 红色资源数字化模式。红色资源数字化可建立不受时空限制的红色资源网络共享系统，能够降低公众参与门槛，提高红色文化可及性和认知度，是信息化时代保护、利用、开发红色资源的必然要求。很多革命老区利用微信、QQ、抖音、快手和问答社区等渠道，线下线上相结合，加强红色文化服务供给。如四川省石棉县的中国工农红军强渡大渡河纪念馆，打造了红军强渡大渡河长征文化线路数字化展示体验及教育传播试点项目，通过5G、AR、大数据和4K直播等新技术实现红色文化沉浸式体验和线上研学，增强了公众对长征文物保护和利用的参与感和获得感。

3. "红色十"产业融合模式。革命老区丰富的红色资源，为其发展"红色＋"三产融合模式提供了独特优势。如山东临沂革命老区打造沉浸式实景小院演出等红色旅游复合型产品，使红色文化和旅游有机结合，体现生态之美和人文之美。广东省仁化县成功打造红军长征粤北纪念馆、城口红色小镇和安岗红色村等红色"拳头产品"，建设了一流的红色教育基地和红色旅游区域。

（四）革命老区人才振兴模式

革命老区立足当地发展需要，不断整合人才资源、优化人才结构、激发人才活力、提高人才素质，全力补足人才短板，加快实现乡村人才振兴，探索出一批人才振兴模式。

1. 人才引进模式。一是加强年轻人才引进。在"三支一扶"计划、

"西部志愿者""选调生计划""特岗教师"等政策支持下，引进大批大学毕业生和教师深入革命老区工作，为革命老区注入年轻人才力量。二是加强基层干部引进培育。在"第一书记"、对口支援、定点帮扶和干部援疆援藏等政策支持下，干部人才双向交流等机制得以建立，很多基层干部跨区域流入革命老区，充实干部队伍力量。三是加强专业技术人员引进。革命老区发挥生态旅游、红色文化等方面的独特优势，结合补齐教育、卫生等短板的实际需要，精准匹配、按需引才。如湖南炎陵县与上海市农业科学院、湖南农业大学等10余家省内外科研院所或高校建立了紧密的科技合作关系，与省市医院结成技术帮扶对子，建立柔性引才机制。

2. 平台助力模式。通过政府与市场相结合，革命老区搭建了多样化的人才支持平台，为人才干事创业和实现价值创造条件。一是建立乡土人才库。很多革命老区建立了省、市、县、乡多级乡土人才库以及农技专家与乡土人才联系结对机制。二是组建科技特派员团队。一些革命老区组建科技特派员团队，支持当地产业发展。如福建莆田市白沙镇广山村推出了科技特派员团队科技引导、政府部门服务主导、龙头企业创新先导的"三导一体"服务模式。三是搭建金融支持平台。很多革命老区构建"红色资金"，通过农村党员创业"红色贷"项目为当地产业领军人才提供资金支持。

3. 机制激励模式。针对"留人难"问题，革命老区不断完善激励机制，从工资待遇、社会保障等方面发力。一是提高革命老区人才工资待遇。如到江西瑞金市工作的高层次人才和紧缺人才，可享受上浮一级工资、报销往返探亲差旅费、配偶安置、子女就学安排等特殊待遇。二是实施革命老区人才支持项目。革命老区通过实施博士服务团、"西部之光"访问学者、"引凤还巢"项目等人才支持项目，采取更加灵活多样的方式引才用才。

（五）革命老区组织振兴模式

革命老区创新组织振兴的思路和方法，搭建起以党组织为核心、自治组织为主体、其他社会组织为补充的治理架构，抓党建促乡村振兴。

1. 基层党建重心下沉模式。 为促进党员干部发挥先锋模范作用，多地探索将党组织设置下沉到"神经末梢"。如广东清远市按照产权与治权相统一原则，将党建重心、村民自治重心、公共服务重心由行政村下移到村民小组或自然村一级，村"两委"不再承担行政事务，专心抓好党员管理和村民自治。

2. 党建引领基层治理模式。 多地探索将党支部建在乡村建设发展领域的关键位置，进一步加强党对乡村振兴工作的全面领导。如贵州毕节市在合作社、龙头企业等新型经营主体中建立党组织，形成"支部建在产业上、党员聚在产业里、群众富在产业中"的生动局面。成都市郫都区战旗村不仅建立社区型党支部，还在成都集凤实业总公司、成都榕珍菌业有限公司等非公领域设立党支部。

3. 民主高效村民自治模式。 许多革命老区探索建立形式多样的村民自治模式，提高村民的自我管理、自我教育、自我服务和自我提高能力。一方面，创新村民议事程序和制度建设。如河南新乡县推行"村民代表提案制"，每月召开一次村民代表会议收集意见和建议，以提案形式交给党支部，然后村干部用民主协商方法集思广益，把农村基层矛盾化解在萌芽阶段。另一方面，完善农村带头人配备、培育、管理和使用机制。把政治素养高、工作能力强、熟悉"三农"工作的带头人找出来、培训好、用到位，为革命老区基层组织建设奠定坚实人才基础。如山东泰安市宁阳县探索实施"育苗换代"工程、返乡大学生"薪火"工程，将优秀人才纳入重点人才库，根据需要安排其担任书记助理、主任助理等职务，参与村务管理。

4. 多元社会组织参与模式。 一些革命老区大力培育基层社会组织，突出其公益性、互助性、合作性和带动性，发挥其在农村社区建设营造方面的补充作用。如山西运城市专门建立了市、县、乡、村四级"新乡贤理事会"，作为联系、协调、服务新乡贤的社会团体组织。四川省成都市新津区月花村引入新文轩公益组织，积极开展儿童教育培训、老年人书法培训等丰富多彩的社区营造活动。

五、革命老区推进乡村振兴的重点工程和项目

（一）支持革命老区乡村振兴重点帮扶村镇发展

结合实际，以经济发展水平、乡村生态环境和基层治理能力等为核心，选出一批革命老区重点帮扶村镇进行重点扶持。由各省农业农村和乡村振兴部门牵头，每年梳理一批革命老区重点帮扶村镇"急难愁盼"问题的项目任务清单，纳入所在省、市、县（市、区）乡村振兴实绩考核。继续深入开展对口支援，进一步畅通部委与革命老区"直通车"，推动扶持政策、项目、资金精准高效落地。

（二）补齐革命老区省际毗邻地区乡村基础设施短板

对革命老区省际毗邻地区制定一揽子"点穴式"项目建设。加强农村路网建设，优先安排农村公路建设计划，打通"断头路"。完善物流基础设施建设，推动乡镇邮政快递与农村电商协同发展。加快乡镇水利工程建设，提升防洪排涝能力，更新升级农村供水管网。推进高标准农田建设，突出灌溉与排水、田块整治和耕地质量提升等建设重点。开展数字乡村建设，因地制宜提升革命老区的信息网络等新型基础设施。

（三）开展革命老区村集体经济发展提升行动

加强革命老区农村集体资产管理，摸清集体经济家底，防止集体资产流失，确保集体资产保值增值。加大衔接资金对革命老区集体经济发展的支持。在符合相关财政资金使用要求条件下，鼓励整合集体自有发展资金和各类涉农财政资金通过资金入股、资本运作等方式发展产业。探索革命老区集体经济发展新路径，打造一批革命老区集体经济典型模式，培育一批集体经济发展区域农村品牌，促进革命老区集体经济高质量发展。

（四）搭建革命老区乡村振兴专门帮扶平台

基于现有东西部协作、定点帮扶、对口支援、重点城市对口合作等机制，统筹建立革命老区专门帮扶平台，主要围绕农产品销售、人才引进、就业服务和技术共享等内容搭建全方位对接平台，结合革命老区发展特点和需求实现精准帮扶。建立相应的对口帮扶绩效评价体系，不断提高帮扶工作质量效益。

（五）创新革命老区乡村振兴宣传推介载体

一是打造一批全国典型革命老区红色宣讲平台。实施红色资源集中连片保护利用工程，建立红色资源数据库，打造红色基因宣讲"云平台"。二是培育具有当地特色的红色宣传品牌。充分挖掘红色文化资源，深入开展系统研究，加大宣传阐释力度，讲好党的故事、革命的故事、根据地的故事、英雄和烈士的故事。三是探索一批"红色＋"多元发展载体。着力打造"红色旅游＋乡村振兴"的特色线路，支持符合条件的革命老区村镇申报省级红色旅游融合发展示范项目，争创全国红色旅游融合发展示范区。

六、保障举措

（一）加强财政政策支持

各级财政要继续发挥有效衔接、着力保障的重要作用，加大财政一般转移支付和专项扶持资金转移力度，逐步消减革命老区基础设施建设和社会事业发展的历史性债务。统筹整合各级各部门涉农资金，发挥涉农资金使用效益，确保革命老区实施乡村振兴战略的财力支撑。研究设立革命老区乡村振兴专项基金、革命老区旅游产业投资基金和党性教育基地建设专项基金等，支持革命老区全面振兴。

（二）创新金融产品与服务方式

进一步加大金融对革命老区乡村振兴的扶持力度，探索推进政策性、开发性金融支持革命老区农业农村基础设施建设模式。加大涉农主体信贷保险支持力度，用好"政府＋银行＋保险＋龙头企业＋农户"的PPP融资服务模式、"公司＋合作社＋基地＋农户"的利益联结机制模式、以土地整治指标交易和经营性资产作为还款来源的融资模式以及"银企合作"的共担共防风险模式等。探索建立政银合作出资的风险补偿基金，形成以"风补"基金为贷款补偿准入业务的专属信贷产品。

（三）有序引导社会资本投入乡村

推进"万企兴万村"行动，探索促进革命老区村庄发展的长效机制。开展"回报家乡"专项行动，组织引导民营企业深挖农村土地、环境、人力、产业、市场和文化等资源的多元价值和多重功能，优化乡村生产要素资源配置。组织引导民营企业发挥优势和特长，共同参与发展革命老区新型农村集体经济。

（四）加大农业科技创新推广力度

根据革命老区地区性发展特色，因地制宜建立现代农业研究机构，提供技术交流平台，培育农技推广人才。加强农业科技服务体系建设，健全农业推广网络，稳定农业科技推广队伍。借智高校，强化合作，引进技术和自主研究相结合，加强"科技小院"建设，解决乡村振兴重大关键技术问题。创新驱动，示范推广，不断延长农业产业链，发展高产、优质、高效、生态、安全农业。

（五）强化乡村振兴人才支撑

坚持农业农村优先发展的战略思路，在干部配备上优先考虑向革命老区倾斜。鼓励高校院所与革命老区基层合作共建现代农业产业园区和科技园区，支持省属高校根据革命老区乡村振兴一线实际情况，有针对性开展"订单式"学生培养。围绕革命老区主导产业发展和重点工程建设，"点菜式"组织相应领域专家，提供咨询服务，帮助解决重点、难点问题。拓展人才成长空间，为革命老区当地人才的晋升、深造、挂职和培训等创造有利条件。

课题组牵头人：金文成

课题组成员：冯丹萌　李　竣　冷博峰　张　寅　陈伟伟

　　　　　　　薛亚硕　弓丽萍

培育壮大脱贫地区村集体经济研究

中国人民大学农业与农村发展学院课题组

为促进脱贫地区新型农村集体经济发展，增强带动脱贫群众增收致富能力，国家乡村振兴局委托中国人民大学农业与农村发展学院组成课题组，围绕培育壮大脱贫地区村集体经济进行深入研究。课题组结合之前的相关研究成果与本次实地调研掌握的一手资料，在研判脱贫地区农村集体经济发展现状和问题的基础上，总结归纳广大脱贫地区在实践中发展农村集体经济的主要举措和发展模式，进一步提炼出可复制、可推广的经验。同时，厘清当前脱贫地区农村集体经济发展面临的挑战，提出壮大我国脱贫地区农村集体经济发展的政策建议，以期为我国加快推进脱贫地区乡村产业、人才、文化、生态、组织等全面振兴提供启示。

一、研究背景和发展现状

农村集体经济是集体成员利用集体所有的资源要素，通过合作与联合实现共同发展的一种经济形态，是社会主义公有制经济的重要形式。壮大脱贫地区农村集体经济发展是全面推进乡村振兴的重要内容，更是中国式现代化的重要基础和支撑。党的二十大提出，"以中国式现代化全面推进中华民族伟大复兴"。习近平总书记多次强调，"农业农村现代化是国家现代化的基础和支撑"。对于全国层面而言，脱贫地区农村集体经济发展基础较为薄弱，短板突出，集体经营性收入水平较低、经营管理水平不高、服务成员能力不足。因此，壮大脱贫地区农村集体经济是全面推进乡村振兴战略的重要内容，是关系全面建成社会主义现代化强国的全局性、历史性任务。同时也是推进巩固拓展脱贫攻坚成果同乡村振兴有效衔接的必由之路，是巩固党在农村地区执政基础的重要举措，是增强脱贫地区乡村产业发展活力的应有之义。

中央高度重视农村集体经济发展，自党的十八大以来，不断深化农村集体产权制度改革，积极探索农村集体所有制的有效实现形式，以保护农村集体经济组织和农民合法权益为核心，以增强集体经济造血功能为重点，不断强化薄弱村党组织战斗堡垒作用，加大政策扶持，提高农村集体经营性收入，带动农户增收。

得益于在脱贫攻坚期间的大规模投入以及各类扶持农村集体经济试点项目实施，脱贫地区农村集体经济发展取得了显著成效。总的来看，各地大都凭借大量扶贫资金注入，以当地脱贫攻坚期间形成的主导产业（如较为普遍的食用菌、蔬果种植、畜产养殖、电子商务、乡村旅游等）为基础发展集体经济。产业兴旺是乡村振兴的重要基础，更是各地盘活集体资产获得收益的重要条件，这些产业植根县域，以农业农村资源为依托，业态较为丰富活跃。调研发现，关岭肉牛养殖、盘州刺梨种植、富源魔芋种植、饶阳设施果蔬产业均有了很大程度的发展，产业带动集体增收效果明显，已在全国市场中产生较大影响。

本次调研县（市）的农村集体经济发展相关数据如表1所示。其中，禄丰市的农村集体经济发展收入情况与云南省平均水平相似，远逊于富源县这一曾经的国家级扶贫开发重点县。其原因是富源脱贫攻坚期间累计投入142.08亿元，而禄丰仅为36.57亿元。

表1　调研八县（市）脱贫攻坚与农村集体经济情况

省	县	脱贫村/个	建档立卡户/户	脱贫人口/万人	集体收入5万以下村占比/%	集体收入5万~10万村占比/%	集体收入10万~20万村占比/%	集体收入20万以上村占比/%
云南	富源	130	25584	11.18	0.62	89.38	5.63	4.37
	楚雄	51	9310	3.58	0	43.51	42.86	13.64
	禄丰	104	7242	2.64	32.94	37.72	23.95	5.38
贵州	镇宁	114	21361	9.3	0	6.67	10.78	82.55
	关岭	88	24676	11.08	0	3.40	14.97	81.63
	盘州	281	57562	21.55	0	7.83	23.04	69.13
河北	饶阳	83	—	7.1	6.10	42.63		51.27
	广平	37	9895	2.93	0	46	36	18

资料来源：课题组根据访谈资料汇总整理。

　　我们也要清醒看到，当前脱贫地区的农村集体经济发展基础来之不易，稳住农村集体经济发展趋势仍然面临大量复杂挑战。2020年年底，我国脱贫村村均集体经济收入超过12万元，这是脱贫攻坚期间，我国超常规举国动员"逆向"投入资金、人才、项目和政策扶持的结果。目前，当务之急是提高脱贫地区乡村产业发展的质量效益。毫无疑问，这要立足已有产业培育基础，挖掘已有投资效益潜力，推动已有项目资产稳定良性运转。随着我国减贫政策体系平稳转型，在常态化的社会投入下，由于防止返贫的内生动力尚未完全形成、长效机制尚未完全构建，广大脱贫地区农村集体经济发展面临的市场竞争不断加剧，风险挑战不断凸显。同时，由于脱贫攻坚期间，实施精准帮扶政策导致一些地区贫困户与非贫困户之间产生隔阂，原有集体社区内部的利益平衡被打破，集体经济发展面临的内部矛盾因素增多，收益分配挑战也在不断凸显。

二、脱贫地区农村集体经济发展的典型模式

　　调研发现，脱贫地区在农村集体经济发展的实践中，探索形成资源开

发、资产盘活、股份合作、联村推进、飞地经济等五种典型模式。

（一）资源开发模式

广大脱贫地区在推进农村集体产权制度改革过程中，通过清产核资，摸清集体家底。积极集中开发利用村集体所有的耕地、林地、草地、山岭、荒地、滩涂等闲置资源性资产，发展现代种植养殖业，或利用生态环境和人文历史等资源发展休闲农业和乡村旅游，多途径壮大农村集体经济。

云南省富源县大河镇针对某村地理位置偏远、大量年轻劳动力纷纷外出务工、经济发展底子薄弱、后劲不足，以及大量山林田地荒废、土地利用效率低下等问题，专门组建工作小组，与当地村级"两委"班子合作协商，在多年来未能开发利用的 1000 余亩的荒山荒坡上兴建黄桃种植基地，并由村集体对农户的山坡地统一流转，助力当地黄桃产业发展，带动集体增收。

（二）资产盘活模式

广大脱贫地区积极盘活村集体所有的闲置建筑设施等经营性资产和未能高效利用的土地等资源性资产，大力推动农村集体资产租赁经营市场化、公开化，提高集体资产利用效率，增加集体收入，壮大农村集体经济。

云南省禄丰市彩云镇在深化农村集体产权改革之际，积极查实多年来未能保障集体收益的资产，对村集体资产、资源、债权、债务进行集中清理。由乡镇成立领导小组，对全镇各村委会及村小组的固定资产、集体资源进行全面确权登记，并建立台账。全市共清理出集体资产 2.18 亿元，其中经营性资产 8488.68 万元，非经营性资产约 1.33 亿元；清理出非承包耕地 16656 块 6910.16 亩；清理出经济合同 188 份。针对某村普遍存在的"私挖乱开"集体土地和不规范承包合同等问题，核实 12.3 亩土地年租金仅为 2600 元，资产收益低，群众意见大。为此专门召开集体经济组织成员代表大会，同意统一收归集体管理，并通过招标方式对外出租，年租金增至 1400 元/亩，村集体经济组织每年多收益 14542 元。同时，当地积极认真推行《彩云镇农村集体资金资产资源管理办法》，进一步强化农村集体资金资产资源监管，在资产盘活的过程中，提高农村集体资金资产资源经营效益，促进农村集体经济发展。

（三）股份合作模式

广大脱贫地区在深化农村集体产权制度改革、积极推进集体资产股份合作制改革的基础上，整合集体所有的各类资产，依托当地禀赋优势，重点发展现代种植、养殖业，引进培育新型农业经营主体，推动农村集体经济组织与龙头企业和农民合作社等主体开展股份合作与联合。

山东省东平县对经营能力不足的村，引入工商资本参股，发展经营主体。该县接山镇省级脱贫村共有 317 户、1355 人，其中脱贫人口 146 户、500 人，村集体原来处于"空壳"状态。当地利用 45 亩闲置的土地，引进外来投资者建设生态养鸡场，将上级扶持项目资金 160 万元入股经营，按照集体土地 10%、项目资金 35%、外来投资者 55% 的比例组建农业开发公司，饲养草鸡，创立品牌。其中专项扶持资金股份收益归全体建档立卡户共有，按人口平均分红，这部分群众在享受资金入股分红的同时还可以在养鸡场务工取得收入。

（四）联村推进模式

脱贫地区积极推动地域相邻、资源相近、产业相似的村（社区）跨地域联动发展产业，整合多村力量连片开发打造区域产业品牌，发挥规模经济优势。

贵州省镇宁县通过引进农业企业，连片发展瓜蒌产业，在桐上村带动下，当地接续在周围 9 个乡 17 个村范围内进行瓜蒌种植，截至调研前，全县瓜蒌种植面积已达 5000 余亩，具有一定的规模效益。贵州省盘州市积极推进联村党委建设，将产业相近、地域相邻、资源互补的村联合起来，累计组建联村党委 29 个，覆盖 13 个乡（镇、街道）113 个村，有效推动区域内资源共享、抱团发展。该市贾西村通过建立联村党委带动周边村共同发展，目前通过联村连片开发、规模化种植，将刺梨产业拓展到 3.1 万亩，累计投资达 1.2 亿元；2021 年以来，已带动周边 4 个村年集体经济增收 5 万元以上。

（五）飞地经济模式

脱贫地区针对广大山区农村资源要素匮乏、发展地理空间狭小、内生动力薄弱的实际，打破行政区划限制，通过跨空间在资源密集经济繁荣地区投资管理开发，异地置业，实现两地资源互补、协调发展。

云南省楚雄市推动 6 个山区村利用项目资金入股参与投资县城加油站建设，由石化公司负责经营管理，按合同协议每村每年获得 3.5 万元的分红收入。楚雄西舍路镇选择交通便捷、土地资源广、自然条件好的中心村谋划村集体经济发展项目，将全镇共 11 个行政村现有的村集体经济预留资金、项目整合在一起，投资 628 万元在集镇新大街建设 1 幢 4 层共 1675 平方米的酒店。其房屋产权属 11 个村集体共同所有，产生的经营性收益按照产权占比分配，作为村集体经济收入。这是探索村集体资金保值增值、异地合作抱团发展的村集体经济发展新路子，项目从建成到营业仅用了两年多的时间，实现年收益 150 多万元，参与项目的 11 个村集体年均稳定增收 3 万元以上，"空壳村"消除率达到 100%。

三、脱贫地区农村集体经济发展的实践探索

本次调研的八县（市）脱贫地区在探索农村集体经济发展的实践上已经形成了一批可复制、可推广的经验做法。各地把扶贫开发项目、涉农支持项目以及其他当地项目资金投入形成的资产量化为农村集体资产，致力于消除"空壳村"、提升"薄弱村"，积极强化集体经济发展，提升基层组织服务能力，推动巩固拓展脱贫攻坚成果与乡村振兴有效衔接。总体来

看，各地围绕提高村级集体收入这一核心工作，主要采取了以下三方面举措。

（一）以完善产权管理为基础，确定项目资产权益归属

各地积极完善集体资产产权管理体系，开展集体资产和扶贫项目资产清产核资和确权登记工作，理顺资产权属关系，鼓励和引导财政扶贫资金、相关涉农资金和社会帮扶资金投入设施农业、养殖、光伏、水电、乡村旅游等项目，形成资产，折股量化到农村集体经济组织，优先保障建档立卡户增收，并为集体经济发展提供支撑。

因此，相较于其他地区，脱贫地区在农村集体资产产权管理体系构建中，扶贫资产清产核资工作是重中之重，通过摸清扶贫资金投入形成的资产底数，理顺资产权属关系，以确保相关扶贫资产持续发挥作用。从调研区域来看，扶贫项目资产清产核资和资产移交工作基本完成，大多数地区将扶贫项目资产合理纳入村集体资产管理体系，实施分类管理，并按照农村集体产权制度改革要求完成股份合作制改革。

（二）以盘活集体"三资"为动力，提高资源要素配置效率

各地以农村集体"三资"（资产、资源、资金）等生产要素有效利用为动力，盘活资产开展经营，提升要素利用水平和配置效率。许多地区利用未承包到户的集体"四荒"（荒山、荒沟、荒丘、荒滩）地或者机动地等资源，集中开发或者通过公开招投标等方式发展现代农业项目。我国西南一些原连片深度贫困地区，生态环境脆弱，当地针对大量荒山未能开发的问题，积极挖掘开发集体闲置资源。各地也在积极挖掘生态环境和人文历史等资源发展乡村旅游；探索利用各类房产设施、集体建设用地等，以自主开发、合资合作等方式发展相应产业，不断提高资源要素配置效率。

作为全国"三变"改革的发源地，贵州省盘州市在盘活集体资产资源上面的实践较为具有典型性。盘州积极盘活"农村闲置土地"，采取自主开发、合作经营、引导居民入股分红等方式，将村集体闲置的厂房、仓

库、门店等资源盘活，将资产变为资本，拓宽集体经济增收渠道。该市舍烹村按照"龙头企业＋合作社＋农户"的合作方式，将村内三组土地入股盘州市普古银湖种植养殖农民专业合作社，发展杨梅、核桃、刺梨等产业484.54亩，土地保底分红262万元，采摘收入300余万元。此外，将本村五组土地入股本村集体股份合作社，种植蜜橘252.99亩、刺梨293.03亩、优质水稻800余亩，产值900多万元。依托在娘娘山景区核心区的优势，村"两委"积极向上级有关部门争取资金，广泛动员村民发展农家旅馆、农家乐等，共发展包括农家乐、农家旅馆在内的经营主体、小微企业113家。上述工作由村"两委"负责为园区做好土地流转服务，宣传、发动群众参与种植刺梨、猕猴桃等，并协调农民专业合作社和旅游公司用工问题。

（三）以完善经管机制为纽带，强化集体资产监管水平

广大脱贫地区在确定集体产权归属之后，针对集体资源资产开发利用中产生的实际问题，积极设计、完善各类资产的经营管理体系，开展各类权益登记，创新资产经营管理机制。同时，明确经营性扶贫资产收益分配由产权所有者集体决策，属于村集体的收益分配，优先用于巩固拓展脱贫攻坚成果、帮扶易返贫致贫风险人口和村庄公共服务供给。在资产的监管方面，各地将集体资产的监管责任和管护义务明确到县、乡、村、组，明确使用主体承担管理维护责任，不断强化集体资产的监管和群众监督。

针对部分村集体因区位劣势发展先天不足，山区农村资源匮乏、发展空间局促、造血功能弱化的现实问题，各地在实践中也积极探索出了多元化的集体资产异地置业经营模式。通过跨空间在资源密集经济繁荣地区投资管理开发，异地置业，实现集体项目资产保值增值。云南省富源县针对当地资产基础较为薄弱、资源匮乏的村集体，由县委组织部积极争取上级扶持资金，通过抱团发展、异地置业的形式先后在中安街道寨子口社区、富源县工业园区、富源县鸣凤路与东门河交界处建设了千亩魔芋种植基地、富源县人才公寓、鸣凤立体停车场等3个项目，累计投入资金3600

万元，帮扶覆盖 74 个村（社区），此举能够将财政投入资金或扶持资金形成的资产折股量化为村级集体经济发展资本，通过强村带弱村、抱团异地置业等方式，增加收入来源。千亩魔芋种植基地已连续 3 年向 22 个村（社区）每年每村分红 5 万元，其余两个项目预计于 2022 年内完成验收，届时将带动 52 个村（社区）的集体经济发展。

四、脱贫地区农村集体经济发展面临的挑战

（一）多年帮扶凸显差别，平衡发展压力较大

各级财政对脱贫地区的农村集体经济发展投入持续加大，但与实现乡村振兴战略目标任务的要求相比还存在很大缺口。其问题关键在于有限的资金大量投入在脱贫村用于推动其与乡村振兴相衔接，而那些非贫困村尤其是边缘村由于得不到政策支持而逐渐滞后，加大了平衡村与村之间经济发展包括集体经济发展的挑战。

从云南省三县对比中能够发现，由于富源县作为曾经的国家扶贫开发工作重点县，不仅在脱贫攻坚期间享受了各类政策项目扶持，在当前巩固拓展脱贫攻坚成果与乡村振兴有效衔接的各类政策扶持中又继续享受了大量资金支持，故而自党的十八大以来，该县得到了迅速发展。富源县在脱贫攻坚期间累计投入 142.08 亿元，而禄丰县仅为 36.57 亿元；富源县共有 130 个脱贫村，禄丰县则是 104 个脱贫村。2021 年，富源县的农村居民人均可支配收入是 1.65 万元，禄丰县为 1.56 万元。

（二）产业培育行政主导，市场竞争活力不足

调研发现，脱贫地区农村集体经济围绕主导产业发展取得了积极成效，但也不能忽视存在产业链条较短、要素活力不足、地域特色不够、产品同质化低水平竞争、部分产能过剩等问题。例如本次调研八县（市），县县布局食用菌产业；调研的云贵六县（市），县县布局水果产业。这也在一定程度上反映了在脱贫攻坚期间，由于行政力量的强力推动，培育产

业"大干快上",大量地方产业形成以短、平、快发展模式为主,同质化现象较为严重。

例如,贵州关岭县的花椒产业,种植面积两年内增长了266.7%,一年增加11万亩;贵州镇宁县的食用菌产业,2017年6月政策实施,开始布局,要求当年产能达到800万棒,2020年产能达到3000万棒以上;河北广平县要求全县37个脱贫村均成立菌菇专业合作社。对于涉农产业而言,总体上产业供给结构单一,尤其是同质化农产品供给时间集中,导致季度供给过剩,市场价格波动剧烈的问题同样影响后期产业发展效果。行政权力主导的短、平、快的发展模式适合在短期内解决农民增收和脱贫难题,从长期看则可能导致市场化程度不够、发展后劲不足。相较于市场自发的产业形成模式,脱贫地区产业的长期市场竞争能力严重不足。

(三)集体资产尚能保值,增值渠道有待拓宽

各地明确县级政府对本县域扶贫项目资产后续管理履行主体责任,防范农村集体资产损失、流失和被侵占的制度框架基本构建。但囿于农村集体资产的特殊性质和集体经济组织经营能力薄弱,脱贫地区的集体资产"保值"有余而"增值"不足,集体经济发展的渠道有待拓宽,集体经济组织的市场主体地位有待巩固。

以云贵两省为例,由于集体产权制度改革开展较早,已经成立的在原工商行政管理部门注册的村农民专业合作社作为集体资产管理的主体。2020年农村集体产权制度改革全面铺开后,两省又按照农业农村部门的要求每村成立一个在农业农村局注册的某某村股份经济合作社或某某村经济合作社,作为农村集体经济组织负责全村集体资产的管理和运作。由于原来成立的村农民专业合作社并未注销,实际上是"村社合一"模式,两块牌子,一套管理团队。

同时,调研发现,绝大部分脱贫村集体经济组织实力较为薄弱,市场主体地位作用发挥不够,资产开发和进入市场的专业化能力、经营能力都明显不足。由于各级党委、政府对脱贫地区集体经济资产的监管力度较

大、各种责任制较为健全，因而资产保值没有问题，但很难增值。总体上来看，我国脱贫地区的农村劳动力外出情况极为普遍，村庄"空心化"问题较为严峻，集体社区内部的资源动员已越来越难以满足壮大集体经济发展的要素需求。

（四）收益分配实践僵化，人才激励制度滞后

尽管许多县（市）在农村集体经济收益分配文件中都明确规定要对有突出贡献的带头人予以奖励，但是实践中受到财务审计、纪检监察、群众影响等因素的制约，明文规定的奖励制度很难落实。这就造成了脱贫地区农村集体经济收益分配较为僵化，对特殊人才的激励明显不足。这种状况也使得有一定经营能力的农村能人不愿意担任村干部，从而导致农村集体经济组织带头人专业化水平不高，与全面推进乡村振兴的要求有较大差距。

作为农村集体经济组织的领头人，村干部恰恰也是集体经济发展的关键，"村庄富不富，全看党支部；支部强不强，要看领头羊"。从脱贫地区的农村来看，村干部岗位待遇较低、保障机制不健全，难以吸引优质人才加入。大量优质劳动力和各类乡村精英流出，村庄老龄化现象更为突出，脱贫地区农村基层干部队伍素质能力偏低，市场化、专业化开发管理与经营集体资产的能力较为缺乏。总体上，所有调研区域的农村集体经济组织带头人绝大部分都是由村"两委"干部兼任，精力还要大量分散到村行政事务上面，工作量大，非常辛苦。调研发现，尽管各地在政策文件中都提出从农村集体经济收益中提取一部分用于对村社干部的薪酬激励，例如贵州六盘水市出台《六盘水市村级集体经济可分配收益管理使用办法（试行）》，明确提出当年村集体可分配收益中提取10％～20％作为村干部奖励资金，对集体经济发展好的村级党组织书记，在评先评优、事业单位招考中优先考虑和推荐。云南省富源县出台《富源县发展壮大村级集体经济的实施意见》，明确提出农村集体经济发展收益分配模式制度设计按照"433"模式，即村集体经济收益在3万元以上的村（社区），收益超出3

万元部分按公益金不低于 40％、风险防控积累金不低于 30％、村（社区）干部创收奖励金不高于 30％ 的标准进行分配。但是现实中所有调研县（市）对村社干部的激励制度一直未能付诸实施。究其原因，主要是上级部门综合考虑财务审计、纪检监察、群众影响等因素，同时在实践中也尚未形成村集体经济组织带头人对农村集体收益贡献的评价机制。

五、壮大脱贫地区农村集体经济发展的政策建议

（一）保持帮扶资金投入，均衡推进农村集体经济发展

对于广大脱贫地区的农村集体经济发展，在未来资金投入上要兼顾好减贫事业的持续性和乡村振兴的均衡性。在当前宏观经济增速下行的背景下，全国层面财政压力较大，尤其是从本次调研脱贫八县（市）看，新城建设和基础设施投入惊人，地方债务普遍较重，相较于脱贫攻坚时期获得大量投入，未来预计能够筹措和撬动的资金较为有限。但是由于大量短、平、快的产业项目投入已经初步成型，未来更需资金投入形成长期经济效果。从调研情况看，如果没有财政资金的持续投入，尤其是基础设施等领域的投入，脱贫攻坚期间初步发展起来的农业产业有可能就此止步，其向产前、产后延伸的链条也有可能断裂。

为此，首先应积极开源，保持对脱贫地区的主要帮扶政策总体稳定。重点投入兜底救助类政策，落实好教育、医疗、住房、饮水等民生保障普惠性政策，增强脱贫稳定性，确保脱贫群众不返贫。健全防止返贫动态监测和帮扶机制，并根据脱贫人口实际困难给予政策倾斜，积极规避帮扶政策对于区域集体经济发展带来的"悬崖效应"，即脱贫村与周边村庄享受扶持待遇差距过大这一影响乡村振兴全面推进和集体经济发展区域均衡性的问题。对于产业发展必备的基础设施，如道路、农田水利设施等方面的投入不能中断，应有可持续性。其次，大力节流，针对大量集体资产的未来管护投入，建议原则上明确到户类资产由农户自行管护，村"两委"、驻村工作队加强指导和帮扶。集体公益类资产由相应的产权主体落实管护

责任人和管护经费，通过调整优化现有公益性岗位等方式解决管护力量不足问题。对于集体资产收益重点用于项目运行管护、巩固拓展脱贫攻坚成果、村级公益事业等。

（二）遵循产业培育规律，通过市场竞争提质增效

积极遵循市场竞争规律和产业培育规律，重点提升乡村产业发展效益，在应对市场竞争和风险挑战中提质增效、增强活力。

广大脱贫地区的农村产业发展，要着眼于县域经济的视角，以县为单位规划发展乡村特色产业，积极完善生产、加工、销售、消费全产业链支持措施，强化创新引领，聚集资源要素，扩展产业增值增效空间，各地应积极树立产业发展求质量不求数量、求好不求快、求市场不求帮扶的发展理念。对已有产业例如特色种植、畜禽养殖等实施提升行动，突出地域特色、品牌特色应对市场竞争，支持脱贫地区培育绿色食品、有机农产品、地理标志农产品，打造区域公用品牌。积极加快脱贫地区农产品和食品仓储保鲜、冷链物流设施建设，支持农产品流通企业、电商、批发市场与区域特色产业精准对接。在各地对口帮扶中，立足继续给予资金支持、援建项目基础，创新优化产业帮扶方式，积极鼓励协作式发展，进一步加强产业合作、技术扶持、人才支援，积极推动由产业"输血"到协作"造血"的转变。

（三）培育引进经营主体，推动集体合作联合

大力培育、引进各类新型经营主体，积极推动农村集体经济组织与之合作，实现劳动与资本、技术、管理等联合，发展混合所有制经济，巩固集体经济组织这一市场主体地位，拓宽集体资产增值渠道。将集体经济组织的全部或一部分资产量化到经营良好的农业企业等新型农业经营主体，能够充分发挥新型农业经营主体在参与市场竞争、专业化经营、资产的整合管理开发上面的竞争优势，推动资产增值，发挥示范带动效应。

目前，脱贫地区的农业主导产业基本形成，如何围绕第一产业发展第

二、第三产业，从而形成产业集群，是巩固脱贫攻坚成果、实现脱贫攻坚成果与乡村振兴相衔接的关键，也是脱贫地区农村集体经济发展的关键。因此，脱贫地区必须引进、培育有规模、有带动能力的家庭农场、农民合作社、农业企业等新型经营主体，形成产业集聚。应在制度架构上积极建立起对双方主体的保护机制，以充分调动外来资本、人才、技术、管理等要素与农村集体经济联合发展的积极性。积极鼓励产权结构混合所有制改造，通过村集体与新型农业经营主体合作运营的方式，实现资源社区内动员向全社会动员转变，为农村集体经济引进外来优质要素开辟通道。为此，积极鼓励探索农村集体资产跨村流转、处置的办法，推进农村集体资产所有权与使用权分置，允许农村集体经济组织依托各地农村产权交易中心县域内跨社区流转，扩大村集体资产处置范围，通过联村整合的方式推动与新型农业经营主体合作。鼓励创新农村集体经济组织法人地位实现形式，如依托农村集体经济组织和各类新型农业经营主体共同构建成立资产管理公司，专业化运营集体资产，拓宽农村经济集体增收渠道，推动资产保值增值。

（四）创新收益分配模式，突出制度激励优势

随着农村集体产权制度改革结束，大量扶贫项目资产折股量化到农村集体经济组织并实现市场化运营，分配制度也应该随之按照市场经济的原则进行调整。在坚持权责明晰的同时要突出制度激励，不仅要充分调动受益群众参与农村集体经济发展积极性，还要对少数贡献大的带头人予以激励。

要积极健全规范集体各类资产的登记备案、运营维护、收益分配，探索集体收益分配模式创新。农村集体经济所产生收益的分配，要按照"村提方案、乡镇审核、县级备案"的流程制度设计，充分给予农村集体自主决定权利、农民群众广泛参与权利，推动产权所有者集体决策收益分配而非行政力量主导模式。在依法依规前提下，真正贯彻对于集体经济组织带头人的激励举措，激发干事创业热情。

（五）健全资产监管机制，维护成员合法权益

加强和规范广大脱贫地区农村集体资产监督和管理，积极发挥群众监督作用。在集体资产的运行维护中，要坚持公开透明原则，引导农民群众广泛参与，选举公道正派、关心集体、责任心强、富有威信的农民担任集体经济组织监事会成员。

强化集体资产运营管理中的产权交易行为监管，建立健全县域集体资产产权交易平台工作机制，推动农村产权全程公开交易。建议县级人民政府部门成立专门监管农村集体资产的机构，统筹集体资产运营和监管工作，形成乡村振兴部门、农业农村部门、纪检监察机关、审计部门的监督合力。

课题组牵头人：孔祥智

课题组成员：谢东东　魏广成　李　琦　何欣玮　李　愿
　　　　　　　彭乐瑶　赵静禹　李　欣

组织动员民营企业参与乡村振兴研究

对外经济贸易大学深圳研究院课题组

在实施乡村振兴战略的过程中，民营企业具有自身独特的优势，可以与政府力量、国有企业、集体企业等形成较好的互补关系。国家乡村振兴局委托对外经济贸易大学组成课题组，赴长三角、珠三角的若干乡村和典型民营企业开展实地调研，深入民营企业参与乡村振兴的主要场景进行参与式观察，组织政府有关部门负责人、企业家、村干部、村民等群体召开座谈会 20 余场。课题组在获得大量一手资料的基础上，从理论依据、价值探讨、多维度分析、案例剖析、模式梳理和评价体系共 6 个方面阐释了组织动员民营企业参与乡村振兴的相关问题，形成了调研报告。

一、民营企业参与乡村振兴的影响评估

民营资本作为一种外部力量进入农村，不仅会对农业生产发挥作用，还将会对农民、农村各个方面产生直接或间接的影响，这种影响的结果不是单一、独立的，而是多元、复杂的。

（一）民营企业参与乡村振兴的积极影响

1. 民营企业参与乡村振兴可以改善农业农村投资不足的困境。 民营企业的参与，为农业农村发展带来所紧缺的社会资本，也带来了大型机

械、高效生物化学农药、先进的管理经验等现代化生产要素，可以推进农村产业结构的优化、农业生产效率的提升。同时，除了投资于农业生产环节外，多数资本还投资于农业加工、仓储、流通等产前和产后领域，有效增加了农业附加值，促进了农业产业链的培育和延长；民营企业的参与也为农村基础设施建设带来了资金支持，推动了农村的水利、道路等基础设施、公共产品和公共服务的建设和发展，为当地居民的生产生活提供了有力的物质保障。

2. 民营企业在参与乡村振兴的过程中带来了"知识溢出"效应。 伴随着民营企业一同引入农村的还有科技人才和管理人才，这促进了农业生产知识、管理理念和市场信息在农业领域和农村地区的传播，促进了农村地区人才的培育，在潜移默化中促进了农民整体素质的提升。

3. 民营企业参与进一步巩固和完善农村的治理结构。 民营企业作为一种外部力量进入农村后会打破农村原有格局。为适应和承接涌入的资本要素，村级组织会通过动员村民、整合农户等方式来提升和完善农村基础设施和社会网络，从而激活了村社的自主性、组织性，这又将进一步提升村民进入公共领域、参与公共事务的积极性，进而促进了农村民主政治的发展。

（二）民营企业参与乡村振兴的消极影响

1. 民营企业参与乡村振兴可能会造成农村"非农化""非粮化"的后果，影响我国粮食安全和农业发展。 造成这一现象的主要原因在于许多民营企业下乡的目的并非扎根农村发展农业，而仅是受到国家的农业政策资金、优惠措施的吸引和诱惑。农业与二、三产业的回报率差距以及粮食和其他经济作物利润的差额，使得"逐利性"的资本在进入农村后更多的是采取"非农化""非粮化"的经营方式。

2. 民营企业参与乡村振兴可能会加剧农村的两极分化，成为实现共同富裕的制约因素。 民营企业下乡会首先倾向于选择当地有声望、有能力的农民，即农村精英作为自己进入农村的切入点，给予这些农村精英经济上的利益，聘用他们作为企业的管理人员，使农村精英与民营企业形成"统一战线"，这就出现了"精英俘获"现象。同时，资本下乡后凭借自身资本、技术、管理等生产要素以及市场占有的能力，可能向农户转嫁经营风险，导致小农面临生计问题，对小农形成"挤出效应"。

3. 民营企业参与乡村振兴可能会导致经营失败，甚至会影响已有盈利项目的开展。农业产业链条长、中间交易成本高，管理协调难度大，民营企业进入农业农村后可能会由于不熟悉农业产业链各环节的经营特点，把握不好农业家庭经营、合作经营和企业经营的关系，而简单地采用公司＋农户的模式来替代需要精耕细作的生产环节，导致劳动控制成本和农业交易成本较高，经营效率低下，企业的盈利能力受到较大冲击。如若处理不当，可能使企业原有项目都受到影响。

二、民营企业参与乡村振兴的主要模式

当前，一些民营企业与农村地区已经建立了紧密的联系，在产业振兴、生态宜居、乡风文明、生活富裕等方面发挥着重要作用，成为推动乡村振兴的有生力量。

（一）参与乡村产业振兴

1. 区位优势型：城乡产业趋同。针对具有较好区位优势和建设用地资源的村庄，民营企业主要是以进驻缴租、纳税的方式参与乡村产业振兴。这类企业往往是由乡（镇）、县（区）甚至更高层政府牵头招租。区位优势型强调交通便捷，靠近市场，适合发展工商业，这类村庄多见于深度城镇化的地区以及经济发达地区。

2. 资源优势型：城乡产业互补。针对具有特殊、稀缺资源（景点、农副产品）的村庄，民营企业主要是以投资参股、合作经营的方式参与乡村产业振兴。这类村庄值得投资、开发或运营，村庄的特色、稀缺资源既可以来源于村庄本身，也可以取自村庄周边，主要包括农（副）产品、自

然景观、传统资源（手工艺、思想文化等）。

3. 综合优势型：乡村产业闭环。针对既有一定区位优势，又有相应资源基础的村庄，民营企业参与乡村产业振兴的模式兼具前两种模式的综合性特点。针对企业不同的产业类型和企业规模的特点，民营企业家会和地方政府、村集体、村民形成差异化的合作模式、组织模式和经营模式。多元化的民营资本助力乡村产业发展过程旨在实现乡村产业链闭环，推动当地产业的品牌化发展。

（二）参与生态宜居乡村建设

1. 环境亲和型：旅游产业参与。这种模式主要包括两种类型：一种是轻资产投入的民营企业，这类企业会与村庄或政府进行合作运营，再以多种方式主导对特色旅游资源的创意设计；另一种是重资产投入的企业，这类企业以直接购买土地发展权的方式掌握整个产业链，再将非关键环节外包，把核心的设计与运营环节抓在手中。两种开发模式各有优势，但都对村庄主体性有一定的要求，需要村庄有较强的实力，能与企业周旋博弈，不断纠正企业偏离村庄利益的行为，实现村庄的整体发展。

2. 资源活化型：生态资本运作。生态资源资本化通常指将生态资源与市场对接，通过市场呈现其价值，明确其权属，确定其价格，从而将其转化为资产，投入资本市场进行交易流转，获得增值收益。主要有三种方式：一是购买生态资源的权属，主要为土地资源的发展权；二是入驻生态环境良好地区，主要为当地提供地租；三是将资源开发成产品等。这些举措都是民营企业基于自身经营需求而实施，且往往会根据实际情况进行组合，为生态环境的进一步保护提供资金支持。

3. 融汇复合型：企业乡贤反哺。民营企业主不乏本土经济精英，其中一些乐于反哺村庄、为村庄提供公共服务的人，被称为乡贤。乡贤因具有本地人属性而自觉反哺村庄，或是直接捐款支持村庄基础设施建设，或是深度参与村庄发展，发挥其情、财、智、力等优势，在推动经济发展的同时更进一步美化村庄，创造村庄宜居生活环境。在本地本村经营的企业家与村庄发展的关联度更高，其经营活动需要得到村庄支持，且随着经营规模的扩大，村庄发展与企业发展的关系更为紧密，企业家乡贤有更强动力参与村庄建设。

（三）参与乡风文明建设

1. 民俗商演型：继承传统文化。民俗文化旅游是乡村旅游的一种重要形式，民营企业参与村庄旅游开发往往会努力挖掘当地民俗文化资源，对民俗文化进行开发创新，积极组织农民进行表演，以此获得经营性收入。在这一模式下，民营企业与传统文化的保护与开发有着紧密直接的关联，被现代文化猛烈冲击而失落的传统文化更容易迅速焕发生命力。

2. 文化推广型：营造本土风貌。文化推广型活动的目的是提高名气和打造品牌，并不直接产生收益，属于营销手段，为项目运营或企业整体经营服务。当前，乡村旅游有从观光休闲旅游向文化旅游转型的趋势，这一运营活动成为吸引游客的特色文化环境的一部分，能强势为企业引流。同时，由于文化活动的巨大正外部性，多方业态主体也乐于加入其中，处于同一空间的业态主体都将受益。

3. 公益支持型：助推和谐乡风。公益支持型活动通过捐赠、帮扶、资助等方式促进村庄公益事业，既有利于营造企业与村庄相亲的和谐氛围，也强化了村庄的道德建设。公益支持型是因为企业在经营过程中与当地村民产生了资源的争夺（这一资源更多具有不可再生的特点），为了缓解这一矛盾而做出慈善举措。民营企业提供公益慈善活动并不是为了创造更大的利润，而是基于维持原有的利益结构。

（四）参与推动乡村生活富裕

1. 项目开发型：配套服务增收。民营资本下乡打造大型项目能够迅速提升村庄的旅游吸引力，如果大型项目的配套产业跟进发展，则能够满足"食、住、行、游、购、娱"旅游六要素，以此为乡村带来大量的客流。大型项目的开发和打造还增加了农村劳动力非农就业的机会，促进农民工资性收入的增长。

大型项目进入村庄通常需要与村集体达成合作，明确劳务用工指向，在同等条件下企业应优先雇佣当地农户，提供就业机会，引导企业与农民广泛开展合作，如若以劳动密集型产业进入村庄，则可以显著增加农民的工资性收入。此外，由于大型项目和相关配套产业的落地，村庄需要进行环境景观整治，客观推动了农村公共环境、交通设施、通信能力以及其他相关服务设施的建设，农村地区的公共服务设施得到极大提升，满足了人民对美好生活的向往，推动乡村生活富裕。

2. 双重组织型：股份分红增收。民营资本进入乡村通过构建社会化服务需求端和供给端双重组织化的服务联合体，有效节约交易成本，促使农户降低服务获取价格、实现服务需求和提升服务供给效率，实现小农户与外部市场的对接。通常由村集体经济组织先行组织统筹村庄内部存量资源，再由村集体经济组织向外部市场进行对接，实现资源的互换互利，以此提高农民财产性收入。如果民营资本以劳动密集型产业进驻村庄，则可以进一步解决农村的剩余劳动力问题，促进农民工资性收入的增长。

"双重组织化"模式对基层干部的治理能力提出了较高的要求，此外，该模式也存在中介组织越位的风险，中介组织可能会在参与市场活动获得了经济积累后，没有完全将资本或资金明晰到农户个体，造成农户利益损失。同时，农户的利益在较大程度上也受制于中介组织的行动，有可能会出现企业与中介组织联合起来侵占农户利益的局面。

三、民营企业参与乡村振兴的痛点分析

尽管国家相继出台了多项鼓励社会资本进入农业农村领域、参与乡村振兴的举措，但当前社会资本尤其是民营资本在参与乡村振兴的过程中仍面临参与积极性不高、模式单一、效果有待提升等问题，究其原因主要存在以下短板。

1. 从制度和政策保障层面来说，我国农村面临要素市场发育不足、产权改革滞后、治理基础薄弱、各主体权利义务划分不明确等问题。 目前，我国农村的土地用途管制过于严格，地权制度改革滞后。伴随着农业的功能从生产向生态、文化等多功能拓展，社会资本对土地的需求从过去的承包地向设施农业用地、建设用地等拓展，但是设施农业用地受政策约束严格，且当前农业农村财产权利的权证化、抵押登记、评估、流转等机制仍不健全，远远不能满足机械化和智能化的现代农业发展需求。同时，由于信息不对称，不仅增加了政策的不确定性，增大了社会资本与政府部门的沟通成本，还使得部分农业补贴和农业政策在落实过程中受到了"扭曲"，偏离了原有的政策目标。多数地方政府还没有建立完善的社会资本监督约束机制，缺乏相应的政策法规和对口部门，没有能力规范、约束、管理和监督社会资本，也无法有效约束农户，难以有效防范社会资本下乡的安全风险。

2. 从资源配置层面看，资源错配、技术投入不足、可利用人力资源仍然相对缺乏等问题制约了社会资本参与乡村振兴的动力和效率。 民营企业参与推动农业农村现代化，其要素需求结构具有种类多样、数量密集、层次较高等特征。但农业农村要素市场改造滞后，缺乏人才、科技等要素供给，导致社会资本在推进农业现代化的过程中面临较大经营困境。目前农村劳动力素质普遍不高，老龄化和空心化现象突出，而人才是企业的核心竞争力，涉农企业特别是民营企业较难招到高层次人才，用人成本较高，面临人才缺乏的问题。而在资本要素方面，由于农业前期投资较大、回报期长、风险较高、受自然因素影响显著、投入见效慢等特点，难以吸引金融机构资金，融资问题也始终存在。

3. 从投资主体层面来看，企业等社会资本投资主体在参与乡村振兴过程中缺乏整体的规划布局和明晰的盈利模式设计，社会资本规划和布局尚需优化。 由于缺少政府的规划和引导，民营企业进入农业农村后出现过度集中于休闲观光农业等领域的现象，同质化竞争严重，部分地区相似投资项目过多，投资密度过大，导致过度和恶性竞争，影响农业可持续发展和社会资本投资效率。从盈利模式看，企业和社会资本参与乡村振兴，要履行社会责任，但长期看，作为市场主体还是要以盈利为目标。目前很多社会资本项目的盈利点并未很好地挖掘，盈利模式还不清晰。乡村振兴投资，往往投入大，回报期长，导致企业或社会资本投资回报率不理想的问题，这也直接影响了企业参与乡村振兴的积极性。

四、组织动员民营企业参与乡村振兴的路径建议

课题组认为，应充分转化中国共产党开展组织动员的制度优势和基本经验，从以下方面组织动员民营企业积极参与乡村振兴。

1. 深化理念宣传与植入。发挥中国共产党在思想动员上的优势，针对广大民营企业强化企业社会责任理念、乡村振兴重大战略的宣传，进一步提升民营企业对参与乡村振兴的社会认知、价值认同。广泛运用网络等新媒体，以思想导向的方式引导和提升民营企业参与乡村振兴的内在意愿。各类媒体既要宣传民营企业在战略推进中取得的成绩，展示民营企业参与乡村振兴的火热场景，又要深入挖掘理念革新与思想导向的历史底蕴和现实基础，力求把"理"讲清楚、讲透彻，而不是简单地"大而化之"。要进一步开展好企业社会责任的理论研究，探索增强民营企业社会责任感的有效路径，营造民营企业与乡村社会实现良性互动的文化氛围。这是在新时代推进乡村振兴战略过程中所需要高度重视的"大"思想政治教育工作，发挥思想动员对有效组织动员的先导作用。

2. 树立典型强化示范效应。要强化舆论引导，树立民营企业参与乡村振兴的正面典型，让广大民营企业充分认识到：推进乡村振兴并不仅仅是政府的责任，更是全社会共同的大事业。树立典型过程中要高度重视"典型"的含金量、示范性。真正将主动参与乡村振兴并实现"双赢"的民营企业的"典型"树立起来，从而能够对其他民营企业产生强烈的示范效应。要充分发挥报纸、电视、广播、网络等各种媒介的宣传作用，广角度、深层次、全方位地讲解与宣传民营企业积极主动参与乡村振兴战略的

先进事迹，树立典型，推广经验，提高社会认知，凝聚人心，鼓励有情怀、有想法的民营企业家回归农村，反哺农村。只有把乡村振兴过程中不断涌现的先进典型树立起来，才能让更多"观望""迟疑"的民营企业看到参与乡村振兴的实实在在的获得感，由此才能更大范围地激发民营企业参与乡村振兴的积极性、主动性。

3. 优化资源配置夯实政策支撑。在推进乡村振兴的过程中，各地各部门要以资源的优化配置为鲜明导向，不断细化企业政务办理、税收优惠、金融服务、争先创优等方面政策支撑，为民营企业参与乡村振兴提供良好的服务，形成稳定政策预期，消除广大民营企业投资乡村振兴的诸多后顾之忧。例如"保证重大惠农政策的连续性和项目的长期扶持政策""营造保护涉农民营企业合法权益的法治环境""切实营造民营企业在乡村的公平发展环境"等政策举措，让民营企业切身感受到参与乡村振兴战略应有的获得感。挖掘好政策的红利、利用好政策的杠杆，是调动和激发民营企业参与乡村振兴的重要路径，特别是对于作为市场主体的民营企业而言，政策红利符合民营企业自身发展的期待，从而避免简单的"舆论裹挟"或"道德绑架"，而是真正让民营企业在参与乡村振兴的过程中有盼头、有甜头、有前景、可持续。

4. 优化公共平台提升服务质量。从政府与市场的关系看，民营企业参与乡村振兴需要政府构筑良好的公共服务平台，才能让民营企业更加顺畅地从"城市"到"农村"、从"工业"到"农业"。要坚持政府引导、企业主体，积极搭建区域产学研平台、产业联盟、行业协会、企业家协会等技术平台，加快平台、产业、企业之间的信息交流，实现资源共享；深化农业科技体制改革，鼓励民营企业独立创新或联合高校、科研院所，合资创建农业科技型企业、科技企业孵化器等新载体平台；加强乡村大数据平台建设。建立健全农村土地资源、特色产业、人力资源、生产技术、经营主体、销售、物流、安防等各类特色大数据，利用"互联网＋公共服务"，实现"互联网＋企业""互联网＋农业"，通过云计算，为涉农民企等新型主体提供网上个性化信息服务。要认真梳理制约民营企业参与乡村振兴的制约因素，构筑好"大平台"，才能为民营企业高效参与乡村振兴提供"大舞台"。

5. 以政治吸纳团结民营企业家。 党对民营企业家的政治吸纳主要有两种方式：直接吸纳与间接吸纳。前者是党组织允许民营企业家在符合入党条件下，通过特定的程序加入进来，并参加党组织的相关活动；后者则是党通过各级政权组织、政治协商机构、群团组织以及基层自治组织来吸纳民营企业家，使其能够顺畅表达利益诉求、参与国家和社会的治理。在推进乡村振兴的过程中，各级政府要高度重视广大民营企业家的合理政治利益诉求，将表现优秀的民营企业家或培养成长为中国共产党党员，或提请为各级政协委员、人大代表、青联委员等，从而以高度的政治认同团结广大民营企业家，激发民营企业参与乡村振兴的积极性。政治吸纳是强有力的激励举措，也有助于反映民营企业在参与乡村振兴过程中的合理诉求，构筑风清气正的"政商"环境，从而增强民营企业家的政治"归属感""获得感"。

6. 建立健全组织机制以强化组织力。 民营企业参与乡村振兴也需要建立健全各种组织机制，从而形成强大的组织力。从属性上看，组织动员民营企业参与乡村振兴的组织类型主要有两大类：一是政府性的组织，二是民间自发性的组织。他们都可以结合自身的组织特点和功能，展现出强大的"组织力"。如商会和行业协会等，可以在民营企业参与乡村振兴中发挥提供信息、代表沟通、反映群体需求等作用。各级工商联、商会组织和行业协会要主动履行社会责任，发挥自身组织优势，通过开展各类教育实践活动，引导民营企业家学习、讨论和实践，有效促进民营企业社会责任意识和实践能力的提升；各类商会组织，要努力打造属于民营企业的乡村振兴品牌。新时代以来，党中央高度重视非公经济领域的党组织的建立与健全，各级党组织要高度重视本辖区内的民营企业中的党组织建设与发展，鼓励和支持符合条件的民营企业建立基层党组织，进一步发挥民营企业中党员的先锋模范作用，加强党对民营经济发展的有力引导。

五、民营企业参与乡村振兴的评价体系

评估我国民营企业在乡村振兴中的作用，需要可以量化的、深入实践的评价体系和评估标准，让政策制定部门有整体感、动态感，让乡村地区有存在感、获得感，让参与的民营企业有方向感、荣誉感。

民营企业参与乡村振兴的形式多种多样，这其中既有普遍的、通用的做法，也不乏个性化的、创新的典型案例。民营企业参与乡村振兴评价体系需要广纳社会力量，广泛反映民营企业优秀案例，所以在评价时，需要鼓励普适做法的"共性"，也要尊重企业特点、特长的"个性"。

本评价体系由 3 个板块构成：基础评价板块、提质评价板块和探索评价板块。在基础评价板块中，基于不同维度的子指标对参评民营企业进行综合评估赋分。

提质评价板块是为那些综合评价不够优秀，但在"农业强""农村美""农民富"这 3 个方面中任一方面做出了优异成绩、体现出同类型企业竞争优势的企业设计的"加分项"。

本评价体系还设置"绿色通道"探索评价板块，鼓励民营企业积极探索有效参与乡村振兴的方法路径。评价体系除了要遴选出优秀者之外，还给民营企业设置了一票否决的"红线"。

在评价体系具体开展流程上，采用公开信息、年度问卷调查和企业申报相结合的方式进行。整体上采用以挖掘典型、可复制案例为主，通用评价标准为辅的方法进行综合考量。

课题组牵头人：廉　思
课 题 组 成 员：孙　琪　黄传根　刘炳辉　刘江宁　吴唱唱

乡村振兴中基层干部群众
的所思所想所盼

中国农业大学人文与发展学院课题组

党的十九大提出实施乡村振兴战略以来，国家层面围绕乡村振兴战略已形成了较为完备的政策体系和制度框架，全国各地也开展和实施了大量的乡村振兴实践工作和项目行动。研究者亦对乡村振兴的历史脉络与政策背景进行了充分的阐释，同时关注到乡村振兴行动实践中的诸多具体问题和影响，并试图探索相应的解决和回应方案，或指出应避免的一些错误做法。那么，在当前乡村振兴基层一线，广大干部群众如何理解和投入其中？农民作为乡村建设的主体，他们对乡村振兴有何期望？他们参与乡村振兴行动的意愿如何？基层干部作为乡村发展的"领头雁"，他们如何理解和推进乡村振兴工作？在实践中面临着怎样的困境？这些都是乡村振兴应关注的核心问题。

为了进一步贯彻落实党中央、国务院关于乡村振兴战略的方针政策和决策部署，深入了解乡村振兴中基层干部群众所思所想所盼，分析总结重要关切与重点命题，并提出政策建议，国家乡村振兴局委托中国农业大学人文与发展学院组成课题组，围绕基层干部群众所思所想所盼开展专题研究。由中国农业大学人文与发展学院教授和研究生共 43 人组成的研究团队，开展了基层干部群众所思所想所盼专题研究。研究团队以"倾听农民声音，理解乡村现实"为目标，于 2021—2022 年分别在河北、陕西、山东、湖南、浙江、江苏、河南、四川、贵州、宁夏 10 个省（自治区）的 10 个县、20 个村开展深入调研。研究团队主要通过问卷调查和深度访谈等方式展开调研，共完成农民问卷 529 份，基层干部、新型经营主体和小农户深度访谈 326 份（访谈资料 229 万字）。

研究发现，目前农民最关心、最迫切希望解决的依次是医疗、教育、养老、就业、种粮等九个问题。尤其是，医疗、教育、养老、就业这前四个方面直接构成了农民对乡村振兴和生活富裕的理解和期盼；这些问题的解决将极大提高农民的获得感、幸福感、安全感。河北一位农民说："好日子就等于看得了病、上得了学、养得了老、就得了业。"陕西一位农民说："现在不愁吃不愁穿了，住房也有保障，只要医疗、教育、养老有保障就可以了，再能有活干、有钱挣，就是理想中的美好生活了。"山东一位农民说："现在家家户户生活都挺好，唯独看病、上学、养老对老百姓压力大，乡村振兴要让农民有事做、有收入。"乡村振兴要为农民而兴，乡村建设要为农民而建。建议将解决现阶段农民最关心的这九个问题作为推进乡村振兴和实现共同富裕的优先任务和重点任务，加以落实。

基层干部在乡村振兴实践中锻炼了执行能力，提高了能动性，加强了工作中的干群联系，基层干部队伍的整体成长效果显著。然而，基层干部在政策理解、政策执行、群众依赖性、资源配置、考核形式等九个方面存在困惑和困难。这些困惑和困难关系到基层干部群体的思想心理和工作生活，也关系到乡村振兴各项事业的稳步推进和现代化治理转型，应当引起重视。

本课题在深入了解基层现实、倾听基层声音的基础上，聚焦乡村振兴中基层干部群众所思所想所盼，明晰了农民视角和基层干部视角的乡村振兴整体图景及迫切需求，对于在社会主义现代化国家新征程中进一步全面推进乡村振兴、加快农业农村现代化的实现具有重要参考价值。

本课题坚持问题导向，无论是课题设计、课题调研还是课题成果，均践行了党的二十大提出的精神和要求，即要增强问题意识，聚焦实践遇到的新问题、人民群众急难愁盼问题，不断提出真正解决问题的新理念新思路新办法。

一、乡村振兴应优先解决农民最关心的九个问题

（一）医疗负担重：看病难、看病贵是农民心头最大担忧

医疗问题排在农民最关心问题的第一位。有农民说，"生活富裕就是看得起病，不怕生病"；也有农民感叹道，"农村家庭最怕生病，一场大病就拖垮一个家"。江苏一位驻村工作队员说，"老百姓最担心的就是重大疾病，这是他们最大的风险，虽然有医疗保险，但根本不够"。现阶段，农村医疗条件有限，与城市差距较大。农民反映，"乡村很难留住好医生"，"村里只能看看常见的小病，生病了经常被推到乡里，乡里又推到县里或市里"。宁夏一位村支书说："村里只有一个赤脚医生，村卫生室成了卖药的地方，老百姓生个病就得往县城跑，一百多公里，赶到县城病也耽误了，如果没有子女或亲戚在村里，家里也没有车，咋办呢？"与此同时，城乡居民基本医疗保险（原"新农合"）缴费标准上涨过快。湖南一位农民说："过去每人每年缴 10 元钱，现在每人每年缴 320 元，太贵了，种一年地也不够缴费，而且越到县外医院报销比例越低，三甲医院根本看不起。"江苏一位村会计说："医疗保险年年交、年年涨，现在是每人每年 320 元，家里 6 口人，一下就要近 2000 元。"调研中，有 44.2% 的农民表示"看病就医"是其家庭主要支出之一。

农民的医疗卫生服务需要重点考虑"可获得性"和"能承担度"。建议通过建设城乡医疗联合体的方式带动基层改善医疗设施条件，通过荣誉、职称、待遇激励等方式鼓励高水平医生到基层工作，通过稳定医保缴费标准、提高大病报销比例等方式减轻农民的医疗负担。此外，建议进一步完善医疗险种，针对大病、中病、小病设置不同险种；进一步完善国家正在推行的分诊制度，尤其是在推进基层医疗硬件建设的同时，加强基层医生队伍建设。

（二）教育压力大：农村孩子上学面临"在村"困境、"离村"难题

子女成才是所有农村家庭的最大关切。农民说："最关心的是把孩子教育好，要搞乡村振兴，就必须解决农村的教育问题。"调研发现，37.3%的农村家庭明确表示对教育很不满意。调研的 20 个村庄仅一半有幼儿园，无一有完整小学。农民表示，"学校没有了，年轻人走了，村里没人气了""好老师都走了""上小学都要走好几公里，接送孩子负担很大"。目前农村教育普遍面临"城市挤不进、农村又很空"的困境。一位村支书说："村小倒了，我们感觉很空虚，没有了娃娃就没有了朝气。我们经历过村小红火的阶段，前后一比较，能明显感觉到村子没有了生气。城里的学校有时掏钱也进不去，农村的学校却都空着。"教育资源上移给农村家庭带来巨大压力，普遍性的县城购房上学、陪读等大大加重了教育负担，经常出现教育负债现象。江苏一位农民说："现在需要在县城买房子、租房子带孩子上学，但家里的地还要忙，这压力能不大吗？"

农村教育需要重点关注"就近上学"和"高水平师资"两个方面。建议适当考虑通过相邻村庄共建（恢复）完整村小的方式，让农村孩子"就近入学"，让教育回归乡村，让农村再现活力；建议通过城乡教育联合体的方式带动农村学校提高教学水平，通过荣誉、职称、待遇激励等方式鼓励高水平教师到农村学校工作。

（三）养老挑战多：农村家庭养老功能弱化，养老金杯水车薪

调研村庄常住人口中的老年人口比例平均为 30.4%，约为城镇（15.8%）的 2 倍。养老成为农村家庭必须面对的压力。农民说："生活富裕要让养老有保障。"很多农民表示，将来农村老人的养老是个大问题。目前居家生活是农村养老的主要方式，但家庭养老的功能不断弱化，自我养老的质量不断降低。在调研村庄中，70.3%的老人为"老两口"共同生活或独居，子女照护越来越少。此外，目前农村居民养老金水平远不能满

足基本生活需要，许多农民反映："70多岁还要打工，80多岁还得种地，每月100元钱没有办法养老。"一些农民表示："农民给国家做过贡献，原来交税、交公粮、做义务工，现在一个月只有一二百元钱养老金，根本生活不了。"

农民养老需要在家庭养老的基础上，重点考虑社区功能的发挥和社会政策的支持。建议积极推动村庄"互助养老""抱团养老"等新型社区养老方式的实践和落地，建设共享食堂、日间照料中心等设施服务，以解决老人（特别是"空巢老人"）最紧迫的生活难题；建议适当上调农村养老金、增加餐食补贴，以满足农村老人的基本生活需要；建议农村社区和社会组织对独居、残疾、孤寡及因计划生育而产生的失独老人等特殊群体给予特殊的关怀和关爱。

（四）就业机会少：农村缺乏就业岗位，在地就业需求强烈

产业兴旺，就业是重点。农民说："乡村振兴的首要任务是让农民在乡村有事做、有活干、有钱挣。"一位浙江农民还指出："带动周围群众一起富起来才算真正的产业兴旺，如果就一个人富裕，那不叫产业兴旺。"贵州一位长期从事扶贫工作的干部说："发展产业很重要，但更重要的还是就业，就业能直接转化为现金收入，因此最直观，老百姓最喜欢。"调研发现，目前乡村产业的发展根本无法提供吸引年轻人回乡就业的岗位，也不能满足农村中老年人口的就业需求。尤其是，随着城市"禁止60周岁以上男性、50周岁以上女性进入施工现场从事建筑施工作业"等规定的出台，不少从事相关行业的农民工不得不返回家乡。

产业兴旺需要重点关注就业和收入两个方面。应以就业为目标制定乡村产业发展规划，将就业岗位数量作为对农村产业进行财政支持的重要指标；在土地流转、新型主体培育等旨在实现规模化的产业发展中，应避免以牺牲小农户劳动就业机会为代价来实现效率和效益的提高；应支持各种可持续的如编织类、手工类的乡村小作坊、小车间等产业的发展，为农民提供多样化的灵活就业渠道。

（五）种粮风险高：种粮不挣钱，农业生产面临不确定性

调研发现，"种粮不挣钱"是许多农民的共识。尽管如此，大量小农户并不愿意放弃种地。但是，未来农业生产尤其是粮食种植面临很多挑战和不确定性。一是目前农村只剩"最后一茬种地人"，很多已经 60 多岁，甚至 70 岁或 80 岁，而大量年轻人和二代农民工都不愿种地或不会种地。二是农资、农机等粮食生产投入成本逐年上涨，而粮价长期保持较低水平。三是一些地方的粮食作物容易遭受野猪、鸟类等破坏。四是土地流转后常常因为用途改变而导致地力受损，地貌很难恢复。这些是几乎所有地区的农民和农业普遍面临的问题。

粮食生产需要充分发挥小农户的积极作用。对于粮食生产的一切政策支持、项目申请和补贴奖励，都应取消规模门槛；应提高针对小农户粮食生产的补贴标准；建议对因年龄限制不得不返乡的农民工进行农业生产培训，鼓励他们继续农业生产；建议对因生态保护而遭受野猪破坏的农作物进行足额补贴或保险赔偿；应加大对流转土地的监管力度，确保地力地貌不受损坏。

（六）污水排放乱：生活污水缺乏处理，影响地下水源和农民健康

调研发现，农民普遍对目前的"污水排放处理"表示不满。农民说："现在农村生活污水的排放大多是'顺其自然'。"农村家庭产生的大量生活污水都是直接或通过化粪池排放到河流、湖泊、池塘、农田，或因无处可排而挖坑渗入地下。一位贵州农民说："现在最恼火的就是污水，没办法处理，一般是顺着沟排，有的直接流到田里，有的排放到菜园里，夏天很臭，油腻消除不了，下雨天走在村里全是污水的味道。"一位湖南农民反映："排出去的污水肯定渗漏下去，家里的井水基本不敢吃，吃了会长结石，因此大家都买水吃。"这样的排放方式不仅污染了村庄环境和地下水资源，也威胁着农民的饮水安全和身体健康。

农村生活污水的治理需要从规范排放和科学处理两个方面入手。应严格要求生活污水必须经管道进入村庄集中处理单元或家庭自建的化粪池；建议对农民进行污水处理和化粪池建设维护的技术培训；在"厕所革命"推进中，应配套污水处理设施建设；建议在乡村建设中优先规划和实施农村垃圾和污水处理工程。

（七）基础设施缺：部分村庄道路落后，生产生活用水保障需要加强

调研发现，在部分丘陵地区或山区，尤其是原非贫困村，农民对乡村振兴的理解首先就是"基础设施能跟上"。他们希望"把家门口的路修好"，"能喝上自来水"。湖南一个调研村通往外面的道路坑坑洼洼，一下雨更是泥泞不堪，农民抱怨道："去镇上只有那一条路，来回十里，走路骑车都会摔倒"，"路又破又烂，粮食既没人上门收，也很难拉到镇上卖"。此外，湖南 2 个调研村均未实现自来水入户，因为不敢吃井水，家家户户不得不购买桶装水或净水器。除了饮水，有些村的生产用水也非常紧缺，影响着农业生产。

基础设施是实现乡村振兴的基础性保障。建议对道路和用水等基础设施薄弱的村庄进行专项财政支持；应充分调动乡贤、村民、企业等社会资源，鼓励他们为村庄基础设施建设出钱出力；应加强村庄污水治理，对村民开展节水教育和技术培训。

（八）公平感受低：村干部不能"一碗水端平"，农民意见大

农民认为，村干部最重要的是要办事公正，要"一碗水端平"。调研发现，71%的农民看重村干部"办事公平"的能力和表现。农民说，治理有效要靠"村干部以身作则，解决不公平的问题"。尽管基层干部也认识到了这一点，但在现实中，部分村干部在处理村庄事务时常看其他人与自己的关系远近，尤其是在利益和资源分配中，与自己关系近的家族、亲戚、朋友等，或村干部自己，往往获得更多。农民常说："农村是熟人社

会，办事容易'看关系'"，"很多补贴分配不合理，不是亲戚朋友的根本轮不上"。农民对此意见很大。不过，也有基层干部对此表示无奈，出于信访舆论的压力，有时需要将大量精力用于做"关键少数"的工作，在某些情况下甚至需要违背原则以满足少数农民的诉求，这在普通农民眼里，显然没有做到公平公正。一位村干部指出："老百姓心中始终都有一杆秤，他们最怕的就是不公平。如拆迁工作中，对于坚持到最后不肯拆迁的人家，为了完成任务不得不多给50万元，那么其他人会怎么想呢？"

治理公平需要加强透明度和参与度。建议对来自国家、社会以及村庄自己创造的各项资源的分配过程和结果进行规范，并在村内公示，要尽可能避免在农户之间出现悬崖式差距；建议对村庄各项工作中的群众参与、群众监督和群众评价进行规范，并在村内公示；建议对村干部开展常态化的职业道德和能力提升培训；建议进一步完善信访举报机制，既要拓宽群众信访举报渠道、回应群众诉求、维护社会公平正义，又要坚持线索清晰、证据确凿，避免"按闹分配"等现象。

（九）政策执行硬：地方政府"一刀切"，影响农民正常生产生活

国家多次强调乡村振兴不搞"一刀切"、不刮风。然而，一些地方政府为了"保证不出事"，常常以"免责第一"的简单化思维开展工作，不顾农民生产生活的特点，制定各种"不准""不得""不允许"的禁令，强加给农民。一位农民反映，当地不准三轮车载客，而留在村里的大多是老人，他们种着几亩苹果树，上山路程远，一个老人很难把苹果运下山，需要两个老人协作，但若两个老人坐三轮车一起下地，则会被罚款。另一位农民反映，当地不允许村庄出现"三堆"，即草堆、土堆、粪堆，但这与农民生活和家庭养殖显然矛盾。

政策执行是为了发展乡村、服务农民。应以发展农村生产为目标，加强生产过程的技术服务和监督指导，而不是简单地禁止正常的生产活动；应以服务农民生活为目标，加强对农民生活方式的科学引导和现代化改

造，而不是一味地消灭农民的生活方式。

二、乡村振兴应关注基层干部最关切的九个问题

（一）政策理解浅：理论学习时间少，政策存在模糊性，理解执行难到位

调研发现，基层干部普遍缺少理论学习的时间和精力，对政策的领会不深。一位基层干部说："政策文件白天基本上没有时间看，都是中午休息时抽空看看；白天一般都不可能定下心来看文件，只有晚上才可能坐下来梳理一下。"对政策学习的欠缺常常导致工作中出现困惑和困难，尤其是对一些系统性、纲领性的文件掌握不到位，往往导致工作中出现临时性、短视性甚至是"一刀切"的做法。此外，部分制度设计和政策本身存在模糊性，基层干部难以厘清。例如，基层干部反映，在脱贫攻坚和乡村振兴衔接过程中，政府部门之间就存在明显的分工模糊和工作交叉的问题。这些都给基层干部带来了政策理解和执行的难度。

基层干部是乡村振兴工作的重要推动者，需要对政策有精准的解读和系统的把握。应加强政策文件在基层的传达宣讲，既要阐述理念精神，又要拿出操作方案；应加强和完善干部培训体系，推动封闭脱产培训、异地交流培训等制度创新，确保基层干部对于政策的领会和理解；应理顺部门关系，减少部门间的职责模糊性，明确权责分工，优化管理效能。

（二）政策限制多：政策执行自主探索受限，基层工作存在路径依赖

基层干部是各项工作的具体执行者。但调研发现，基层干部在执行政策过程中往往难以发挥自主性，存在唯指标论、唯过程论的倾向。一方面，政策限制性大，基层干部很难依据地方情况进行创新探索，工作的目标在一定程度上是"完成上级指令"而非"促进地方发展"。另一方面，严厉的问责机制倒逼政策执行简单化，"一刀切"虽然饱受诟病，但也意

味着不会犯错误。一位基层干部说："基层工作就是宁可不办、办砸，也不能违反程序。"在此理念下，开展工作必然出现路径依赖，因为按照老方法一般不会出错，但同时也必然限制了探索和创新。

政策执行应给基层留下一定的空间。一位乡镇干部指出："基层干部还是有一些思考的，他们并不是没有想法，只是想了也没用，这样久而久之也就不想了。"也就是说，顶层设计应主要聚焦方向把握，但具体执行应给地方留出探索空间。与此同时，应建立更加合理的容错纠错机制，鼓励基层干部想作为、能作为、敢作为、善作为。

（三）群众依赖强：群众高度依赖政府，发动群众积极参与有困难

调研发现，群众缺乏自主性意识，对政府产生了明显的依赖思想，给基层治理带来了挑战。有干部指出："国家几乎包揽了全部的扶贫工作，但大部分工作是干部干、群众看，形成了群众对政府的高度依赖。"数据显示，农民认为乡村的产业发展、环境治理、乡风文明、治理有效主要靠村干部的比例分别达到 37.3％、53.5％、54.6％、76.6％。有村民说："村里大小事情都要靠干部，没干部什么事都办不成。"这种依赖性思维会加剧群众对集体事务的冷漠，不少农民认为乡村振兴就是要等国家拿钱来振兴农村，导致基层干部发动群众存在现实困难。在乡村实践中，"三治"融合往往依靠村"两委"的推动，各类群众组织的建立大多来自制度设计，无法真正满足地方的需求，"三治"融合常常浮于表面。而在某些领域，如互助养老、文明乡风等，村干部的推动往往收效甚微，自治与德治常常可以发挥重要作用，十分需要群众的自我组织和积极参与。

在乡村振兴的治理实践中应进一步转变工作思路，既要扭转农民等着政府拿钱振兴乡村的思维，也要转变政府包揽一切的做法。建议强化村民的集体意识和参与意识，鼓励村民建设服务自己的组织；建议政府在强化服务意识的同时，加强原则意识，厘清权力边界；建议加强基层干部队伍能力建设，提高基层干部动员群众、发动群众的能力。

（四）资源配置缺：基层人财权缺乏，基层管理缺乏支撑

调研发现，基层干部都将人、财、权等资源的缺乏视作基层工作面临的主要问题。首先是人员的缺乏。虽然县乡两级都有一些政策可以引育人才，但基层却难以留住人才。即便人才来到了基层，也会因为借调、遴选等原因不断离开基层。其次是资金的紧张。资金紧张既包括缺乏资金，也包括缺乏对资金的支配权限。一位干部指出："一些部门可能会下拨资金，但基层对资金的使用实际上是没有发言权的，而且监管太严，有钱都没人敢用。"最后是执法权的缺乏。基层干部反映，现在事权层层上移而责任不断下移，基层干部面对管理要求却缺乏管理权限。一位干部说："不只是经济需要供给侧改革，基层管理更需要供给侧改革。"

资源配置应进一步向基层倾斜，缓解基层资源窘况。在人才方面，应提高基层补贴，拓宽选人用人渠道，提高基层干部获得感，严格规范上级政府的借调、抽调行为；在财、权方面，推动权限下放，厘清权责关系，给基层提供更多支持。

（五）考核形式僵：督导考核形式主义严重，基层干部减负难

督导考核本是为了推动政策任务的落实。但调研发现，督导使得基层干部疲于应付，考核本身反而成为基层工作的核心目标，督导考核存在严重的形式主义。一是政策评价体系空泛。一些政策的考核评价指标体系不仅脱离实际，而且非常烦琐，基层干部群众无法理解，很难反映真实情况。二是检查暗访多。不同部门都频繁下基层，但他们一般只检查、不指导。三是过程考核重。现在不断强化工作留痕，不顾基层现实，使基层干部都变成了"表哥表姐"，不得不将本该用于做实事的大部分工作精力用于各种形式的迎检与汇报等方面。四是问责压力大。一票否决的事项过多过杂，属地管理与维稳政策导致畸形治理。一位基层干部指出："上面下来检查主要是为了挑问题，常常会以少数村民的意见来否定基层工作，而不顾大多数村民的意见。"此外，调研还发现，虽然中央十分关心基层减

负问题，但收效并不显著。一位干部指出："上面减负要求不准留痕，但下面工作依旧要处处留痕，因为有部门来检查减负工作时，直接提出要查看落实减负的材料。"

破解基层形式主义难题，切实推进基层减负，必须进行系统性设计。应精简考核体系，简化考核程序，减少考核数量，整合考核类别，以权威性的"期末大考"取代数量繁多的"期中小测"；应推动考核方式革新，通过"四不两直"等形式将工作实绩作为考核的重要依据，避免唯表格论和唯指标论；应谨慎运用考核结果，为想干事、能干事的干部留出空间。

（六）工作负担重：基层工作头绪多、问责压力大，基层干部倚重非正式手段

调研发现，沉重的工作负担成为基层干部普遍面临的问题。基层干部提出："现在村干部管得太多了，对村里的事承担无限连带责任，既要让老百姓满意，也要让领导满意。"但是，面对自上和自下两方的诉求，村干部往往难以兼顾，始终深陷于头绪繁多的工作任务之中。再加上日渐严厉的问责，基层干部为了完成任务，有时不得不采取非正式的手段。这里的非正式手段一般包括在处理如征地拆迁等问题中的过激型"示强"和在处理如信访维稳等问题中的委屈型"示弱"两种形式。而对非正式手段的依赖也会加剧正式手段的失灵。特别是，村干部兼具"村民"与"干部"的双重身份，可以以不同身份、灵活运用多种方式来处理乡村问题，但若过多倚重非正式手段开展工作，长远来看也会消解正式治理手段的权威，削弱基层治理的能力。

减轻基层工作负担、推进治理模式改革，必须进行系统性调整。一方面，应进一步明确各级部门职责和权限，避免滥用属地管理等显性与隐性的责任转嫁行为。另一方面，应出台完善基层干部行为准则清单，厘清个人权责边界，既要防止越权带来的吃拿卡要、权力寻租行为，也要避免权责不对等带来的基层干部疲于奔命、工作疲惫情绪，从而构建有法可依、有法必依、执法必严、违法必究的现代化治理体系。

（七）扎根基层难：年轻干部融入基层有困难，心理落差大

调研发现，部分年轻干部融入基层存在困难，存在心理落差。一方面，在机关的年轻干部缺乏真正融入农村基层的锻炼。一些地方将刚入职的年轻干部（尤其是选调生）安排在机关工作，一边忙于机关事务，一边挂职农村锻炼。这种"两头跑"的设计本是为了年轻干部既可以培养机关工作的政治意识与规矩意识，又可以积累基层经验。但结果并不如意，这种制度设计使得年轻干部不得不分散工作精力，年轻干部尽管有深入基层的意愿，但往往难以实现。另一方面，在基层的年轻干部存在心理落差，难以长期扎根基层。年轻人有思想、有活力，经历过城市生活的熏陶，面对农村的现实，往往产生强烈的思想落差。一位年轻基层干部表示："看到自己的同学过得越来越好，我还在乡镇挣这么点钱，就感觉很难受，我对孩子的未来发展有些恐慌，担心不能给孩子一个好的起步平台。"

应通过系统性的支持，化解年轻干部扎根基层的担忧。建议进一步完善机关年轻干部到农村挂职锻炼的制度设计，明确专人专岗，促进年轻干部真正融入基层、得到锻炼；建议加强对基层年轻干部的生活保障，在子女教育、住房补贴、父母养老等方面提供支持和保障，消除年轻干部的后顾之忧；建议为基层年轻干部的晋升流动留出空间，进一步完善选人用人机制，以实际工作业绩考核干部，引导年轻干部将精力真正用于基层工作。

（八）职业认同低：基层干部缺乏职业认同，基层心声缺乏表达

调研发现，基层干部长期与农村、农民打交道，面对外部世界的冲击，极易产生自我怀疑与自我否定，引发职业认同危机。一是对自身价值存在迷茫。一位基层干部说："很多同学会觉得我在乡镇做这些事情没出息，给他们说我服务了多少人、解决了多少群众的困难，他们很多听不懂、不理解。"一位已经离职的原基层干部说："在体制内我觉得自己还是个人物，离开后才发现自己除了开会啥都不会。"二是缺乏来自家人的认

可。一位基层女性干部很委屈地说："我爱人说我工作那么累，又没多少钱，不知图什么？我就生气地告诉他，不能诋毁我的工作。"三是缺乏心声表达和被倾听的渠道。一位基层干部指出："现在基层没人敢说，说了也没人听，上面也很少有人来和我们交流。"此外，调研发现，职务收入低、与个人付出不对等是多数基层干部在表达心声时都会提及的话题。有不少村干部为了支撑家庭支出常常需要经营副业，不仅分散了精力，还容易引发工作上的消极懈怠情绪。

提高基层干部职业认同应从加强关爱和提高待遇两方面着手。建议组织部门积极开展关爱基层干部调研工作，深入了解基层干部的期待与困惑，并推进基层治理模式转型；建议进一步提高基层干部的待遇水平，通过增加基层补贴、工资收入等切实提高基层干部的获得感。

（九）乡村活力弱：村庄共同体不断消解，乡村治理延续面临挑战

调研发现，随着经济社会的快速发展，城乡人口流动加速，村庄共同体不断消解。这种消解最直观的表现是乡村日益空心化，公共生活难以开展。即便是经济较为发达的地区，状况同样不容乐观。基层干部说："年轻人都出去了，现在活动组织不起来，要是请人来讲课，农民也不相信，因为上过太多当了，农民只相信那些种植养殖的人。"基层治理归根到底是人的治理，需要集人力、聚人心，以保持延续性。然而，现实的乡村既没有可以强化共同体意识的有力载体，也没有可以凝聚人心的有效机制。一方面，村庄共同体的构建需要以集体经济作为重要支撑，但多数村庄的集体经济极为薄弱或稀缺。村干部指出："集体除了村委会，没有任何资产，没人愿意跟着干。"另一方面，面对乡村的日益原子化，村庄缺乏相应机制，难以凝聚人心。村干部说："村里搞活动也没人来，都忙着在外面挣钱，在家的都是老弱病残，有心无力了。"

增强村庄活力、保持乡村治理延续性对全面推进乡村振兴至关重要。建议发展壮大村集体经济，强化村民联结，提高村庄凝聚力；建议强化机

制创新，发挥不同主体的优势，汇聚多方力量，形成治理合力；建议立足村庄实际，深入挖掘村庄传统文化价值，强化村庄共同体意识，以多样化的活动为媒介，增强村庄向心力，确保乡村治理的延续性。

课题组牵头人： 叶敬忠

课 题 组 成 员： 潘　璐　吴惠芳　刘　娟　邵念念　段媛媛

乡村建设篇

乡村建设基本思路和实践路径研究报告

清华大学建筑学院课题组

乡村建设是实施乡村振兴战略的重要任务，也是国家现代化建设的重要内容。2022 年 3 月，中共中央办公厅、国务院办公厅印发《乡村建设行动实施方案》，对进入新发展阶段国家乡村建设的总体要求、重点任务、推进机制、政策支持、要素保障、组织领导等提出了明确要求。党的二十大报告提出统筹乡村基础设施和公共服务布局，建设宜居宜业和美乡村。国家乡村振兴局委托清华大学建筑学院组成课题组，对当前全国乡村建设现状进行深入分析，对乡村建设基本思路和目标进行深入研究，探索提出宜居宜业和美乡村建设实施路径的意见建议。

一、对乡村建设现状的基本评价

课题组对覆盖全国 28 个省份、81 个样本县、783 个村庄的 15 万份村民调研问卷显示，党的十九大部署实施乡村振兴战略以来，我国在乡村基础设施建设、人居环境整治、基本公共服务提升等方面取得了较大进展，部分地区农民就地过上了现代文明生活。但也存在着许多亟待解决的现实问题，需引起相关部门高度关注。

（一）基础设施不断完备，但往村覆盖、往户延伸仍需加强

调研发现乡村基本实现道路硬化、集中供水、稳定供电、物流寄递、网络通信的全覆盖，超过 93％ 的自然村实现集中供水，村民普遍反映农房供电稳定，68.5％ 的受访村民表示 15 分钟内能到达快递点。但基础设施入户率仍存在不足，如入户道路硬化率不足 85％，宽带入户率仅 59.9％。另外，设施质量有待提升，如认为村内道路质量好或者较好的村民仅占 48.7％，农房内能够稳定供水、极少出现问题的仅占 45.1％。

（二）人居环境持续改善，但距宜居舒适要求还有较大差距

调研发现农房及配套设施建设不断加强，卫生厕所、垃圾收运、危房整治、风貌保护等工作扎实推进，农村卫生户厕普及率超过 70％，农村生活垃圾收运处置的自然村近 95％，绝大多数村庄实现干净整洁有序，涌现出一大批特色突出、乡村风貌浓郁的村庄。但人居环境整治的覆盖度仍有欠缺，如有污水处理的自然村占比仅为 28％，实施垃圾分类的自然村仅 23.1％，村民对生活污水处理、村内河流水质、村庄垃圾治理、村落整体环境的满意度分别为 46.3％、42.3％、59.2％ 和 57.5％，均不及六成。另外，许多设施运营管理不足，如行政村公厕有专人管护的占比仅为 53.2％。

（三）公共服务有效提升，但城乡均等化水平仍然不高

调研发现，农村教育、医疗等公共服务基本实现全覆盖，绝大多数行政村配置卫生室，部分省份行政村村级养老设施覆盖率超过 60％，乡村治理效能不断提高。但许多设施离满足村民对美好生活需要仍有差距，如 15 分钟生活圈内幼儿园和小学覆盖率分别为 55.4％ 和 55.5％，半数以上乡村没有养老设施，许多设施服务质量较差。较多村卫生室运行不稳定，村民对村卫生室的医疗服务质量满意度仅为 56.1％，超过八成村民认为村内养老服务设施使用率不高或一般。村民的基层参与意愿也普遍不足，仅 31.7％ 的村民表示会积极参与村集体活动。

课题组认为，存在上述问题主要有以下几方面原因。

第一，东中西部区域差异。受经济发展水平影响，东部地区优于中西部地区和东北地区。东部地区经济发展水平总体更高，耕地流转比例更高，利于机械化规模化生产；就业更为充分，对外出人口返乡更具吸引力。受自然地形影响，平原地区的基础设施覆盖程度优于丘陵山地地区。在道路交通设施方面，山区村庄往往规模小、分布散，通自然村（组）路普遍存在短板，公共交通通达率普遍低于平原地区。受区位和资源影响，城市化地区、农产品主产区、生态功能区的乡村发展存在差异。城市化地区的乡村，往往是城乡资源要素单向流出最明显的区域；农产品主产区的乡村，在通硬化道路和物流寄递等方面有较强需求，但我国农村物流现状无法有效满足需求；生态功能区的乡村，设施建设成本较大，存在配置不足、可达性差、使用率低等问题。

第二，不同任务间协同难度大。各部门和县镇村各级工作体系需进一步梳理。乡村建设行动各项重点任务的实施在县域层面的相互协同有所不足，容易出现项目间时空不匹配、相互制约、重复建设等问题。资源投入与实际需求存在不匹配，乡村文化设施遇冷现象较为普遍，部分文化设施建设不符合老百姓需求，利用率低、闲置率高。后期管护主体责任与资源调动能力不匹配，一些地方配置了高水平的公共服务设施，但没有专业人员指导使用，运营维护费用多由村委会承担，难以长效运行。

第三，农民参与乡村建设机制不顺畅。村集体基层组织能力与治理水平总体不高，村级集体经济薄弱，多数行政村集体经济规模较小、财力支撑不足，存在无钱办事的问题。不少地方存在村级综合服务水平较低、服务内容和服务供给方式单一等问题。村民参与公共事务的意愿普遍不足，样本县只有20.3%的村民对村庄事务非常熟悉、经常参加村庄事务讨论。

第四，村庄规划对乡村建设的引领性不强。村庄规划编制进展缓慢，相当一部分村庄规划编制仍处于试点阶段或初步成果阶段，还有大量有需求的村庄尚待编制规划。各级规划协同不密切，目前各地国土空间规划编制进展普遍滞后，处于下位的村庄规划编制只能在观望中前行。部分地区规划较难落地实施，部分已有村庄规划难以执行到位，或者在实际建设中没有充分整合乡村资源、发挥特色优势，甚至造成资源浪费。

二、乡村建设的基本思路

习近平总书记在党的二十大报告中向全党发出了建设宜居宜业和美乡村的伟大号召，这是以习近平同志为核心的党中央准确把握我国农村历史发展趋势、顺应农民群众对美好生活向往、着眼广大农村地区以中国式现代化全面推进中华民族伟大复兴而作出的重大战略部署，为我们新时代新征程实施乡村建设行动指明了方向。我们认为，宜居，就是逐步使农村基本具备现代生活条件，标准是基础设施完备、公共服务便利、人居环境舒适。宜业，就是逐步实现农村居民就近就业，标准是产业设施完善、创业就业环境良好。和美，就是逐步实现社会治理现代化，保护传承乡村风貌和文化特色，标准是乡村善治、乡风文明、整洁美丽。

在指导思想上，推进乡村建设，要深入学习领会党的二十大关于建设宜居宜业和美乡村的新部署新要求，坚决贯彻落实中共中央、国务院关于乡村建设行动的系列方针政策，坚持以普惠性、基础性、兜底性民生建设为重点，坚持分区施策、分类引导，强化规划引领与系统设计，在县域与村庄两个层面加快推进落实乡村建设重点任务，逐步构建完善乡村建设政策体系与机制保障。

（一）坚持空间层面分区施策

针对当前我国乡村仍呈现地区发展水平不均衡的现状，在推进乡村建设时进行分区施策。依照国土空间格局，进一步归纳为"东部与区域中心城市发达地区的城乡融合和高质量发展""中部与东北地区的县域统筹和县城为载体建设""西部与特殊类型地区的保护补偿和转移支付机制创立"等不同的乡村建设目标与内容。

1. 东部与区域中心城市地区：城乡融合与中心城市辐射带动。东部与区域中心城市地区的乡村，将融入城乡一体化的系统之中，从不同层次重点支撑我国城市群、都市圈、超特大城市、大中城市的人口承接、高质量创新和实体经济发展。在巩固提升乡村产业发展基础的同时，聚焦提高全面推进乡村振兴质量，着力提升乡村治理和农村精神文明建设水平。该类地区的乡村建设，将更多地开展城乡融合发展的试验改革，促进人才、资金、科技、信息等要素双向流动，推进城乡基础设施和基本公共服务的均等化建设。一是推进城乡基础设施一体化建设，包括畅通和密织多层次公路网、完善轨道交通网络规划、完善"通道＋枢纽＋网络"的物流运行体系、统筹市政基础设施建设等。二是推进城乡公共服务融合建设，包括促进优质公共服务资源的城乡融合、加快社会保障接轨衔接、推动政务服务联通互认等。三是推进城乡生态环境共保共治，包括构建城市化地区的绿色生态网络、建立环境协同共治等。

2. 中部和东北地区：县域统筹与县城乡镇服务承载。该类地区县域发展建设的目标，应为坚持强化农业基础地位，加快农业农村现代化，全面推进乡村振兴。

中部和东北地区的乡村，将重点支撑农业现代化。该类地区还宜突出特色优势，因地制宜地延长农业产业链，提高农产品加工和农业生产性服务业水平。这类地区的乡村建设，应加快补短板、强弱项，需要在全县域统筹县镇村庄农房及各项基础设施与公共服务设施建设。一是加快开展县城建设补短板、强弱项工作，包括完善县城公共服务设施建设、扩大县城市政公用设施投资、改善县城新市民和中低收入居民住房问题等。二是全县域统筹县镇村庄农房及各项基础设施与公共服务设施建设，包括通盘考虑土地利用和整治，优化乡镇村庄居民点的布局建设、提高农房设计建造水平、推进农产品加工流通企业下镇、统筹县域公共服务设施普惠共享、统筹县域基础设施规划建设管护等。

3. 西部与特殊类型地区：保护底线管控和补偿机制完善。包括西部地区省份与生态功能区、资源型地区等特殊类型地区。该类地区县域发展建设的目标，应在保护生态环境的基础上稳步提升农村基础设施建设水平，不断改善农村人居环境，逐步实现县域教育、医疗、养老等基本公共服务便利可及。该类地区县域保护和发展应置于全国整体的生态保护补偿机制之下。

西部与特殊类型地区乡村的生态保护补偿机制，将具体体现在加大纵向转移支付力度、推进横向生态保护补偿、完善市场化多元化生态补偿参与、建立生态产品价值实现机制等方面。

（二）坚持县域层面分类指引

以乡村振兴示范县、重点帮扶县创建工作为抓手，"抓两头，带中间"，针对不同类型的县，分类构建乡村建设重点指引体系。

乡村振兴示范县为县域经济发展水平相对较高、农业农村基础相对较好的县（市、区），应高起点、高标准接续推进乡村振兴战略实施，持续走在前列、探索经验、率先突破，带动其他县加快乡村全面振兴步伐。重点帮扶县主要分布在西部欠发达地区，主要为原国家级贫困县（市、区）。2021 年 8 月，中央农村工作领导小组办公室和国家乡村振兴局发布国家乡村振兴重点帮扶县名单（160 个）。这类县经济社会总体发展水平仍然较低，主要分布在西部地区，要重点做好脱贫攻坚同乡村振兴的有效衔接，统筹山水林田湖草沙系统治理，保护农业生产空间和乡村生态空间。基本建设县为除示范引领县和重点帮扶县以外的县（市、区），应加大乡村振兴战略实施力度，统筹规划县域产业发展，加快构建现代农业产业体系、生产体系、经营体系，推进县域经济高质量发展。

（三）坚持村庄层面分型建设

参照《国家乡村振兴战略规划（2018—2022 年）》，将村庄划分为集聚提升、城郊融合、特色保护、搬迁撤并村庄四种类型。本研究按这四种类型分类明确发展重点、提供规划指引（图 1）。城郊融合类村庄应纳入县城和镇规划，加快城乡基础设施互联互通、公共服务共建共享。集聚提升类村庄是规模较大的中心村和未来重点发展集聚的村庄，应统筹考虑

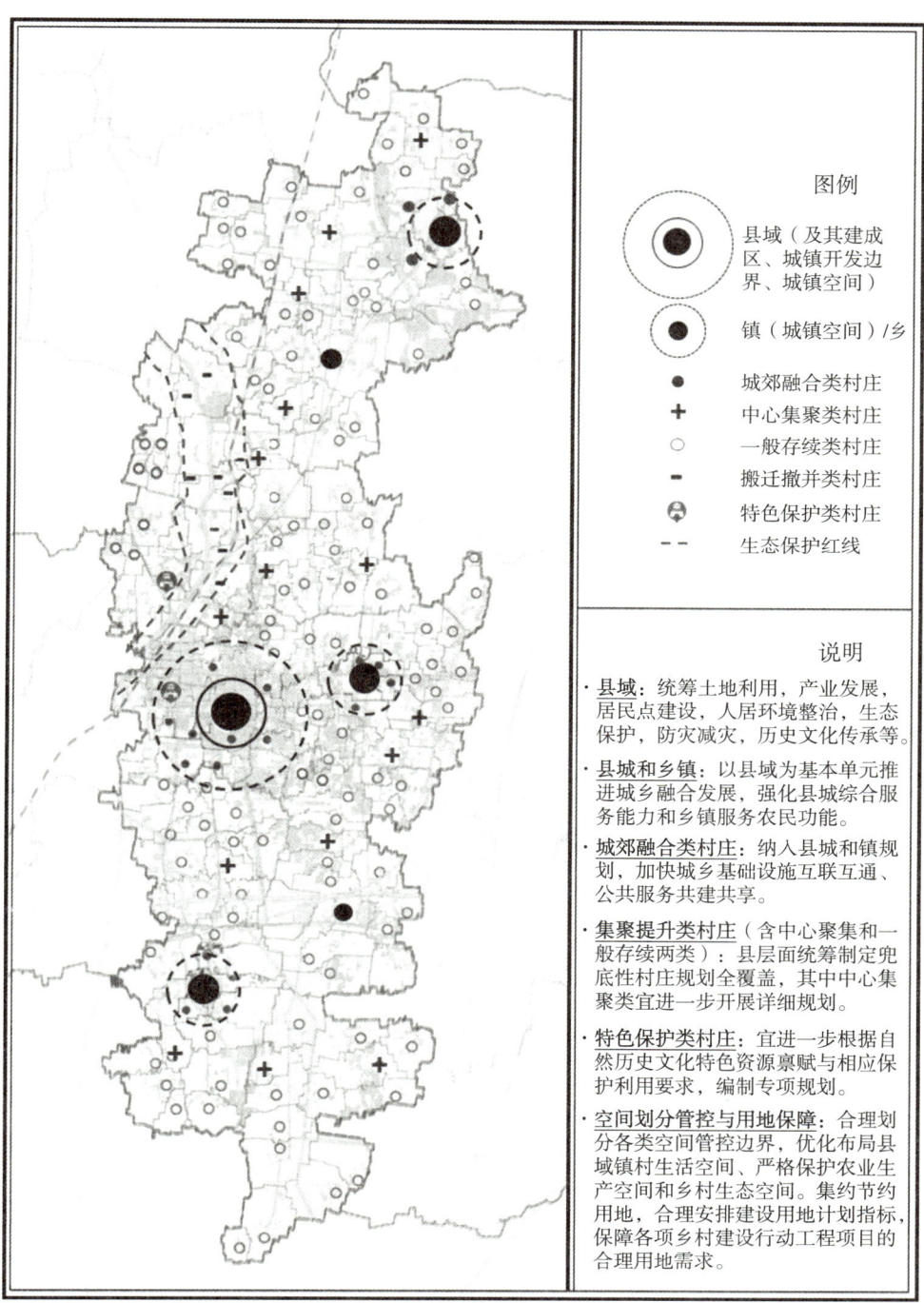

图例

- ⊙ 县域（及其建成区、城镇开发边界、城镇空间）
- ⊙ 镇（城镇空间）/乡
- ● 城郊融合类村庄
- ＋ 中心集聚类村庄
- ○ 一般存续类村庄
- － 搬迁撤并类村庄
- ⊕ 特色保护类村庄
- -- 生态保护红线

说明

- **县域**：统筹土地利用，产业发展，居民点建设，人居环境整治，生态保护，防灾减灾，历史文化传承等。
- **县城和乡镇**：以县域为基本单元推进城乡融合发展，强化县城综合服务能力和乡镇服务农民功能。
- **城郊融合类村庄**：纳入县城和镇规划，加快城乡基础设施互联互通、公共服务共建共享。
- **集聚提升类村庄**（含中心聚集和一般存续两类）：县层面统筹制定兜底性村庄规划全覆盖，其中中心集聚类宜进一步开展详细规划。
- **特色保护类村庄**：宜进一步根据自然历史文化特色资源禀赋与相应保护利用要求，编制专项规划。
- **空间划分管控与用地保障**：合理划分各类空间管控边界，优化布局县域镇村生活空间、严格保护农业生产空间和乡村生态空间。集约节约用地，合理安排建设用地计划指标，保障各项乡村建设行动工程项目的合理用地需求。

图1 县域城镇和村庄分类与空间布局规划示意图

周边村庄情况，科学确定发展方向，鼓励发挥自身比较优势，强化主导产业支撑，合理预测村庄人口和建设用地规模，在原有居民点基础上整治提升。在这类村庄中还有一些主要面向存续保障的村庄，应从县域层面提出全覆盖的村庄规划导引。特色保护类村庄应进一步根据自然历史文化特色资源禀赋与相应保护利用要求，充分调研和保护村庄特色资源，加快改善村庄基础设施和公共服务设施水平，形成特色资源保护与村庄发展的良性互促。拆迁撤并类村庄应保障基本服务功能，主要在尊重农民意愿的基础上做好迁入地的规划建设等。

三、乡村建设县域层面统筹协同与系统布局的实施路径

乡村建设是一项系统工程，与城市建设的不同之处是乡村人口密度低、居民点分散，各项设施与服务的可及性、便利性有提升空间。当下乡村建设的各项重点任务呈现出需要在县域层面全域统筹覆盖的特征，需要多任务协同与系统融合。

（一）交通畅通工程的县域协同推进

1. 优化提升县域多层次公路网络体系。 优化提升国省干线公路。国省干线公路包含高速公路、国道和省道等。优化提升乡镇对外快速骨干公路。乡镇对外快速骨干公路是乡镇对外连接的主要道路。优化提升通行政村公路。加强乡镇通行政村道路建设，有序推进行政村通双车道公路改造、窄路基路面拓宽改造或错车道建设。优化提升通自然村公路。加强自然村通向行政村、乡镇以及连接到骨干路网的道路建设。

2. 提升农村公路安全保障能力和服务水平。 提升农村公路安全保障能力，加强农村公路交通安全隐患治理，开展公路安全设施和交通秩序管理精细化提升行动。提升农村公路服务水平，以交旅融合路段为重点，完善农村公路沿线服务设施，以信息化技术赋能农村公路高质量发展，提升服务和管理效能（图2）。

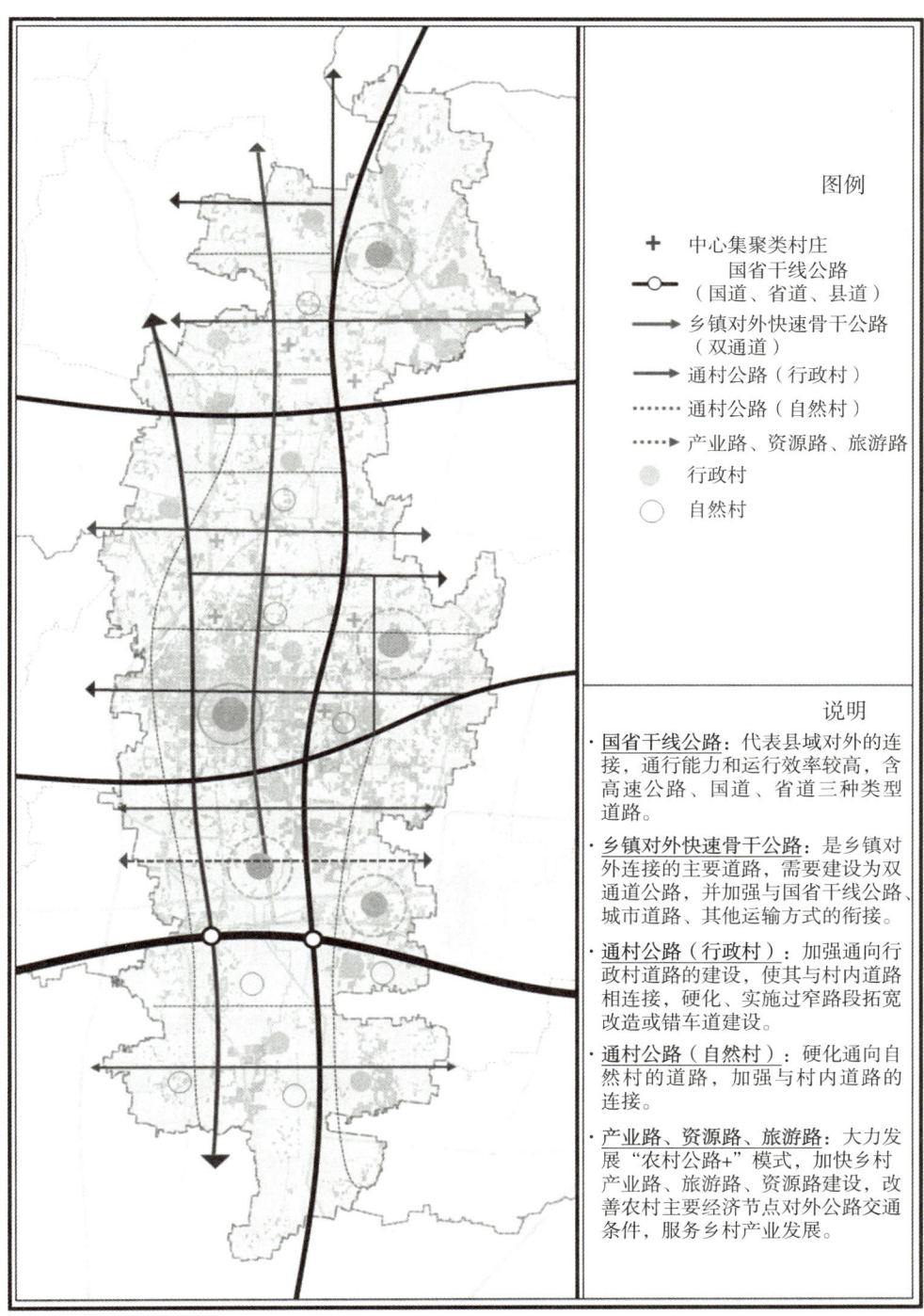

图例

+ 中心集聚类村庄
国省干线公路
（国道、省道、县道）
乡镇对外快速骨干公路
（双通道）
通村公路（行政村）
通村公路（自然村）
产业路、资源路、旅游路
行政村
自然村

说明

· **国省干线公路**：代表县域对外的连接，通行能力和运行效率较高，含高速公路、国道、省道三种类型道路。

· **乡镇对外快速骨干公路**：是乡镇对外连接的主要道路，需要建设为双通道公路，并加强与国省干线公路、城市道路、其他运输方式的衔接。

· **通村公路（行政村）**：加强通向行政村道路的建设，使其与村内道路相连接，硬化、实施过窄路段拓宽改造或错车道建设。

· **通村公路（自然村）**：硬化通向自然村的道路，加强与村内道路的连接。

· **产业路、资源路、旅游路**：大力发展"农村公路+"模式，加快乡村产业路、旅游路、资源路建设，改善农村主要经济节点对外公路交通条件，服务乡村产业发展。

图 2 交通畅通工程的县域协同推进建设示意图

（二）农村防汛抗旱和供水保障工程的县域协同推进

1. 加强县域农村防汛抗旱设施覆盖，提升防汛抗旱能力。加强农村防汛设施建设，县域统筹建设农村防汛设施，提高防汛设施覆盖率，加强洪涝灾害预警和防控。加强农村抗旱设施建设，县域统筹布局抗旱基础设施建设，充分发挥骨干水利工程防灾减灾作用，提高抗旱减灾能力。

2. 加强水源保护与供水工程建设，保障农村供水。以县域为单元强化水源保护和水质保障，县域统筹划定千人以上规模饮用水水源保护区或保护范围，配套完善农村千人以上供水工程净化消毒设施设备，健全水质检测监测体系。推进县域农村供水工程建设改造，实施规模化供水工程和小型供水工程标准化改造，更新改造一批老旧供水工程和管网，配套完善净化消毒设施设备。推进供水网络的城乡统筹与延伸，有条件地区可由城镇管网向周边村庄延伸供水，因地制宜推进供水入户，同步推进消防取水设施建设。健全农村供水工程建设运行和管护长效机制（图3）。

（三）乡村清洁能源建设工程的县域协同推进

1. 县域统筹保障乡村能源供给。推进县域配电网建设，巩固提升农村电力保障水平，加强县域配电网建设，不断提高配电网的适应性、可靠性以及数字化、智能化水平。稳妥推进北方农村地区清洁取暖，按照先立后破、农民可承受、发展可持续的要求，稳妥有序推进部分农村地区清洁取暖。

2. 发展乡村清洁能源。推动乡村清洁能源发展，在乡村发展太阳能、风能、水能、地热能、生物质能等清洁能源，因地制宜开展生物质低碳能源示范项目建设，在条件适宜地区探索建设多能互补的分布式低碳综合能源网络。建设乡村清洁能源站，强化可再生能源开发利用综合服务能力，积极开展乡村能源站行动；培养专业化服务队伍，提高乡村能源公共服务能力；提升乡村就地绿色供电能力，促进乡村能源设施与技术体系升级。

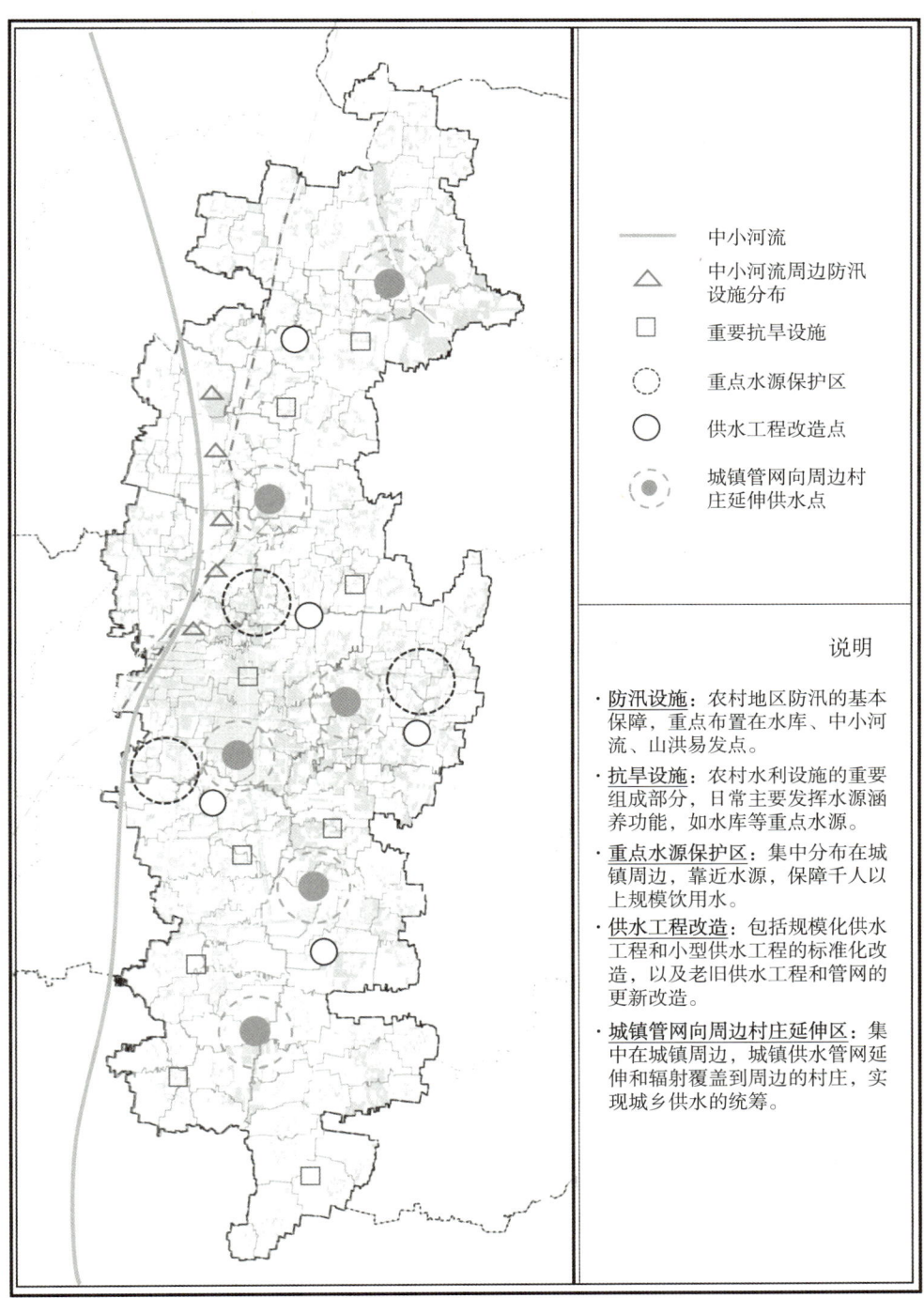

图3　农村防汛抗旱和供水保障工程的县域协同推进建设示意图

图例

中小河流

△　中小河流周边防汛
　　设施分布

□　重要抗旱设施

⬭　重点水源保护区

○　供水工程改造点

⬉　城镇管网向周边村
　　庄延伸供水点

说明

· **防汛设施**：农村地区防汛的基本
　保障，重点布置在水库、中小河
　流、山洪易发点。

· **抗旱设施**：农村水利设施的重要
　组成部分，日常主要发挥水源涵
　养功能，如水库等重点水源。

· **重点水源保护区**：集中分布在城
　镇周边，靠近水源，保障千人以
　上规模饮用水。

· **供水工程改造**：包括规模化供水
　工程和小型供水工程的标准化改
　造，以及老旧供水工程和管网的
　更新改造。

· **城镇管网向周边村庄延伸区**：集
　中在城镇周边，城镇供水管网延
　伸和辐射覆盖到周边的村庄，实
　现城乡供水的统筹。

（四）仓储保鲜冷链物流设施建设工程的县域协同推进

1. 加强乡村农产品仓储保鲜冷链体系的县域覆盖。建设乡村农产品仓储保鲜设施，依托家庭农场、农民合作社等农业经营主体，发展产地冷藏保鲜。建设乡村农产品冷链物流设施，优化完善国家骨干冷链物流基地布局建设，围绕服务产地农产品集散和完善销地冷链物流网络，引导各类市场主体，探索发展共享式移动冷库。

2. 构建县域乡村商贸物流配送体系。完善县域商业体系。改造提升县城连锁商超和物流配送中心，支持有条件的乡镇建设商贸中心，发展新型乡村便利店，扩大农村电商覆盖面。健全县、乡、村三级物流配送体系，加强县、乡、村快递物流配送基础设施建设，加快实施"互联网＋"农产品出村进城工程、"快递进村"工程，推动建立长期稳定的产销对接关系。提高农村物流配送效率，宣传推广农村物流服务品牌，深化交通运输与邮政快递融合发展，提高农村物流配送效率。

（五）数字乡村建设发展工程的县域协同推进

1. 建设县域乡村信息基础设施。加强县域乡村信息基础设施建设，推动农村传统基础设施数字化改造升级，开展农村地区第四代移动通信 4G 基站补盲建设，逐步推动第五代移动通信 5G 和千兆光纤网络覆盖和延伸到重点乡镇和重点行政村，持续推动城市和农村"同网同速"。

2. 发展智慧农业。深入实施"互联网＋"农产品出村进城工程和"数商兴农"行动，推进涉农事项在线办理，推进电子商务进乡村。构建智慧农业气象平台，加快城乡灾害监测预警信息共享。

3. 推进乡村管理服务数字化。推进农村集体经济、集体资产、农村产权流转交易数字化管理，推进农村党建和村务管理智慧化、提升乡村社会治理数字化水平、推进乡村应急管理智慧化。

（六）农村基本公共服务体系的县域统筹构建

1. 普惠教育体系。 科学制定义务教育优质均衡发展实施方案，继续实施义务教育薄弱环节改善与能力提升等项目，改善乡（镇）寄宿制学校办学条件，建立健全县域内城乡学校共同体建设机制。多渠道增加县域普惠性学前教育资源供给，全面实施办园行为督导评估和县域普及普惠认定，稳步推进学前教育立法。巩固提升县域高中阶段教育普及水平，实施县中托管帮扶工程，组织有条件的地方高校开展县中托管帮扶，实施县中标准化建设工程。发展乡村职业教育与继续教育，鼓励职业院校组织开办继续教育培训班，为持续解决"三农"问题提供人力资源支撑（图4）。

2. 医疗卫生体系的县域统筹构建。 加强县域三级医共体建设，办好县级中心医院，发挥其服务县域和培训中心的作用。加强乡镇卫生院建设，发挥其医疗卫生服务的枢纽作用。支持村级卫生室建设，发挥其服务网点的基础性、普惠性作用。强化卫生健康人才队伍建设，尽快提高基层机构编制标准，全面推广"县聘乡用"和"乡聘村用"，推动"两个允许"（允许医疗卫生机构突破现行事业单位工资调控水平，允许医疗服务收入扣除成本）政策落地，提高基层医务人员收入待遇，提升基层岗位吸引力。加强城乡医疗保障体系衔接，巩固拓展医保脱贫攻坚成果。综合施策降低农村低收入人口看病就医成本，引导合理诊疗，促进有序就医，整体提升农村医疗保障和健康管理水平（图5）。

3. 养老助残体系的县域统筹构建。 加强区域内养老助残设施的空间整合与功能互通，采取多种有效方式实现资源整合、服务衔接，构建县域、城乡老年助餐服务体系，健全医疗卫生机构和养老服务机构合作机制。补齐县、乡、村三级农村养老助残服务短板，加强农村养老服务和管理人才队伍建设，提高职业化、专业化水平，以行政村为单位、依托村民自治组织和邻里互助力量，建立特殊困难老年人定期巡访制度。强化残疾人社会救助保障，对脱贫人口中完全丧失劳动能力或部分丧失劳动能力且无法通过产业就业获得稳定收入的残疾人，按规定纳入农村低保或特困

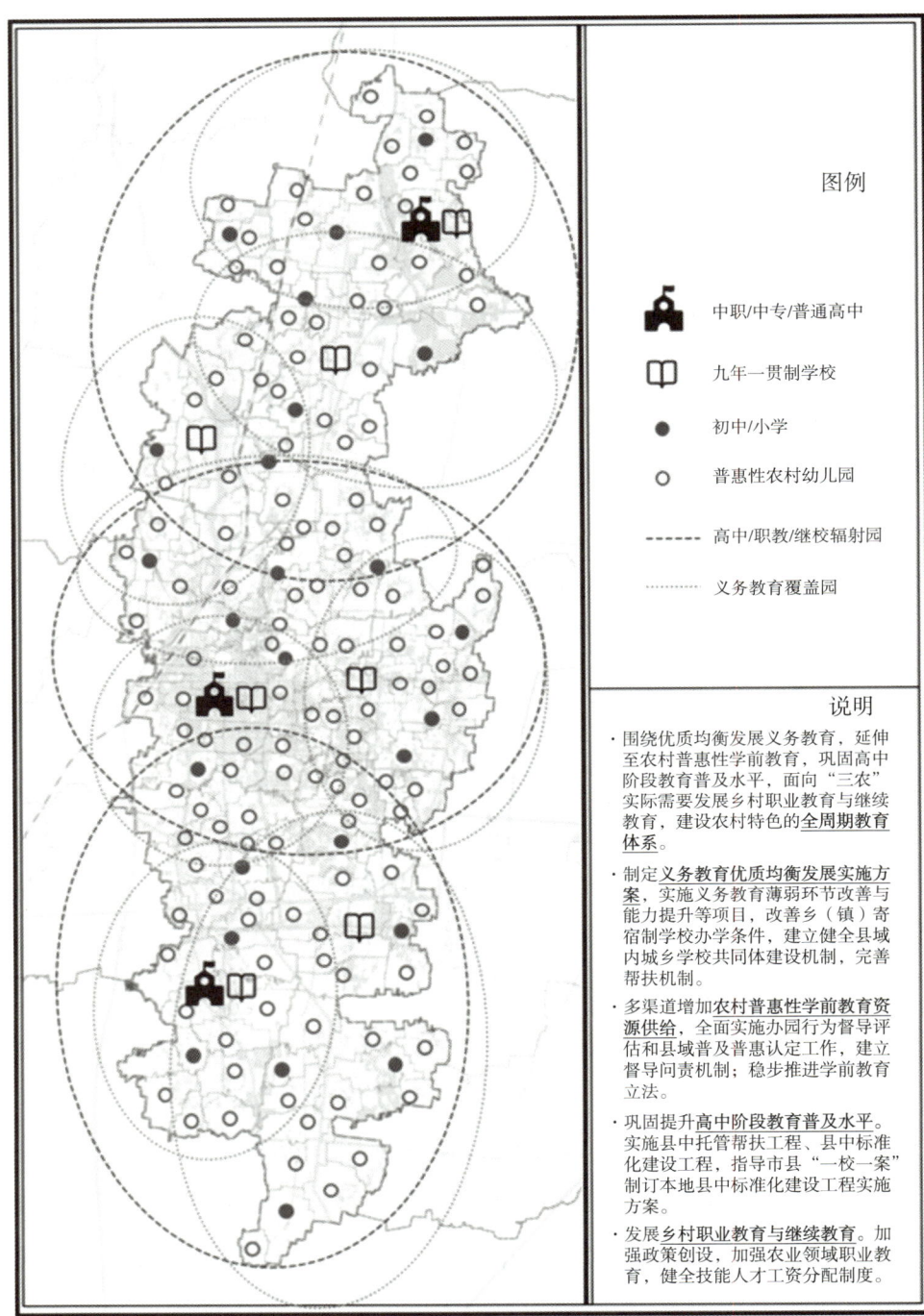

图例

中职/中专/普通高中

九年一贯制学校

初中/小学

普惠性农村幼儿园

高中/职教/继校辐射园

义务教育覆盖园

说明

· 围绕优质均衡发展义务教育，延伸至农村普惠性学前教育，巩固高中阶段教育普及水平，面向"三农"实际需要发展乡村职业教育与继续教育，建设农村特色的全周期教育体系。

· 制定义务教育优质均衡发展实施方案，实施义务教育薄弱环节改善与能力提升等项目，改善乡（镇）寄宿制学校办学条件，建立健全县域内城乡学校共同体建设机制，完善帮扶机制。

· 多渠道增加农村普惠性学前教育资源供给，全面实施办园行为督导评估和县域普及普惠认定工作，建立督导问责机制；稳步推进学前教育立法。

· 巩固提升高中阶段教育普及水平。实施县中托管帮扶工程、县中标准化建设工程，指导市县"一校一案"制订本地县中标准化建设工程实施方案。

· 发展乡村职业教育与继续教育。加强政策创设，加强农业领域职业教育，健全技能人才工资分配制度。

图 4 普惠教育体系的县域统筹构建示意图

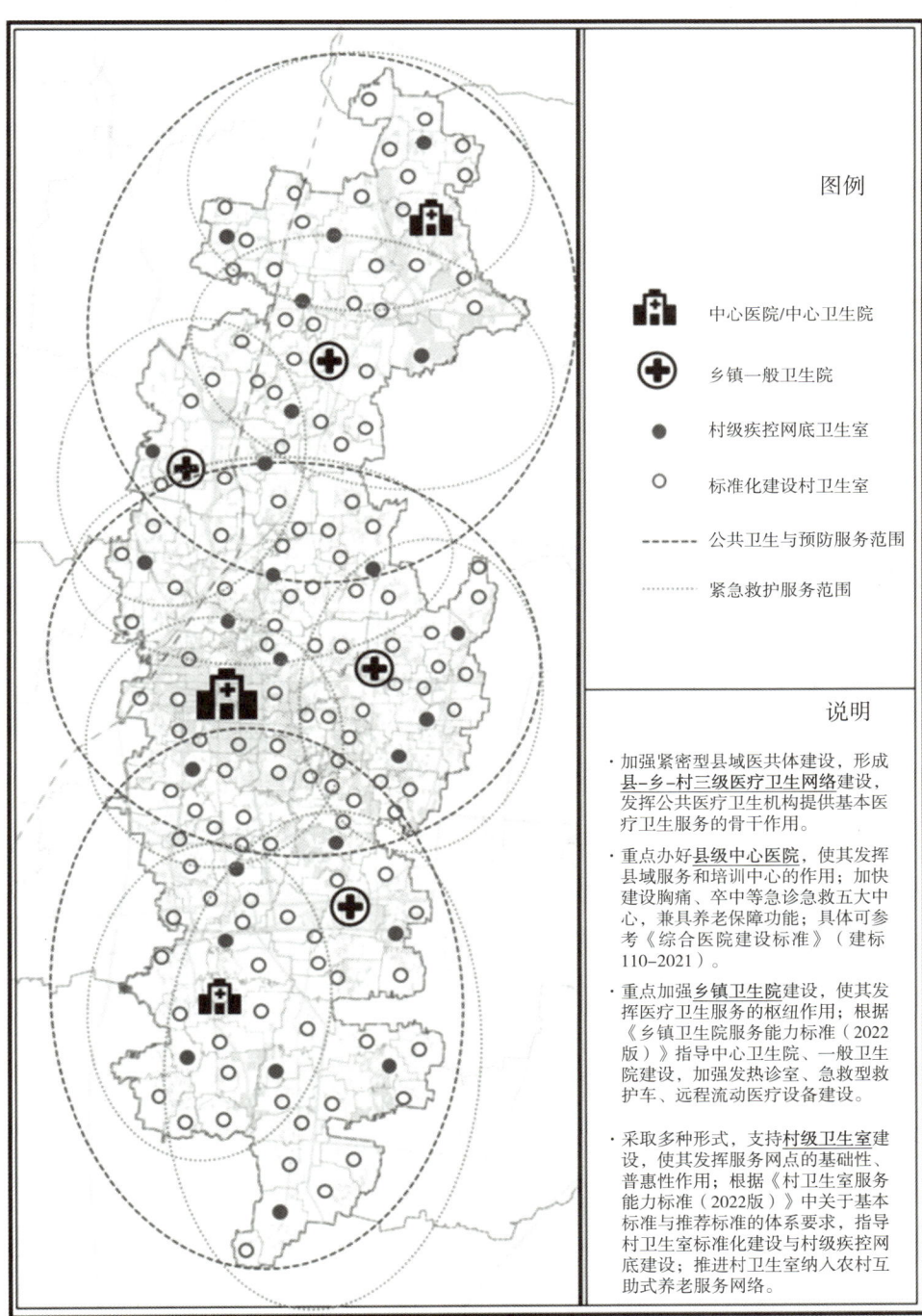

图例

中心医院/中心卫生院

乡镇一般卫生院

村级疾控网底卫生室

标准化建设村卫生室

-------- 公共卫生与预防服务范围

·········· 紧急救护服务范围

说明

· 加强紧密型县域医共体建设，形成**县-乡-村三级医疗卫生网络**建设，发挥公共医疗卫生机构提供基本医疗卫生服务的骨干作用。

· 重点办好**县级中心医院**，使其发挥县域服务和培训中心的作用；加快建设胸痛、卒中等急诊急救五大中心，兼具养老保障功能；具体可参考《综合医院建设标准》（建标110-2021）。

· 重点加强**乡镇卫生院**建设，使其发挥医疗卫生服务的枢纽作用；根据《乡镇卫生院服务能力标准（2022版）》指导中心卫生院、一般卫生院建设，加强发热诊室、急救型救护车、远程流动医疗设备建设。

· 采取多种形式，支持**村级卫生室**建设，使其发挥服务网点的基础性、普惠性作用；根据《村卫生室服务能力标准（2022版）》中关于基本标准与推荐标准的体系要求，指导村卫生室标准化建设与村级疾控网底建设；推进村卫生室纳入农村互助式养老服务网络。

图5　医疗卫生服务体系的县域统筹构建示意图

人员救助供养范围，做到应保尽保、应兜尽兜。做好易地搬迁残疾人后续帮扶工作。

（七）基层组织与精神文明服务体系的县域统筹构建

1. 加强思想政治引领。 深入开展习近平新时代中国特色社会主义思想学习教育，引导农民群体紧跟时代发展主流。帮助农民群体树立正确的价值观念、道德观念，从根本上提高他们的思想水平和文化素质。加强新时代文明实践中心建设。

2. 加强农村基层组织建设。 建强基层党组织，强化县级党委统筹和乡镇、村党组织引领，完善党组织领导的乡村治理体系，推行网格化管理和服务。推进更高水平的平安法治乡村建设。开展各类面向乡村的乡村振兴主题培训，培养乡村振兴带头人。

3. 推进乡村文化设施建设。 充分利用现有城乡公共设施，优化乡村文化设施布局，统筹建设基层综合文化服务中心，建设公共文化设施。实施乡镇（街道）全民健身场地器材补短板工程。加强城乡精神卫生福利设施、公益性殡葬服务设施建设。

4. 加强乡村文化传承与文化产业建设。 加强乡村地区非物质文化遗产保护和利用，开展乡村艺术普及活动，建立艺术家、策展人等专业人士与民间文化艺术之乡的对接机制。结合全国乡村旅游重点村镇建设，打造特色乡村文化和旅游品牌。开展中国民间文化艺术之乡认定，开展戏曲进乡村，开展乡村网红培育计划。

5. 开展农村精神文明创建。 制定"村规民约"，对农村一些重要的民俗文化行为进行规范。将乡村文化建设融入城乡经济社会发展全局，融入乡村治理体系。开展乡镇综合文化站专项治理。

四、乡村建设村庄层面精细集成与长效落实的实施路径

乡村建设行动突出普惠性、基础性、兜底性民生建设，在县域规划布局

和多系统融合的基础上，还应根据村庄实际，在村庄层面对各项建设工程与体系进行细化落实，并将注意力延伸至建设后的长效实施中。这要求从村庄层面提出规划建设导引，系统细化基础性建设内容。

（一）村级综合服务设施提升

1. 推进"一站式"便民服务。 建设村级服务站，以村为单位，整合利用现有设施和场地，完善村级综合服务站点，支持党务服务、基本公共服务和公共事业服务就近或线上办理。提高村级综合服务设施覆盖率，加强村级综合服务设施建设，进一步提高村级综合服务设施覆盖率。

2. 完善村级综合服务设施建设。 加强农村健身场地设施建设，因地制宜加快完善农村公共健身设施网络，完善行政村健身设施并逐步向具备条件的自然村延伸，实施村（社区）健身设施夜间"点亮工程"。加强农村照明设施建设，按照村庄大小、规划布局、人口数量等，对照村庄亮化建设标准，推进公共照明设施与村内道路、公共场所一体规划建设，加强行政村村内主干道路灯建设，深入推进农村公路平交路口"一灯一带"示范工程。加强农村应急设施和避难场所建设，加快推进完善革命老区、民族地区、边疆地区、欠发达地区基层应急广播体系，因地制宜建设农村应急避难场所。开展农村公共服务设施无障碍建设和改造，加快补齐农村无障碍环境建设短板，发展农村残疾人、老年人无障碍基本公共服务。

（二）农房安全质量提升

1. 保障农房安全与提升农房质量。 加强农村危房改造，保障农房安全，村级层面推进农村低收入群体等重点对象危房改造和地震高烈度设防地区农房抗震改造，逐步建立健全农村低收入群体住房安全保障长效机制。加强农房安全隐患排查整治，以村为单位加强农房周边地质灾害综合治理，开展拉网式的全覆盖排查，对排查发现存在安全隐患的房屋进行整治。提升新建农房质量，新建农房要避开自然灾害易发地段，顺应地形地貌，形成自然、紧凑、有序的农房群落。

2. 完善农村工程建设项目管理制度。统筹建立从用地、规划、建设到使用的一体化管理体制机制，按照"谁审批、谁监管"的要求落实安全监管责任，建设农村房屋综合信息管理平台，完善农村房屋建设技术标准和规范。

3. 加强历史村镇和传统村落民居保护。加大对全国重点文物保护单位、省级文物保护单位集中成片的传统村落保护力度。保护传统村落、民族村寨、特色民居、文物古迹、农业遗迹、民俗风貌，保护传统格局、历史风貌、人文环境及其所依存的地形地貌、河湖水系等自然景观环境，注重整体保护，传承传统营建智慧。统筹乡村建设与历史文化名镇、名村（传统村落）及历史地段、农业文化遗产、灌溉工程遗产的保护利用。

（三）农村人居环境整治提升

1. 推进农村厕所革命。以村为单位，扎实稳步推进农村厕所革命，从农民实际需求出发推进农村改厕，具备条件的地方可推广水冲卫生厕所。

2. 加强农村生活污水治理。统筹农村改厕和生活污水、黑臭水体治理，坚持改厕与保障供水和污水处理同步推进。积极推进农村生活污水资源化利用。

3. 加强农村生活垃圾治理。完善县、乡、村三级设施和服务，推动农村生活垃圾分类减量与资源化处理利用。探索农村建筑垃圾等就地就近消纳方式，推进生活垃圾源头分类减量，加强村庄有机废弃物综合处置利用设施建设，推进就地利用处理。

4. 加强村落环境绿化美化与村容村貌提升。开展环境整治工作，全面清理私搭乱建、乱堆乱放，整治残垣断壁，加强农村电力线、通信线、广播电视线"三线"维护梳理工作，整治农村户外广告。推进村庄美化绿化，深入实施村庄清洁行动和绿化美化行动。引导鼓励村民通过栽植果蔬、花木等开展庭院绿化。支持条件适宜地区开展森林乡村建设，实施水系连通及水美乡村建设试点。加强乡村风貌引导，编制村容村貌提升导则，突出乡土特色和地域特点。县级加强传统村落和历史文化名村名镇保护，积极推进传统村落挂牌保护，建立动态管理机制（图6）。

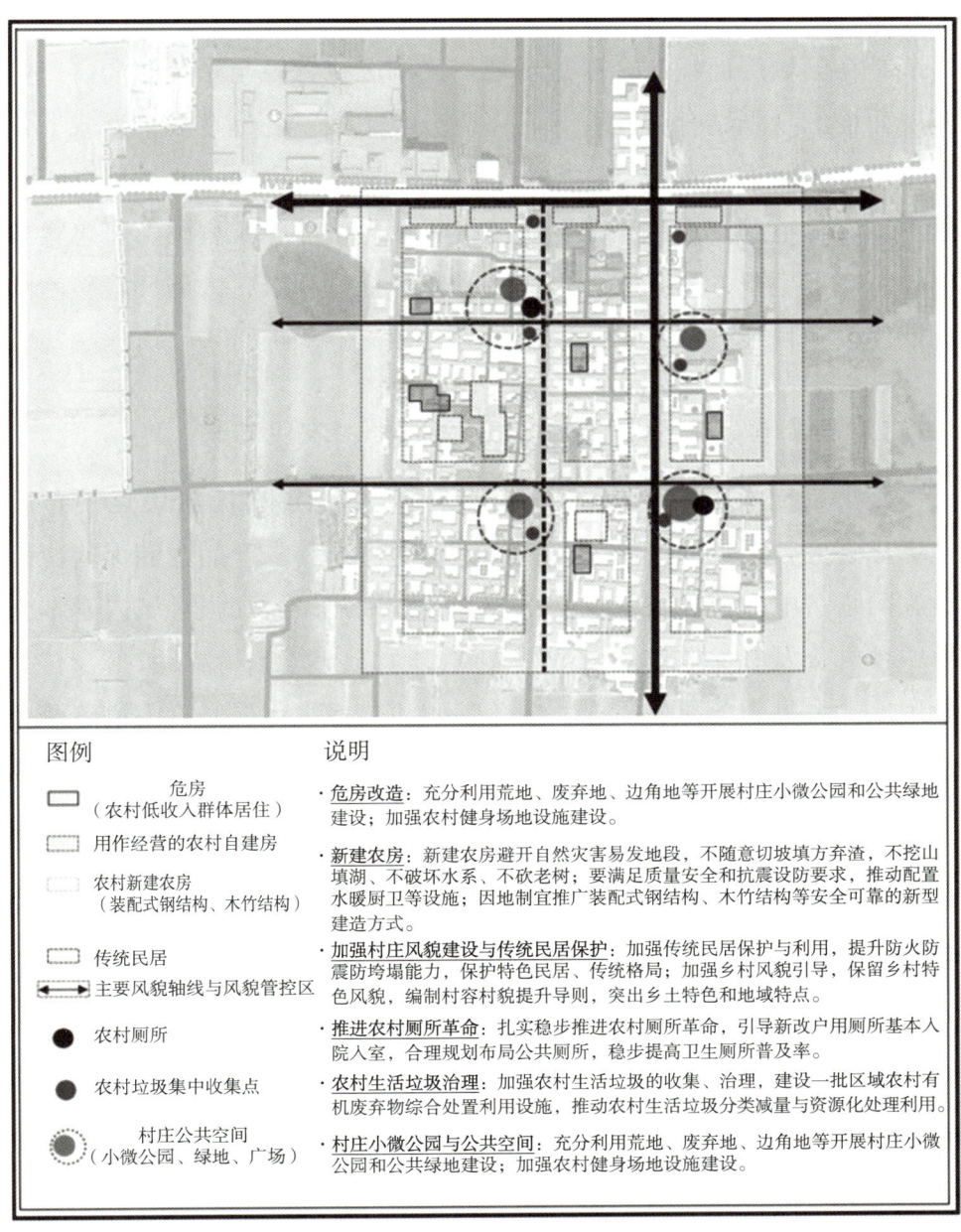

图例

□ 危房（农村低收入群体居住）

□ 用作经营的农村自建房

□ 农村新建农房（装配式钢结构、木竹结构）

□ 传统民居

◆—◆ 主要风貌轴线与风貌管控区

● 农村厕所

● 农村垃圾集中收集点

◉ 村庄公共空间（小微公园、绿地、广场）

说明

· **危房改造**：充分利用荒地、废弃地、边角地等开展村庄小微公园和公共绿地建设；加强农村健身场地设施建设。

· **新建农房**：新建农房避开自然灾害易发地段，不随意切坡填方弃渣，不挖山填湖、不破坏水系、不砍老树；要满足质量安全和抗震设防要求，推动配置水暖厨卫等设施；因地制宜推广装配式钢结构、木竹结构等安全可靠的新型建造方式。

· **加强村庄风貌建设与传统民居保护**：加强传统民居保护与利用，提升防火防震防垮塌能力，保护特色民居、传统格局；加强乡村风貌引导，保留乡村特色风貌，编制村容村貌提升导则，突出乡土特色和地域特点。

· **推进农村厕所革命**：扎实稳步推进农村厕所革命，引导新改户用厕所基本入院入室，合理规划布局公共厕所，稳步提高卫生厕所普及率。

· **农村生活垃圾治理**：加强农村生活垃圾的收集、治理，建设一批区域农村有机废弃物综合处置利用设施，推动农村生活垃圾分类减量与资源化处理利用。

· **村庄小微公园与公共空间**：充分利用荒地、废弃地、边角地等开展村庄小微公园和公共绿地建设；加强农村健身场地设施建设。

图 6　农房质量安全提升和村庄人居环境整治规划示意图

五、政策建议

（一）尽快编制村庄规划，从容建设、久久为功

一是在县域层面编制全覆盖规划，强调底线管控与系统布局。二是在村庄层面详细规划结合弹性引导，完善分类施策。三是在成果形式上强调好用管用实用，重点形成"六图一表"（县域城镇和村庄分类与空间布局规划图、农村道路交通工程图、防汛抗旱和供水保障工程图、普惠教育体系图、医疗卫生服务体系图、农房质量安全提升和农村人居环境整治图以及近期建设项目表）。

（二）县、乡、村分层联动，政府引导、农民参与

一是县域统筹布局、共建共享。包括优化乡镇村庄居民点的布局建设，优化县域公路交通网络、商业物流配送体系和农产品仓储保险冷链物流设施网络、电力保障与信息网络等基础设施建设，加强县域内基本公共服务城乡融合发展支撑作用，开展县域土地综合整治、盘活腾挪乡村存量建设用地。二是服务村庄需求、覆盖基础。包括优化提升村内道路及公共场地，推进村庄水源水质保护与小型供水工程标准化改造，因地制宜推进村庄适宜性污水处理设施建设，统筹教育、文化、医疗、养老的村级综合服务站点建设，探索村庄分布式低碳能源系统，引导和提升村庄整体风貌，进一步加强村基层组织建设等。三是强调村民主体、主动参与。注重发挥农民的主体作用，引导农民参与村庄规划、建设、管护全过程，完善农民投资投劳项目实施程序，引导地方更多采取雇工购料、以工代赈、工分制等方式带动农民开展乡村建设。

（三）完善组织推进机制，密切协调、加大投入

一是加强统筹协调，贯彻落实中央统筹、省负总责、市县乡抓落实的要求，县级党委政府细化具体措施推进各项任务在县域空间统筹融合，乡

级进一步细化落实并在村庄空间高效集成、在建设时序上上下衔接、在行动主体上互相协同。二是优化项目管理与实施评估考核，完善项目管理库管理制度、制定相应流程与管理办法，实施乡村建设评价，明确项目督导、奖惩以及退出等制度，确保乡村建设项目质量和实际效果。三是加强资金投入与保障，进一步加强财政资金对乡村建设行动的投入，强化乡村建设中长期信贷投入，引导社会资本投入农村，构建乡村建设多元投入格局。四是引导社会力量参与，为社会各方力量参与乡村建设提供制度保障、完善激励政策，加强高校人才培养与乡村建设的联系，完善推广乡村建设辅导员、村庄责任规划师、驻村设计师等制度。五是开展分区分类试点示范，分区域、分类型、有步骤地开展试点示范，围绕创新机制构建、优秀规划编制、优秀项目实施、优秀设施维护管理等方面，培育、挖掘一批成功实践案例，总结一批乡村建设示范模式，形成一批可复制可推广的经验做法。

课题组牵头人：张　悦
课题组成员：周政旭　闫　琳　宿佳境　郭　淞　李耀武
　　　　　　　韩昊庆

村庄改造技术路线和操作办法研究

天津大学建筑学院课题组

习近平总书记在党的二十大报告中提出"全面推进乡村振兴""统筹乡村基础设施和公共服务布局，建设宜居宜业和美乡村"。这是农业农村发展新的历史方位，也是"三农"工作新的历史使命。村庄改造是以既有村庄为对象，以生活空间为核心，对村庄空间形态、文化风貌和使用功能的优化调整和持续完善，主要包括提升乡村基础设施和公共服务设施，改善农村人居环境等方面。村庄改造是统筹乡村基础设施和公共服务布局、建设宜居宜业和美乡村的有效途径，是全面推进乡村振兴、促进城乡融合发展的重要举措，是让农民就地过上现代文明生活、促进农民农村共同富裕的必由之路。党的十八大以来，我国村庄改造扎实有序推进，农民生活条件明显改善，但仍面临着村庄改造精准性差异性体现不突出、系统化标准化工作体系不健全、兜底性普惠性基础性民生建设不明确等突出问题。国家乡村振兴局委托天津大学建筑学院组成课题组，从分析村庄现状和存在问题入手，就推进村庄改造的总体思路、技术路线、操作办法，以及提升村庄改造质量水平进行深入研究，提出对策建议。

一、我国村庄改造的进展成效和存在问题

党的十八大以来，我国村庄改造不断深入、不断扩展、不断加强，乡

村基础设施和公共服务水平逐步提升，农村人居环境明显改善，农村居民生活更加便利、快捷。据统计，农村自来水普及率达 84％，进村主要道路为水泥或柏油等硬化路的行政村达 99.1％，农村平均供电可靠率达 99.8％，农村互联网普及率达 57.6％；农村卫生厕所普及率超过 70％，生活垃圾进行收运处理自然村比例超过 90％，村庄基本实现干净整洁有序。农村生活环境从"摆脱脏乱差"逐步转变为"追求乡村美"，从满足农民基础生活需求逐步扩展到满足农民精神生活需求。村庄改造取得的成效，体现了党对"三农"工作的高度重视和持续关注。但是，我国乡村发展不平衡不充分问题仍然突出，对标农村基本具备现代生活条件的目标要求，村庄改造仍面临着一些困难问题。

（一）精准性差异化体现不突出

我国地域辽阔，不同地区村庄资源禀赋、区位优势差异大，乡村振兴发展存在显著的区域差异，总体上东部地区发展较好，中部地区居中，而西部地区则相对落后。一些地方在村庄改造中没有坚持因地制宜、分类施策，忽视原有生活习惯、地域特色，未能充分尊重地方自然资源禀赋、重视保护乡土文化价值，出现"千村一面"现象。

（二）系统化标准化工作体系不健全

中共中央、国务院印发的《国家乡村振兴战略规划（2018—2022年）》明确提出 4 种村庄类型及其分类发展策略，但在村庄改造过程中普遍缺乏系统化指导，标准化建设相对滞后，改造的科学性规范性急需提升。例如，目前尚未有明确用于确定村庄类别的指导性文件以及村庄改造涉及的公共基础设施和服务设施等方面的改造标准、规范等文件，村庄分类、等级标准、改造程序等尚处于空白阶段。一些地方村庄改造缺乏系统规划，未能准确定位村庄类别，有的甚至存在"头痛医头、脚痛医脚"现象。

（三）民生建设目标内容不明确

2016 年习近平总书记在重庆调研时就提出"做好普惠性、基础性、兜底性民生建设"。实施乡村建设行动，就是要推进农村兜底性、基础性、普惠性民生建设，不断提升农村基础设施和公共服务设施建设水平。中共中央办公厅、国务院办公厅印发的《乡村建设行动实施方案》明确提出了推动农村基础设施建设等 12 项重点任务，但在村庄改造过程中，各地缺乏统一的建设标准，不少地方民生项目建设存在目标不明确、内容不清晰等问题，在实际建设中缺少相关试点的经验参考，难以有效地发挥示范引导作用。加快健全完善兜底基础惠普建设体系指标、不断提升村庄改造建设的系统性和科学性十分迫切。

（四）技术人才支撑不到位

《"十四五"农业农村人才队伍建设发展规划》提出乡村人才振兴问题。当前，农村人才激励保障制度不完善，农村人才缺乏和流失的社会问题凸显，引才难、留才难成为乡村发展的突出短板。人才队伍建设步伐缓慢，知识型、技能型、创新型乡村产业经营管理队伍建设滞后，乡村振兴活力明显不足。

（五）农民主体参与不充分

乡村建设行动必须顺应村情民意，尊重农民主体地位，充分调动农民的积极性、主动性，但在村庄改造过程中，部分地区存在农民参与意识不强、"干部干、群众看"等现象。一些地方未能因地制宜、分类指导，有的村庄改造规划与实际脱节，有的建设主体对当地历史、文化风俗研究不深，有的对民意了解不透彻，未能结合农民群众实际需要分区、分类明确目标任务，导致农民对村庄改造不感兴趣甚至有抵触情绪，影响整体改造进度和成效。

（六）工作推进机制不健全

村庄改造上下联动、统筹协作、齐抓共管的工作格局尚未形成，不同部门间协调保障机制有待建立完善。村庄改造的操作办法和监管机制尚不健全，存在基础设施的建设、使用、管护等管理机制相互脱节缺失，管理维护主体不明确等诸多问题。

二、推进村庄改造的总体思路

党中央对"三农"工作始终高度重视，近年来随着乡村建设行动加快推进，城乡融合发展不断拓展，各类要素更多向乡村流动，为乡村振兴注入新动能，为村庄改造带来了新机遇。同时，村庄改造也面临着一些挑战，突出表现在：自然条件差异大，难以统一改造技术体系；经济发展不平衡，难以确定统一改造标准和内容；资金有限但需求量大，难以及时甄别确定改造重点；基层治理能力水平不一，难以规范实施改造路径。

在指导思想上，推进村庄改造应深入贯彻落实中共中央、国务院关于实施乡村振兴战略的部署要求，以建设宜居宜业和美乡村为导向，以农村基本具备现代生活条件为目标，着眼当前影响农民生活质量的突出问题，因地制宜分区、分类实施改造，建立健全农民参与机制和多元主体协同推进机制，不断完善法律法规和标准框架体系，持续提升农村基础设施、公共服务和人居环境水平，促进农业农村现代化，让农民就地过上现代文明生活。

在基本原则上，一是坚持问需于民、农民参与。结合农民需求、尊重农民意愿，合理确定村庄改造任务和项目建设标准，搭建和拓展农民参与村级公共事务平台，提高农民参与的积极性主动性。二是坚持因村施策、分类实施。根据各地经济社会发展水平和地域文化特色，依据不同类型村庄特点，分区域、差异化明确改造要求和建设重点，科学制定改造方案，不搞齐步走、"一刀切"。三是坚持统筹推进、重点突破。树立项目推进系统观念，先摸底后建设，合理安排改造时序，确保稳扎稳打。加快推进农村基础设施、人居环境、公共服务建设等重点任务，确保乡村改造取得实质性进展。四是坚持立足农村、留住乡愁。遵循乡村发展规律，突出地域特色和乡村特点，注重保护乡土味道，保护原始乡村风貌，留住田园乡愁。

在总体目标上，围绕村庄改造重点内容，有序推进全国村庄兜底性改造建设，加快农村基础设施建设，完善农村公共服务体系，改善农村人居环境，补齐短板弱项。依托城乡融合发展体制机制，推动公共基础设施往村覆盖，提升农村基础设施和公共服务质量，提高村民享受公共服务的可行性、便利性。力争到 2025 年，村庄改造取得实质性进展，农村人居环境明显改善，农村公共基础设施往村覆盖、往户延伸取得积极进展，农村基本公共服务水平稳步提升。

三、推进村庄改造的技术路线

依据各地资源禀赋、气候地形、经济发展、人文现状、工作基础等特征，结合《中华人民共和国国民经济和社会发展第十四个五年规划和2035 年远景目标纲要》对各区域发展要求及各省市工作经验，构建"五区五类"村庄改造思路，先分区、再分类制定村庄改造指引，参照指引进行摸底排查，在此基础上确定改造目标内容，制定改造行动方案。

（一）按照"五区五类"推进村庄改造

村庄发展受多种自然、社会经济因素影响，不同的自然条件决定着村庄改造的建造体系，各地经济条件制约着当地村庄所处的发展阶段，人文差异影响着整体的村庄结构等。这些因素相互影响、相互作用，共同决定着村庄发展的方向。推进村庄改造工作时，结合地区差异性、改造针对性、工作实效性，提出"五区五类"的总体思路，制定差异化的改造目标任务，保持乡村地域特色，聚焦短板弱项，促进城乡基础设施、公共服务融合，确保村庄改造工作沿着正确的方向发展，为全国村庄改造的政策、实践提供参考方式和操作抓手。

1. 五大分区。按照《中共中央关于制定国民经济和社会发展第十四个五年规划和 2035 年远景目标的建议》提出的"推动西部大开发形成新格局，推动东北振兴取得新突破，促进中部地区加快崛起，鼓励东部地区加快推进现代化"的要求，结合国家统计局划分的东北、东部、中部、西部四大分区，充分考虑西部地区跨度大以及地域经济、气候环境、建造体系差异较大的特点，将西部地区分为西北地区和西南地区，在此基础上将全国村庄改造划分为五区。一是东北振兴突破区，包括辽宁、黑龙江、吉林 3 省；二是东部优化推进区，包括北京、天津、河北、上海、江苏、浙江、福建、山东、广东、海南 10 省份；三是中部快速崛起区，包括山西、安徽、江西、河南、湖北、湖南 6 省；四是西北渐进发展区，包括内蒙古、陕西、甘肃、青海、宁夏、新疆 6 省份；五是西南多元协调区，包括广西、重庆、四川、贵州、云南、西藏 6 省份。

2. 五种分类。《国家乡村振兴战略规划（2018—2022 年）》中提出集聚提升类、城郊融合类、特色保护类和搬迁撤并类 4 种村庄类型。考虑到搬迁撤并类的村庄无需改造提质升级，未纳入此次研究范围。集聚提升类村庄占乡村类型的大多数，是乡村振兴的重点。此类村庄涵盖广、跨度大，且现有规模较大的中心村和其他仍将存续的一般村庄发展基础不同、总体定位不同、改造方向也不同，在实际改造过程中，辽宁、河北等一些地方省份将集聚提升类进一步细分为集聚建设类、稳步提升类两类，其中规模较大、具备一定发展潜力的村庄为集聚建设类，规模一般、长期存续的村庄为稳步提升类，保留城郊融合类和特色保护类村庄。此外，山东等一些地区对个别暂不能确定发展方向的村庄归类为暂不确定类。综上，根据资源禀赋、产业基础、经济条件等特征，确定类别划分，将村庄改造共分为集聚建设类、稳步提升类、城郊融合类、特色保护类、暂不确定类等五类。

集聚建设类。现有规模相对较大、具有一定发展潜力的村庄（中心村）。其主要特征是：人口规模相对较大、区位交通条件相对较好、配套设施相对齐全、产业发展有一定基础，对周边村庄能够起到一定辐射带动作用。该类村庄改造需科学确定发展方向，在原有规模基础上有序推进改造提升，以便进一步激活产业、优化环境、提振人气、增添活力。

稳步提升类。仍将长期存续的一般村庄。其主要特征是：人口规模相对较少、配套设施建设不足、特色不明显、发展潜力一般，需要依托附近聚集建设类村庄共同发展。该类村庄改造需结合不同地域条件及主体功能划分，因地制宜地制定改造和建设目标，补齐村庄设施短板、强化村庄人居环境整治、塑造乡村特色风貌。

城郊融合类。城市近郊区、县城所在地的村庄。其主要特征是：能够承接城市功能外溢，满足城市消费需求，具有成为城市后花园的优势，具备向城市转型的条件。该类村庄改造需综合考虑工业化、城镇化和村庄自身发展需要，围绕城乡产业融合发展、基础设施互联互通、公共服务共建共享，在形态上保留乡村风貌，在治理上体现城市水平，在功能上强化服务城市发展。

特色保护类。历史文化名村、传统村落、少数民族特色村寨、特色景观旅游名村等自然历史文化特色资源丰富的村庄。其主要特征是：保留文物古迹、历史建筑、传统民居等传统建筑或者具备一定非物质文化要素，具有彰显和传承中华优秀传统文化的能力。此类村庄改造需切实保护村庄的传统选址、格局、风貌以及自然和田园景观等整体空间形态与环境，尊重原住居民生活形态和传统习惯。可以合理利用村庄特色资源，发展乡村旅游和特色产业，形成特色资源保护与村庄发展的良性互促机制。

暂不确定类。暂时看不准、发展前景不明确的村庄。该类村庄改造以兜底性人居环境整治工作为主，根据村庄发展情况再作进一步中长期改造规划。

（二）分区分类明确村庄改造指引

1. 不同分区改造侧重方向。东北振兴突破区重点是以补充、完善保障民生类项目为主，形成兜底保障的村庄示范样板。东部优化推进区重点是打造高标准建设、高水平服务的示范性样板。中部快速崛起区重点是推进村庄基础设施及公共服务设施补足及配置达标工作，持续推进村庄公共空间整治，塑造乡村特色风貌。西北渐进发展区重点是补齐村庄道路设施短板，提高供电能力和质量，发展新能源产业并普及技术。西南多元协调区重点是改善村庄生产、生活条件，加强用电、供水、垃圾处理、通信网络等建设，强化水源保护和水质保障，塑造村庄整体风貌。

2. 不同分类改造重点内容。集聚建设类村庄：强化示范引领、增强辐射带动作用。统筹安排各类空间资源，明确改造任务及时序，科学布局乡村"三生"（生产、生活、生态）空间。重点提升村庄基础设施建设、完善公共服务体系，持续改善农村人居环境，增强对周边村庄的带动服务能力。发挥自身比较优势，强化主导产业支撑，支持农业、工贸、休闲服务等专业化村庄建设，推动乡村产业融合。注重保护保留乡村风貌，体现不同地域新时代乡村风貌。具体来讲，东北地区重点是理清发展思路，补齐基础设施，凸显景观风貌；东部地区重点是凸显生态宜居，提升规范标准，加强示范带动；中部地区重点是活化产业空间，完善基础设施，提升风貌环境；西北地区重点是保持乡土地域特色，完善基础设施，提升公共服务；西南地区重点是建设公共基础设施、基本生活设施，提升安全卫生保障。

稳步提升类村庄：有序推进建设，实现自身提质增效。坚持因地制宜、量力而行，从村民需求实际出发，以安全、经济、方便群众为原则，补齐村庄基础设施短板，加强人居环境整治提升，推动基本公共服务县域统筹。有效盘活存量用地，对残旧房屋、废弃宅院等进行合理利用，在原有规模基础上推进改造提升，保护保留乡村风貌。具体来讲，东北地区重点是深入推进农村公共基础设施建设，开展地域特色乡村民居建筑示范，着力发展新产业新业态；东部地区重点是加快公共服务县域统筹，合理配置公共服务和生产服务设施，提升民生服务质量；中部地区重点是完善基础设施建设，因地制宜改善农村人居环境，凸显生态治理；西北地区重点是巩固基础设施建设成果，着力改善农牧区人居环境，推进可再生能源利用；西南地区重点是逐步完善基础设施建设，增加公共服务供给，突出保护乡土文化和地域民族特色。

城郊融合类村庄：注重联建共享、推动城乡均衡发展。以城乡融合、联建共享为原则，加快基础设施互联互通、公共服务共建共享，完善城乡融合发展体制机制。利用村庄区位等优势，加快打通城乡要素平等交换、双向流动的制度性通道，使其成为新型城镇化的重要纽带。具体来讲，东北地区重点是提升农村人居环境品质；东部地区重点是建立城乡一体化发展格局，促进城乡要素双向流动；中部地区重点是逐步推进城乡一体化发展，引导各类人才向农村流动；西北地区重点是建设成为服务"三农"的重要载体和面向周边乡村的生产生活服务中心；西南地区重点是推进城乡一体的市政设施和城乡均衡的公共服务设施建设。

特色保护类村庄：坚持保护优先、突出乡村传统风貌。在保持村庄完整性、真实性和延续性的基础上，优先完善村庄环境整治和兜底性基础设施建设工作，为村民提供符合当地特色、与经济社会发展水平相适应的宜居环境。利用好村庄特色资源大力发展乡村旅游等特色产业，明确产业及配套设施的空间布局，制定村庄整体风貌提升措施及历史文化遗产和乡土特色保护要求，逐步形成特色资源保护与村庄产业融合发展的良性互促机制。具体来讲，东北地区重点是提升村庄整体风貌，传承村庄文化底蕴；东部地区重点是注重历史文化传承，推进村庄建设整治；中部地区重点是开发特色资源保护，完善公共服务水平；西北地区重点是塑造民族特色村寨，丰富村庄基础设施；西南地区重点是保护传统民族风貌，强化旅游设施功能。

暂不确定类村庄：保障基本民生、补齐乡村建设短板。重点是以满足基本需求、强化兜底保障为目标导向，加快补齐乡村建设短板，保障现有农村基础设施、公共服务稳定运行。在维持村民基本生产生活水平的基础上，注重完善必要的公共服务设施，统筹安排危房改造、闲置和废弃宅基地整理、基本人居环境整治等工作，巩固好脱贫攻坚成效。挖掘乡村各类功能和价值，统筹谋划农村发展建设。具体来讲，东北地区重点是突出生态保护与修复，提升地区环境质量；东部地区重点是优化乡村空间布局，深入开展常态化村庄清洁行动；中部地区重点是激活乡村地区经济活力，推进农村环境改善提升；西北地区重点是完善乡村基础性项目建设，加强村庄风貌和人居环境整治；西南地区重点是加强防灾减灾设施建设及农房抗震改造，补齐乡村建设短板。

（三）运用清单制开展村庄改造

各地区依据村庄改造指引开展建设摸底调查，全面摸清村庄建设基本信息，形成系统全面、内容完善、数据翔实、查询方便的村庄改造数据库，为后续工作提供必要的基础支撑。摸底调查围绕基础设施、公共服务设施、居住设施、生产设施、治理服务等 5 个方面，以国家相关政策文件、行业标准、团体标准、各省市级最低标准作为评判依据，通过现场调查、文件记录核查等方式进行调研，确定是否存在此调查单项或是否达到所在分区村庄建设要求的最低标准，达到勾选"有"，没达到勾选"无"；将地方行业标准、地方团体标准中的建设标准作为等级评价依据，评价等级由各省市自行确定。最终将村庄建设事项以及农民群众关心关注的事务细化为改造清单，形成流程化、规范化的村庄改造方式。

四、推进村庄改造的操作办法

为规范引导全国村庄改造工作，稳步推进村庄建设，为各级政府和地方机构提供可参考的工作路径，按照"改一样成一样、用一样好一样"的总思路，提出村庄改造"1238"行动方案。一个核心目标，即建设宜居宜业和美乡村。两个重点方向，即保障基本生产生活需求和提升人居环境品质。三个着力点，即补短板、保安全、激活力。八个工作步骤，一是开展摸底调查，了解村庄建设基础现状；二是按照"五区五类"内容，确定村庄所属分区、分类；三是结合分区、分类建设指引，因地制宜确定改造目标，科学制定村庄改造内容清单；四是合理编制村庄改造规划设计方案，明确资金来源、使用方式及管理部门；五是尊重农村实际，充分征询农民对村庄改造的意见；六是鼓励农民积极参与村庄改造全过程，突出农民主体；七是相关行政主管部门对村庄改造的进展情况和建设成效进行监测和检查验收；八是总结推广村庄改造的好经验、好做法。

各地可在"1238"行动方案的基础上，结合实际制定出台相关配套政策和实施细则。

五、有关建议

为科学、有序推进全国村庄改造，助力建设宜居宜业和美乡村，结合当前实际，提出以下工作建议。

（一）以县级为主体开展改造摸底排查

县级层面在改造前采取自下而上的方式，开展村庄现状摸底排查，全面摸清村庄建设基本信息，细化各类别村庄建设标准和主要建设内容，不搞"齐步走、一刀切"，逐级建立档案。统筹全县"一盘棋"，推动相关业务部门开展数据共享和业务协同，实现对各类信息的统一分析、研判、归类和综合处理，形成和完善村庄改造基础数据库。

（二）分区分类制定改造清单和实施方案

各省市按照分区定位、分类指导的总体原则，明确村庄改造总体要求、重点任务、建设标准、推进机制、保障措施等，有效指导和推动各市、县村庄改造的具体工作开展。各县坚持因地制宜、统筹推进、重点突破、突出特色，围绕基础设施、公共服务、人居环境等方面，明确建设目标、制定实施方案、细化任务清单，稳步推进村庄改造各项任务落实。

（三）强调兜底性保障，推进基础设施足额达标

各县依据摸底排查，确定民生建设单项是否存在问题或达到标准要

求，保证村庄改造全面覆盖兜底性民生保障内容。提高乡村基础设施建设及公共服务整体水平，完成既有村庄满足生存基本保障的基础设施建设，推动农村科教文卫体等公共服务的不断健全及水平达标。东北振兴突破区重点是补充、完善保障民生类项目的实施，主要针对中心村、城郊村等的生活用水、用电、垃圾处理、公路交通等公共服务（基础）设施与城市连通、共享开展建设，形成兜底保障的村庄示范样板。东部优化推进区重点是围绕统筹乡村公共服务布局，探索建立城乡一体化发展格局，促进城乡要素双线流动。中部快速崛起区重点是推进村庄基础设施及公共服务设施缺失及配置不达标的梳理工作，针对道路畅通、供水保障、清洁能源利用、通信网络等配置内容补足补齐，推进村庄公共空间整治，满足现代农村生产生活需求，塑造乡村特色风貌。西北渐进发展区重点是按照"补缺、提质、一体"的要求，补齐村庄道路硬化，针对农村供水、能源保障、污水处理、垃圾处理等公共服务设施提升开展专项工作，提高供电质量和农牧区电网改造升级力度。发展太阳能、风能等新能源产业及技术普及应用。西南多元协调区重点是以改善农村最急需、最直接、最基本的生产生活条件为主要内容，加强基础设施和公共服务体系建设，保障提供农村用电、供水、垃圾处理、通信网络等公共服务设施，强化水源保护和水质保障，挖掘和提炼村庄自然、人文要素及建筑特色，塑造村庄整体风貌。

（四）强化政府规范化指导

国家层面研究制定新时代推进村庄改造的指导意见，指导地方分区、分类科学推进改造。组织专家研究制定村庄改造技术路线导则，推进改造标准化规范化。各省市在村庄改造的组织与宣传、支持与服务、落实与保障、监督与验收等方面，积极探索和建立适合当地的工作机制和路径，构建科学精准的乡村建设体系，推进农村建设工作标准化、规范化。

（五）加大适宜技术研发力度

各省市积极组织开展村庄改造适宜技术的开发研究，推进绿色低碳的生态化改造，形成标准化的技术、措施及科普文件，加大相应培训和宣传力度。推动多层次技术合作，研究构建科学精准的乡村改造标准技术体系，有效转化为地方标准、导则等。组织社会专业力量加强技术指导，参与村庄改造项目计划制定、现场指导改造、技术实施等，支持村庄低碳节能的提升改造。

（六）发挥高校联盟优势建立实践基地

充分发挥乡村建设高校联盟及各专项委员会的科研和人才优势，探索有关村庄改造规划、建设、管理、运维的机制和路径，帮助制定地方标准、规范等。开展村庄改造的适宜技术体系研究。积极推进校地合作、联盟与地方合作，开展村庄改造实践示范。以创新性、实用性、专业性为目标，探索村庄改造专业人才培养模式，鼓励建立实践教学基地，鼓励专业教学、科研团队扎根乡村，开展陪伴式建设指导服务，实现在教学中实践、实践中教学，带动、培养乡村建设工匠的专业技术能力和素养，带动地方乡村建设能力提升。

（七）打造高标准示范样板

对标党的二十大提出的"农村基本具备现代生活条件"，按照《乡村建设行动实施方案》要求，紧紧围绕宜居宜业和美乡村建设，打造不同区域、不同类型的村庄改造示范样板，探索推进改造的政策体系、技术模式、体制机制，形成可复制可推广的先进经验，带动全国面上村庄改造工作。尤其是东部优化推进区应以建设生态美、环境美、人文美、管护水平高的和美乡村作为目标，参照城市标准将交通、供水、供电、生活用水、垃圾处理、医疗、教育、养老等设施及服务向农村延伸，打造一批村庄改造典型案例，建立高标准建设的示范性样板，为各地推动村庄改造工作提质升级提供参考。

（八）加大宣传引导力度

充分发挥基层组织的动员作用，引导村集体、合作社、村民等全程参与村庄改造规划、建设、设施管护等环节，提高村民共建、共治、共管、共享的参与性和荣誉感。充分借助广播电视、报纸杂志等传统媒体及新媒体平台，大力宣传各地区各部门推进村庄改造的经验做法，鼓励社会各界积极参与村庄改造工作，营造良好的舆论氛围。

课题组牵头人：朱　玲
课题组成员：曾　鹏　赵　迪　张昕楠　王志刚　苗展堂
　　　　　　张明宇　胡一可　郝卫国　郭娟利　王冠祺
　　　　　　田靖雯　任晓桐

乡村建设行动典型调查与对策建议报告

——基于东中西部及东北地区 200 个村的调查分析

中国扶贫发展中心
"乡村振兴典型调查项目"课题组

《乡村建设行动实施方案》对乡村建设行动进行了全面部署，为及时了解不同区域乡村建设行动进展情况，比较区域差异，挖掘亮点做法，发现问题短板，提出对策建议，中国扶贫发展中心联合中国人民大学、中国农业大学、华中师范大学和国家统计局民调中心在全国 20 个省份的 20 个县中选取 200 个村开展实地调查，形成调查报告，摘要如下。

一、乡村建设行动进展情况

（一）乡村规划和建设

2022 年上半年，近八成调查村完成了村庄规划编制工作；乡村建设规划制度制定情况相对较好，特别是东部及东北地区在村庄分类、村庄规划和乡村建设权责明晰方面较中西部地区进展速度快，推进程度高；中西部地区村庄分类相对缓慢，主要处于观察和论证阶段，对如何开展村庄分类尚不清晰，进展分别为 52.0% 和 50.0%（表 1）。

表 1　调查村乡村规划和建设情况

时间	类型	指标	调查村 200 村	西部 100 村	中部 50 村	东部 40 村	东北 10 村
2021 年	规划	编制村庄规划的行政村比例/%	77.5	76.0	76.0	82.5	80.0
2022 年 上半年	推进机制	有"乡村振兴为农民而兴、乡村建设为农民而建，坚持自下而上、村民自治、农民参与"具体办法的行政村比例/%	80.0	83.0	62.0	90.0	100.0
	村庄分类 村庄撤并	已完成村庄分类的行政村比例/%	61.0	50.0	52.0	92.5	90.0
		存在拆旧村、建新村现象的行政村比例/%	7.0	6.0	2.0	17.5	0.0
	乡村建设 项目权责	有明晰乡村建设项目产权办法的行政村比例/%	55.0	56.0	44.0	55.0	100.0
		编制了村庄公共基础设施管护责任清单的行政村比例/%	85.5	85.9	82.0	85.0	100.0

1. 村庄规划编制情况。 调查村村庄规划编制完成比例为 77.5%，其中东部和东北地区分别为 82.5% 和 80.0%，中部和西部均为 76.0%。

2. 乡村建设推进机制情况。 调查村通过村民代表大会讨论表决形成"乡村振兴为农民而兴、乡村建设为农民而建，坚持自下而上、村民自治、农民参与"具体办法的行政村比例为 80.0%，其中西部、东部和东北地区比例均超过 80%，中部地区推进较慢，比例仅为 62.0%，低于调查村均值。

3. 村庄分类情况。 调查村已完成村庄分类的行政村比例为 61.0%，其中东部和东北地区均超过 90.0%，中部和西部分别为 52.0% 和 50.0%。

4. 村庄撤并情况。 东部地区村庄撤并和村庄分类工作相辅相成，拆旧村建新村比例相对较高，为 17.5%，是中部的 8.8 倍、西部的 2.9 倍。

5. 乡村建设项目权责明晰情况。 调查村明晰了乡村建设项目产权办法以及村庄公共基础设施管护责任的行政村比例分别为 55.0% 和 85.5%。

其中西部、中部和东部明晰乡村建设项目产权办法的比例均在 50.0% 左右，编制了村庄公共基础设施管护责任清单的比例均在 80.0% 左右，区域间差异不大；东北地区两项指标均达到了 100.0%。

（二）乡村建设行动八大工程实施情况

1. 农村道路实现基本畅通。 2021 年，调查村道路硬化的行政村比例和自然村比例分别达到 98.0% 和 95.1%（表 2），其中中部两项指标均达到 100.0%；中部和东北地区具备条件的建制村全部实现通客运班车。相比之下，西部农村道路基础设施有待加强，村内入户道路硬化比例和通客运班车行政村比例均最低，分别为 83.0% 和 74.0%。

表 2　2021 年调查村道路建设情况

	指标	调查村 200 村	西部 100 村	中部 50 村	东部 40 村	东北 10 村
道路硬化	通硬化路的行政村比例/%	98.0	96.0	100.0	100.0	100.0
	通硬化路的自然村比例平均数/%	95.1	91.9	100.0	97.8	92.5
	村内入户道路硬化比例平均数/%	90.4	83.0	96.5	98.8	99.4
客运班车	通客运班车的行政村比例/%	85.0	74.0	100.0	90.0	100.0

2. 农村供水保障水平巩固提升，自来水入户比例相对较好。 2021 年，西部和中部调查村实现集中供水农户比例差距不大，分别为 74.9% 和 79.8%（表 3）；调查村自来水入户比例为 85.7%，其中东北地区、东部和中部比例分别为 97.0%、95.2% 和 86.0%；西部自来水入户比例低于调查村均值，为 80.7%。户级数据显示，全部调查户家中接通自来水比例为 93.7%（表 4），其中东北地区实现了全覆盖，东部和中部接近100.0%，分别为 99.8% 和 99.2%，西部为 89.8%。

表 3　2021 年调查村供水保障工程建设情况

指标	调查村 200 村	西部 100 村	中部 50 村	东部 40 村	东北 10 村
实现集中供水农户比例/%	—	74.9	79.8	—	—
自来水入户比例/%	85.7	80.7	86.0	95.2	97.0

注：东部、东北地区未统计实现集中供水农户数量。

表 4　2021 年调查户自来水入户情况

指标		全部 2506 户	西部 1483 户	中部 505 户	东部 412 户	东北 106 户
自来水普及率	接通自来水的农户比例/%	93.7	89.8	99.2	99.8	100.0

3. 通村电网可靠程度较高，农业生产用电问题基本解决。 2021 年，调查村中供电可靠的行政村比例为 97.0%（表 5），其中中部和东北地区均已达到 100.0%，东部为 97.5%，西部为 95.0%。西部通村电网问题主要集中在青海某县，10 个调查村中有 3 个村通村电网可靠程度为一般，有 1 个村尚未通电。调查了解，该村所在镇是该县最偏远的乡镇之一，而该村是离镇和公路都较远的村，由于架设电线难度大而未拉电网，农户日常工作生活中主要使用太阳能供电。户级数据显示，全部调查户所在村民小组通农业生产用电的比例为 86.1%（表 6），其中东北地区为 98.1%，显著高于其他地区。此外，经济发展情况较好、农业生产用电保障水平理应更高的东部仅为 74.0%，在全部调查区域内处于最低水平，其中福建某市、山东某区和江苏某区这三个调查区域农业用电保障水平较低，原因分析，主要是该区域城镇化率较高，从事农业生产的调查户比例较低，对农业生产用电关注度也低，受访时多数理解为村民小组未通农业生产用电。

表 5　2021 年调查村电力能源使用情况

类型	调查村 200 村	西部 100 村	中部 50 村	东部 40 村	东北 10 村
通村电网供电可靠的行政村比例/%	97.0	95.0	100.0	97.5	100.0
通村电网供电一般的行政村比例/%	2.5	4.0	0.0	2.5	0.0

（续）

类型	调查村 200 村	西部 100 村	中部 50 村	东部 40 村	东北 10 村
通村电网供电不可靠的行政村比例/%	0.0	0.0	0.0	0.0	0.0
未通电的行政村比例/%	0.5	1.0	0.0	0.0	0.0

表 6　2021 年调查户所在村民小组通农业生产用电情况

类型		全部 2506 户	西部 1483 户	中部 505 户	东部 412 户	东北 106 户
农业生产 用电	所在村民小组通农业生产用电 农户比例/%	86.1	87.7	88.7	74.0	98.1

4. 冷链设施建设和仓储物流配送亟待提升。2022 年上半年，调查村内建有冷链加工厂的行政村比例为 18.5％（表 7），实现冷链物流配送的行政村比例为 33.5％。相比而言，西部和东北地区的冷链水平稍高，特别是东北地区实现了冷链配送村级全覆盖；调查村离最近快递配送点平均距离为 4.6 公里，青海某县调查村距离最远，为 27.7 公里，是调查村均值的 6 倍之多。调查村内物流运输全部覆盖的行政村比例为 79.5％，其中东北地区实现物流运输村级全覆盖，其次是东部，为92.5％。户级数据显示，全部调查户能够实现快递进村和村内邮寄快递的比例分别为 72.0％和 64.4％（表 8），其中东部和中部数据相对较好，两项指标均超过调查村均值。

表 7　2022 年上半年调查村农产品仓储保鲜冷链物流设施建设工程情况

类型	指标	调查村 200 村	西部 100 村	中部 50 村	东部 40 村	东北 10 村
冷链	建有冷链加工厂的行政村比例/%	18.5	22.0	14.0	15.0	20.0
	实现冷链物流配送的行政村比例/%	33.5	36.0	20.0	27.5	100.0
物流	村离最近的快递配送点平均距离/ 公里	4.6	6.3	3.4	2.3	2.7
	物流运输全部覆盖的行政村比例/%	79.5	76.0	72.0	92.5	100.0

表 8　2021 年调查户物流运输情况

指标		全部 2506 户	西部 1483 户	中部 505 户	东部 412 户	东北 106 户
物流运输	选择快递能送到村的农户比例/%	72.0	66.2	74.0	88.3	79.2
	选择村里能寄快递的农户比例/%	64.4	61.0	67.1	75.7	56.6

5. 数字乡村建设加速发展，西部在基础设施建设、数字化设施投入、数字技能培训和电商服务方面相对滞后。基础设施方面，2022 年上半年，调查村家庭宽带平均入户率为 82.6%（表 9），区域间发展相对平衡；村庄数字化基础设施平均投入为 17.2 万元，东部和中部地区投入达到或超过 27.0 万元，超出西部地区 3 倍之多。数字管理方面，调查村上半年当期开展数字技能培训频率较低，平均为 2.0 次；2022 年上半年，调查村内建设电商服务中心的行政村比例为 53.0%，通过信息技术实现村务公开的行政村比例为 76.3%。相对而言，东北地区数字管理工作较好，全部村庄均建有电子商务服务中心并通过信息技术实现村务公开。

表 9　2022 年上半年调查村数字乡村建设情况

类型	指标	调查村 200 村	西部 100 村	中部 50 村	东部 40 村	东北 10 村
基础设施	家庭宽带平均入户率/%	82.6	76.3	86.7	92.9	84.2
	村庄数字化基础设施平均投入/万元	17.2	8.7	27.3	27.0	13.2
数字管理	信息技术实现村务公开的行政村比例/%	76.3	65.9	74.4	98.9	100.0
	数字技能培训平均次数/次	2.0	2.1	1.5	1.5	6.3
	建有电子商务服务中心的行政村比例/%	53.0	48.0	68.0	35.0	100.0

6. 村级综合服务设施提升工程显著完善。2022年上半年，98.0%（表10）的调查村建有村级综合服务中心，92.5%的调查村建有公共休闲文化广场，86.5%的调查村建有公共体育场所。2021年，调查村村庄一站式便民服务设施配套完善的行政村比例达到93.0%。

表10　调查村村级综合服务设施提升工程

时间	指标	调查村 200村	西部 100村	中部 50村	东部 40村	东北 10村
2022年 上半年	有村级综合服务站（或中心）的行政村比例/%	98.0	97.0	98.0	100.0	100.0
	建有公共休闲文化广场的行政村比例/%	92.5	88.0	94.0	100.0	100.0
	建有公共体育场所村庄的行政村的比例/%	86.5	81.0	88.0	95.0	100.0
2021年	村内一站式便民服务设施配套完善的行政村比例/%	93.0	86.0	100.0	100.0	100.0

7. 农房质量安全提升工程稳步推进，中西部地区住房安全保障仍是巩固衔接期的重点任务。2022年上半年，西部和中部调查村中累计危房改造户108户（表11），其中西部数量最多，共85户，主要集中在青海称多县尕青村，共59户。户级数据显示（表12），中西部1988户调查户中，西部有39.1%、中部有12.8%的农户曾是危房改造户，现已全部完成危房改造；80.0%左右的调查户住房结构类型是砖木结构或者是砖混结构；西部有6户调查户认为住房不安全，主要原因是存在房屋老旧、容易浸水、局部开裂等问题，其中有5户上报了住房安全问题，且2户问题得到解决，其余3户尚在等待解决中；中部有16.8%的调查户、西部有10.3%的调查户在本村外购置或租用住房，主要原因是在外打工需要购置房屋或者租房。2022年上半年，调查村中已实施农房质量安全提升工程的行政村比例为40.0%，已完善农村房屋建设标准的行政村比例为82.5%。

表 11 2022 年上半年调查村农房质量安全提升工程建设情况

指标	调查村 200 村	西部 100 村	中部 50 村	东部 40 村	东北 10 村
现有危房总户数*/户	108.0	85.0	23.0	—	—
解决住房安全问题户数/户	38.0	18.0	20.0	—	—
已实施农房质量安全提升工程的行政村比例/%	40.0	43.0	32.0	35.0	70.0
已完善农村房屋建设标准的行政村比例/%	82.5	83.0	80.0	85.0	80.0

注：东部和东北地区没有统计危房改造数据。
* 危房户数包括上一年未解决住房安全的农户数以及当季新增户数。

表 12 2021 年调查村农户住房情况

类型	全部 2506 户	西部 1483 户	中部 505 户	东部 412 户	东北 106 户
调查户是危房改造户的比例/%		39.1	12.8		
调查户不同住房结构类型的比例/%					
1. 砖木结构		40.8	9.7		
2. 砖混结构		39.2	68.4		
3. 钢筋混凝土结构		17.5	20.0		
4. 钢结构		0.2	0.4	—	—
5. 其他		2.3	1.5		
调查户住房安全的比例/%		99.5	100.0		
调查户在本村外购置或租用住房的农户比例/%		10.3	16.8		

注：东部和东北地区未统计相关数据。

8. 农村人居环境质量逐步提升。 卫生厕所普及方面，2022 年上半年，调查村卫生厕所普及率为 84.4%（表 13），其中中西部相对发展较慢，普及率分别为 82.2% 和 77.0%，均低于调查村均值，青海某县 10 村和宁夏某县 10 村中分别有 6 个和 5 个行政村未进行户厕改造。调查了解，其主要原因是调查村处于干旱缺水地区，加之冬天温度低，卫生厕所不适宜当地气候地理环境，目前仅在个别村开展了改厕试点工作。生活污水乱排乱放管控方面，2022 年上半年，调查村中 85.0% 以上的村庄对生活污水乱排乱放问题进行了管控；农村黑臭水体基本消除，村内及村庄周边全部水体清洁干净无黑臭比例均达到 90.0％以上。青海某县某镇某村多数水体存在黑臭现象；中部地区江西某市 3 个村以及湖南某县 1 个村还存在少数水体黑臭现象。户级数据显示，全部调查户家里或所在自然村有污水处理设施的比例低于 50.0％，其中东部显著高于其他区域，为 88.1％（表14）。生活垃圾收运处置方面，2022 年上半年，调查村建立农村生活垃圾收运处置体系的行政村比例为 94.0％，其中西部为 89.0％，低于调查村均值。户级数据显示，西部仍有 12.5％的调查户通过焚烧方式处理生活垃圾。调查村中实现农村垃圾源头分类减量与利用的行政村比例为75.5％，其中西部仅为 62.0％。村貌提升方面，2022 年上半年，调查村"四旁"（水旁、路旁、村旁、宅旁）绿色建设比例为 87.2％，其中东北地区、东部及中部均高于调查村均值，分别为 95.0％、93.1％和 91.7％，西部为 81.7％。

表 13　2022 年上半年调查村厕所改造、垃圾、污水治理及村貌提升情况

类型	指标	调查村 200 村	西部 100 村	中部 50 村	东部 40 村	东北 10 村
厕所改造	卫生厕所普及率/％	84.4	82.2	77.0	98.3	88.8
污水治理	对生活污水乱排乱放问题进行管控的行政村比例/％	87.4	80.8	88.0	100.0	100.0
	村内及村庄周边全部水体清洁干净无黑臭的行政村比例/％	95.5	94.9	92.0	100.0	100.0
	少数水体黑臭的行政村比例/％	4.0	4.1	8.0	0.0	0.0
	多数水体黑臭的行政村比例/％	0.5	1.0	0.0	0.0	0.0
	全部水体黑臭的行政村比例/％	0.0	0.0	0.0	0.0	0.0
垃圾治理	建立生活垃圾收运处置体系的行政村比例/％	94.0	89.0	98.0	100.0	100.0
	开展生活垃圾源头分类减量与利用的行政村比例/％	75.5	62.0	88.0	87.5	100.0
村貌提升	实施农村"四旁"（水旁、路旁、村旁、宅旁）绿色的自然村比例/％	87.2	81.7	91.7	93.1	95.0

表 14　2021 年调查户人居环境整治行动参与情况

类型	指标	全部 2506 户	西部 1483 户	中部 505 户	东部 412 户	东北 106 户
污水处理设施	家里或所在的自然村有污水处理设施的农户比例/%	43.1	31.8	38.8	88.1	46.2
垃圾处理	家中的垃圾平时统一拿到垃圾收集点的农户比例/%	61.7	69.0	60.4	51.9	4.7
	垃圾有专车上门收集运走的农户比例/%	29.3	17.7	34.4	47.9	94.2
	垃圾随便扔的农户比例/%	0.8	0.5	2.4	0.0	0.9
	垃圾焚烧处理的农户比例/%	8.0	12.5	2.8	0.0	0.0
	采用其他方式处理家中的垃圾的农户比例/%	0.2	0.3	0.0	0.2	0.0

（三）三项公共服务行动

1. 基本公共服务持续推进，村级普惠性幼儿园和乡村互助型社区养老机构建设有待提高。一是教育。2021 年，调查村学前教育资源供给总体较低，建有幼儿园的行政村比例只有 49.5%（表 15），但适龄幼儿在园比例普遍较高，达到 96.6%，调查了解，村里的孩子大多是在乡镇上学。二是医疗。2021 年，调查村村级医疗资源分布较均衡，平均每村有 1 个村级标准化卫生室，配有至少 1 名执业（助理）医师资格的村医。三是养老。调查村 60 岁老年人口比例为 18.3%；建有村级互助养老和机构养老的行政村比例为 39.5%，享受村级养老机构服务的老年人比例为 10.0%，集中在东部和东北地区，分别为 19.3% 和 13.9%。

表 15　2021 年调查村教育医疗养老情况

类型	指标	调查村 200 村	西部 100 村	中部 50 村	东部 40 村	东北 10 村
教育	建有幼儿园的村庄比例/%	49.5	62.0	36.0	47.5	0.0
	适龄儿童在园比例/%	96.6	97.2	99.6	90.8	99.9
	村里孩子主要上学地点	本乡镇	本乡镇	本乡镇	本乡镇	本乡镇

（续）

类型	指标	调查村 200 村	西部 100 村	中部 50 村	东部 40 村	东北 10 村
医疗	村级标准化卫生室村均数/个	1.1	1.1	1.1	1.2	1.0
	执业（助理）医师资格的村医均数/人	1.4	1.4	1.4	1.7	1.0
养老	60 岁以上老年人比例/%	18.3	15.3	19.5	21.8	18.9
	基本养老保险覆盖率/%	97.7	97.6	99.1	98.6	88.5
	建有村级养老机构村庄比例/%	39.5	24.0	46.0	55.0	100.0
	享受村级养老机构服务的老年人口比例/%	10.0	4.3	4.8	19.3	13.9

2. 基层组织建设不断增强，村集体经济发展态势良好，但区域间发展仍不平衡、西部地区相对滞后。一是基层组织建设。2022 年上半年，调查村书记、主任"一肩挑"比例达到 97.0%（表 16），村支部书记受教育程度多为大专学历。村"两委"平均年龄为 43.9 岁，村"两委"成员中党员人数比例平均达到 82.9%。村"两委"学历在大专及以上比例，东部最高，为 74.3%，东北地区最低，为 22.0%；中西部地区有县级派驻的驻村工作队的行政村比例分别为 98.0% 和 95.0%，由于部分村庄不是脱贫攻坚时期的贫困村，没有县级驻村工作队，调查还发现，此类村庄有乡镇或街道组织的驻村工作队；平均每个驻村工作队至少有 3 位成员，驻村工作队队长和第一书记多来自县级，驻村干部平均每月驻村均在 20 天以上，调查还发现，从 2021 年起，青海某县干部驻村时间明显减少，2022 年上半年，10 个调查村驻村干部平均每月驻村天数仅为 16.0 天。二是村集体经济。2021 年，调查村集体经济收入均值为 113.1 万元（表 17），其中东部村均为 429.2 万元，且村集体经济收入在 300 万元及以上的村庄比例达到 40.0%；西部村均值为 31.0 万元，7.0% 的村庄村集体经济收入在 5 万元以下。

表 16　2022 年上半年调查村基层组织建设情况

类型	指标	调查村 200 村	西部 100 村	中部 50 村	东部 40 村	东北 10 村
村干部	村支部书记"一肩挑"比例/%	97.0	96.0	100.0	95.0	100.0
	村支部书记受教育程度总体水平	大专	大专	大专	大专	大专
	村"两委"成员平均年龄/岁	43.9	42.4	46.0	43.5	48.9
	村"两委"成员中党员人数比例/%	82.9	78.4	83.6	89.7	95.7
	村"两委"大专及以上学历比例/%	46.4	35.4	51.1	74.3	22.0
	每年平均召开村民代表大会次数/次	5.5	5.9	5.4	4.8	5.0
驻村工作队	有驻村工作队的村庄比例/%	—	95.0	98.0	—	
	工作队平均每队驻村人数/（人/村）		3.2	3.0		
	工作队队长主要来源		县级	县级		
	第一书记主要来源		县级	县级		
	干部驻村平均天数/天		22.7	21.6		

注：东部和东北地区未统计驻村工作队数据。

表 17　2021 年调查村集体经济收入状况

类型	调查村 200 村	西部 100 村	中部 50 村	东部 40 村	东北 10 村
村集体经济收入*/万元	113.1	31.0	38.0	429.2	68.6
其中：5 万元以下的村庄比例/%	3.5	7.0	0.0	0.0	0.0
5 万～50 万元的村庄比例/%	60.0	71.0	76.0	22.5	20.0
50 万～100 万元的村庄比例/%	18.5	18.0	12.0	22.5	40.0
100 万～300 万元的村庄比例/%	10.0	4.0	10.0	15.0	40.0
300 万元以上的村庄比例/%	8.0	0.0	2.0	40.0	0.0

* 该指标为剔除了每个地区的两个最高值计算出的平均值。

3. 精神文明建设成效明显。2022 年上半年，调查村中 68.5%（表 18）的村庄为县级以上文明村，其中东部达到 97.5%，东北地区较低，为 50.0%；调查村全部制定了明确的村规民约，平均 96.0% 的行政村建有新

191

时代文明实践中心，其中东部和东北地区均达到100.0%；调查村中开展积分制管理活动和开设红白理事会的行政村比例分别为75.5%和88.0%。

表18　2022年上半年调查村精神文明建设情况

指标	调查村 200村	西部 100村	中部 50村	东部 40村	东北 10村
为县级以上文明村的村庄平均比例/%	68.5	52.0	82.0	97.5	50.0
建有新时代文明实践中心的村庄平均比例/%	96.0	94.0	96.0	100.0	100.0
有明确村规民约的村庄平均比例/%	100.0	100.0	100.0	100.0	100.0
开展积分制管理活动村庄平均比例/%	75.5	79.0	66.0	77.5	80.0
开设红白理事会的村庄平均比例/%	88.0	82.0	96.0	97.5	70.0

二、《乡村振兴战略规划（2018—2022年）》目标值完成情况

结合最新采集时点调查数据，对标《乡村振兴战略规划（2018—2022年）》2022年目标值（表19），结果如下：

从目标分类看，调查区域在村级综合服务、村集体经济、基层组织建设、精神文明建设、农村道路及农村供水等六个方面成效最为显著，除西部2021年建制村通硬化路比例为96.0%、农村自来水普及率为80.7%，分别略低于目标值4.0个和4.3个百分点外，其他主要指标均已达到甚至超过目标值。调查区域村庄规划和农村人居环境两个方面虽然有序推进，但部分区域与目标值差距较大，其中2021年村庄规划完成情况，西部、中部、东北和东部地区与目标值相差分别达到14.0个、14.0个、10.0个、7.5个百分点；2022年上半年，农村卫生厕所普及率，中部和西部分别低于目标值8.0个和2.8个百分点；结合调查座谈，预计2022年末，上述区域完成相关指标目标值仍有一定的难度，特别是村庄规划相关衡量指标。

表 19　对标《乡村振兴战略规划（2018—2022 年）》
2022 年目标值的主要结果

时间	主要指标		2022 年目标值	调查村200 村	西部100 村	中部50 村	东部40 村	东北10 村
2021 年	村庄规划	村庄规划管理覆盖率/%	90.0	77.5	76.0	76.0	82.5	80.0
	农村道路	具备条件的建制村通硬化路比例/%	100.0	98.0	96.0	100.0	100.0	100.0
	农村供水	农村自来水普及率/%	85.0	85.7	80.7	86.0	95.2	97.0
	村集体经济	50 万元集体经济强村比重/%	9.0	38.5	22.0	24.0	77.5	80.0
2022 年上半年	村级综合服务	建有综合服务站的村占比/%	53.0	98.0	97.0	98.0	100.0	100.0
	农村人居环境	畜禽粪污综合利用率/%	78.0	80.5	86.2	81.9	59.0	100.0
		对生活垃圾进行处理的村占比/%	>90.0	94.0	89.0	98.0	100.0	100.0
		农村卫生厕所普及率/%	>85.0	84.4	82.2	77.0	98.3	88.8
	基层组织建设	村党组织书记兼任村委会主任的村占比/%	50.0	97.0	96.0	100.0	95.0	100.0
	精神文明建设	县级及以上文明村和乡镇占比/%	>50.0	68.5	52.0	82.0	97.5	50.0
		有村规民约的村占比/%	100.0	100.0	100.0	100.0	100.0	100.0

注：《乡村振兴战略规划（2018—2022 年）》中未有集体经济强村的明确定义，本报告将 50 万元以上村集体经济收入定义为集体经济强村。

从调查区域看，与目标值差距较大的区域集中在西部地区，11 项指标中有 5 项指标没有达到，分别为村庄规划管理覆盖率、具备条件的村通硬化路比例、农村自来水普及率、农村卫生厕所普及率和对生活垃圾进行处理的村占比，与目标值相差依次为 14.0 个、4.0 个、4.3 个、2.8 个和 1.0 个百分点。

三、乡村建设行动中的农户需求分析

综合显示，乡村建设成效明显，农户满意度较高。仅有 27.8%（表

20）的调查户认为乡村建设各方面需要改善，乡村建设的成果得到广大农户的普遍认可。其中，调查户最认可"农村基层组织建设"和"农村社会平安稳定"。调查户认为群众村庄事务参与程度、村内风气、村干部工作三项内容需要改善比例均低于 20.0％；调查户最期盼改善的是"子女教育"和"看病就医"。家庭中有子女的全部调查户（1647 户）认为最需要改善的项目是"子女教育"，比例达到 41.2％；其次是"看病就医"，调查户需求比例为 40.7％。调查户改善意愿最迫切的区域是"东部"。东部调查户认为乡村建设各方面需要改善的比例最高，达 53.5％，比全部调查户均值高出 25.7 个百分点。初步分析，一方面，西部地区在脱贫攻坚期享受了多项政策支持，生产生活面貌得到显著改善，群众满意度高。另一方面，东部地区调查户受教育程度较高，眼界相对更宽，对乡村建设和发展也会有更高的标准和更好的追求。

表 20　调查户认为乡村建设各方面需要改善的占比情况

乡村建设需改善的具体领域	全部 2506 户	西部 1483 户	中部 505 户	东部 412 户	东北 106 户
子女教育*/％	41.2	34.0	32.3	66.4	26.9
看病就医/％	40.7	30.3	41.4	79.4	32.1
文娱活动/％	32.4	30.2	23.4	55.3	16.0
村庄公共基础设施/％	31.6	27.6	25.5	57.8	14.2
村庄便民服务/％	30.3	29.5	17.6	53.4	11.3
村庄环境卫生/％	29.6	28.8	20.2	47.8	14.2
村干部工作/％	16.9	11.9	10.5	44.9	8.5
村内风气/％	15.2	9.2	10.3	43.9	10.4
村庄事务参与程度/％	12.2	6.6	13.1	32.8	5.7
综合改善需求占比/％	27.8	23.1	21.6	53.5	15.5

* 子女教育方面的计算方法：认为需要改善的调查户数占全部适用该问题的总户数。

（一）推动村级事务公开化、透明化是提高农户对村级组织满意度的关键所在

"村庄事务"细化为村务公开、村民代表与村民大会、党组织活动、选举参与及其他（如：村民外出务工不便回村）等 5 项内容。调查（表21）显示，调查户最需要改善的是村务公开，东部、中部、西部和东北地区村务公开改善需求占比分别为 18.4％、6.9％、2.6％和 1.9％。

表 21 调查户认为村庄事务参与程度最需要改善的项目

村庄事务参与程度最需要改善的项目	全部 2506 户	西部 1483 户	中部 505 户	东部 412 户	东北 106 户
不需要改善占比/％	87.8	93.4	86.9	67.2	94.3
村务公开占比/％	6.0	2.6	6.9	18.4	1.9
村民代表与村民大会占比/％	3.4	2.0	5.5	6.3	1.9
党组织活动占比/％	1.5	1.0	0.0	5.3	0.0
选举参与占比/％	0.9	0.6	0.4	2.4	0.9
其他占比/％	0.3	0.4	0.3	0.4	1.0

（二）农村不良风气得到改善，但"人情债"仍然是调查户家中的沉重负担

"村内风气"细化为人情往来负担、攀比之风、邻里冲突、迷信、家庭纠纷和其他（如：彩礼问题、人情味淡薄）等 6 项内容。调查（表22）显示，调查户认为最需要改善的是人情往来负担。东部、中部、东北和西部地区人情往来负担改善需求占比分别为 11.7％、5.7％、3.8％和 2.6％。

表 22 调查户认为村内风气最需要改善的项目

村内风气最需要改善的项目	全部 2506 户	西部 1483 户	中部 505 户	东部 412 户	东北 106 户
不需要改善占比/％	84.8	90.8	89.7	56.1	89.6

（续）

村内风气最需要改善的项目	全部 2506 户	西部 1483 户	中部 505 户	东部 412 户	东北 106 户
人情往来负担占比/%	4.8	2.6	5.7	11.7	3.8
攀比之风占比/%	4.0	2.4	3.0	11.2	2.8
邻里冲突占比/%	2.1	1.1	0.2	8.0	1.9
迷信占比/%	1.7	0.7	0.0	7.5	0.9
家庭纠纷占比/%	0.8	0.3	0.2	3.6	0.0
其他占比/%	1.4	1.6	1.2	0.7	0.1

（三）调查户最希望村干部带领村民发展产业，打通百姓致富渠道，推动乡村产业振兴

"村干部工作"细化为发展产业、解决日常生产生活问题的能力、纠纷调解、防止腐败、工作态度和其他（如：办事效率、宣传学习政策时老人看不懂手机信息）等6项内容。调查（表 23）显示，调查户认为最需要改善的是发展产业。东部、西部、东北和中部地区发展产业改善需求占比分别为 22.3%、6.5%、4.7%和 4.6%。工作态度和防止腐败改善需求相对较低。

表 23　调查户认为村干部工作最需要改善的项目

村干部工作最需要改善的项目	全部 2506 户	西部 1483 户	中部 505 户	东部 412 户	东北 106 户
不需要改善占比/%	83.1	88.1	89.5	55.1	91.5
发展产业占比/%	8.6	6.5	4.6	22.3	4.7
解决日常生产生活问题的能力占比/%	3.0	1.9	2.8	7.3	2.8
纠纷调解能力占比/%	1.9	1.6	0.8	4.9	0.0
防止腐败占比/%	1.6	0.7	1.0	5.6	0.9
工作态度占比/%	1.2	0.3	1.3	4.6	0.0
其他占比/%	0.5	0.9	0.0	0.2	0.1

（四）调查户普遍认为，农村教育基础设施、硬件配套日趋完善，但软件缺失依然严重，其中提高农村教师专业化水平，推动教育均衡发展是调查户最迫切的需求

"子女教育"细化为学校师资水平、上学方便程度、教育收费、学前教育、设施设备、校园环境和其他（如：幼儿园老师不固定、特殊孩子教育）等 7 项内容。调查（表 24）显示，调查户认为最需要改善的是学校师资水平。东部、西部、中部和东北地区学校师资水平改善需求占比分别是 30.3%、7.6%、5.5% 和 3.8%。上学方便程度和教育收费也是各地希望改善的内容，其中东部更希望降低教育收费，中西部及东北地区希望上学更加便利。此外，校园环境和设备设施需求占比不高，显示农村教学硬件配套日渐完善。

表 24　调查户认为子女教育最需要改善的项目

子女教育最需要改善的项目	全部 2506 户	西部 1483 户	中部 505 户	东部 412 户	东北 106 户
不需要改善占比/%	38.6	40.8	38.2	32.0	35.8
不适用占比/%	34.3	38.2	43.6	4.6	50.9
学校的师资水平占比/%	10.7	7.6	5.5	30.3	3.8
上学方便程度占比/%	5.9	5.3	4.8	9.5	5.7
教育收费占比/%	5.2	4.0	4.0	11.9	1.9
学前教育占比/%	1.6	1.1	1.0	4.4	0.0
设施设备占比/%	1.6	1.7	0.4	2.7	0.9
校园环境占比/%	1.1	0.7	0.6	3.2	0.9
其他占比/%	0.9	0.6	1.9	1.4	0.1

（五）减轻就医负担，加大医保报销疾病覆盖种类，不断提高基本医疗卫生服务的公平性、可及性是所有调查户的心声，且经济越发达的地区对提升医疗服务水平，提高医疗报销比例需求越强烈，同时期待根据农民实际就医需求调整优化医疗保障政策、推动改革红利扩面增效

"看病就医"细化为医保报销比例、看病方便程度、医保覆盖的疾病

范围、乡镇卫生院与村卫生室医疗水平、基本公共服务和其他（如：残疾证办理、跨区报销）等 6 项内容。调查（表 25）显示，调查户最希望提高医保报销比例。东部、中部、东北地区和西部医疗报销比例提升需求占比分别为 36.9％、17.2％、15.1％和 9.0％。

表 25　调查户认为看病就医最需要改善的项目

看病就医最需要改善的项目	全部 2506 户	西部 1483 户	中部 505 户	东部 412 户	东北 106 户
不需要改善占比/％	59.3	69.7	58.6	20.6	67.9
医保报销比例占比/％	15.5	9.0	17.2	36.9	15.1
看病方便程度占比/％	7.1	6.2	6.1	12.9	2.8
医保覆盖的疾病范围占比/％	7.1	4.9	7.5	14.3	8.5
乡镇卫生院与村卫生室医疗水平占比/％	6.5	5.9	4.6	11.4	5.7
基本公共卫生服务占比/％	3.4	3.5	4.2	2.7	0.0
其他占比/％	1.1	0.8	1.8	1.2	0.0

（六）村庄环境需求区域间差异较大，东北地区垃圾清运工作成效良好，调查户满意度高；污水处理是中西部地区调查户最希望补齐的突出短板，东部和东北地区则特别需要开展村庄保洁，提升村庄环境品质

"村庄环境卫生"细化为污水处理、垃圾清运、村庄保洁、厕所改造、村庄绿化和其他（如：井水容易受到污染）等 6 项内容。调查（表 26）显示，西部和中部地区调查户最需要改善的是污水处理，占比分别为8.9％和5.9％。尽管根据村级数据显示东部和东北地区对污水的治理率已达100.0％，但调查户仍然认为污水处理工作还要进一步加强。东部调查户最需要改善的是村庄保洁，占比18.2％，其次是村庄绿化和污水处理，占比分别为9.5％、9.2％；东北地区调查户最需要改善的也是村庄保洁，占比5.7％，其次需要改善的是污水处理、厕所改造和村庄绿化，占比均为2.8％。

表 26　调查户认为村庄环境卫生最需要改善的项目

村庄环境卫生最需要改善的项目	全部 2506 户	西部 1483 户	中部 505 户	东部 412 户	东北 106 户
不需要改善占比/%	70.4	71.2	79.8	52.2	85.8
污水处理占比/%	8.1	8.9	5.9	9.2	2.8
垃圾清运占比/%	6.7	7.6	4.2	8.3	0.0
村庄保洁占比/%	5.2	2.7	1.8	18.2	5.7
厕所改造占比/%	4.9	5.6	5.1	2.4	2.8
村庄绿化占比/%	4.0	3.2	2.0	9.5	2.8
其他占比/%	0.7	0.8	1.2	0.2	0.1

（七）中西部希望加快便利农民生产生活、夯实农村产业发展的基础设施建设，此外，网络设施的建设也是信息化时代农户的现实需求

"村庄公共基础设施建设"细化为交通设施、供气设施、网络通信设施、自来水设施、供电设施和其他（如：道路扩建、安装路灯、修建停车场等）等 6 项内容。调查（表 27）显示，东部和中部地区调查户最需要改善的是供气设施，占比分别为 26.7% 和 8.7%，其次是交通设施，占比分别为 12.4% 和 6.9%；西部地区调查户最需要改善的是交通设施，占比为 13.6%，其次是网络通信设施，占比为 4.6%；东北地区调查户最需要改善的是网络通信设施，占比为 8.5%，其次是交通设施，占比为 2.8%。

表 27　调查户认为村庄公共基础设施最需要改善的项目

村庄公共基础设施最需要改善的项目	全部 2506 户	西部 1483 户	中部 505 户	东部 412 户	东北 106 户
不需要改善占比/%	68.4	72.4	74.5	42.2	85.8
交通设施占比/%	11.6	13.6	6.9	12.4	2.8
供气设施占比/%	8.1	3.1	8.7	26.7	1.9
网络通信设施占比/%	4.9	4.6	3.0	7.3	8.5
自来水设施占比/%	4.5	3.8	4.6	8.0	0.9
供电设施占比/%	0.8	0.5	0.6	2.2	0.0
其他占比/%	1.7	2.0	1.7	1.2	0.1

（八）农户对购物、金融服务的需求普遍提升，加快快递进村、推进电商服务、强化出行便民服务均是满足群众需求、打通基层服务农户"最后一公里"的重点任务

"村庄便民服务"细化为购物便民、出行便民、金融便民、网络便民、缴费便民和其他（如：方便老人出行方便和生活方面关怀）等6项服务内容。调查（表28）显示，东部和西部地区调查户最需要改善的是购物服务，占比分别为18.4%和12.7%，其次是出行服务，占比分别为16.5%和10.9%；中部地区调查户最需要改善的是出行服务，占比8.5%，其次是购物服务，占比为5.0%；东北地区调查户最需要改善的是金融服务，占比为5.7%，其次是出行服务，占比为2.8%。

表28　调查户认为村庄便民服务最需要改善的项目

村庄便民服务最需要改善的项目	全部 2506户	西部 1483户	中部 505户	东部 412户	东北 106户
不需要改善占比/%	69.7	70.5	82.4	46.6	88.7
购物便民服务占比/%	11.7	12.7	5.0	18.4	1.9
出行便民服务占比/%	11.0	10.9	8.5	16.5	2.8
金融便民服务占比/%	3.5	2.6	2.2	8.0	5.7
网络便民服务占比/%	2.3	2.2	0.8	5.1	0.0
缴费便民服务占比/%	1.5	0.7	1.1	4.9	0.9
其他占比/%	0.3	0.4	0.0	0.5	0.0

（九）调查户期待通过加大农村公共文体设施建设、丰富农户文化娱乐和体育健身活动，充实日常生活和闲暇时光，为农村文化建设注入新的活力

"文娱活动"细化为文化娱乐活动、文化设施建设、体育设施建设、道德表彰活动和其他（如：修建老年活动中心、儿童活动中心及增强设施管理）等5项内容。调查（表29）显示，西部和中部地区调查户最需要改善的是文化娱乐活动，占比分别为12.3%和8.3%，其次是文化设施建设，占比分别为 10.2％和 7.9％；东部地区调查户最需要改善的是文化设施建设，占比为 20.6％，其次是文化娱乐，占比为 19.4％；东北地区调查户最需要改善的是体育设施建设，占比为 6.6％，其次是文化设施建设，占比为 4.7％。

表 29　调查户认为文娱活动最需要改善的项目

文娱活动最需要改善的项目	全部 2506 户	西部 1483 户	中部 505 户	东部 412 户	东北 106 户
不需要改善占比/%	67.6	69.8	76.6	44.7	84.0
文化娱乐活动占比/%	12.3	12.3	8.3	19.4	2.8
文化设施建设占比/%	11.2	10.2	7.9	20.6	4.7
体育设施建设占比/%	6.9	6.8	4.6	10.4	6.6
道德表彰活动占比/%	1.4	0.6	1.0	4.6	1.9
其他占比/%	0.6	0.3	1.6	0.3	0.0

四、亮点做法与存在短板

（一）亮点做法

1. 地方版乡村建设行动实施方案效果显著。 为深入贯彻落实习近平总书记关于强边固防的重要论述和习近平总书记考察云南时的重要讲话精神，提升边境村庄的现代化水平，2021 年，云南省印发了《云南省建设现代化边境小康村规划（2021—2025 年）》，明确推动 25 个边境县（市）374 个沿边行政村（社区）覆盖 3824 个自然村范围的边境小康村项目建设。云南边境小康村提出非常明确的 6 大项村庄建设内容与 19 类具体考核指标，如"补齐基础短板，构建现代产业体系，提档村庄品质，完善公共服务，强化边境治理，加强组织建设"等。确保县乡村各级干部群众能够清晰理解村庄建设中各项目标任务，明白"干什么、怎么干、如何评"，有力推动了规划落地落实。此外，每个边境小康村按不低于 3000 万元的建设规模投资，由省级与县级各补贴一半资金进行建设。边境小康村项目为未来云南全省统筹推进乡村建设行动方案的全面实施提供了有益的机制探索和试点示范。

2. 专业人才提升乡村建设质量。贵州榕江县遵循"把规划还给乡村，把设计还给农民"理念，选派驻村规划师和产业指导员等专业力量陪伴式参与乡村建设工作。榕江县 23 个特色田园乡村·乡村振兴集成示范试点，均由各乡镇街道通过引导党员、本土人才、致富带头人、农技能手、巾帼等力量深度参与规划、设计、施工、维护管理等全过程，打通乡村建设接地气的各个环节，同时邀请老百姓参与设计，引导村民积极主动成为规划编制、审批、实施的参与者，切实提升村庄规划管理服务和空间治理水平，推动乡村建设高质量发展。

（二）政策支持和要素保障短板

1. 乡村建设行动绩效考核目标和内容不清晰。《乡村建设行动实施方案》（简称《实施方案》）强调"将乡村建设行动实施情况作为乡村振兴督查考核的重要内容"，"各省（自治区、直辖市）将乡村建设行动实施情况纳入市县党政领导班子和领导干部推进乡村振兴战略实绩考核"。目前，自上而下仍然没有建立以乡村建设行动方案框架为引领的考核指标体系，没有具体的考核目标和内容，特别是未对《实施方案》出台的 12 项主要任务进行考核指标和内容的明确。各地均表示，绩效考核内容的不清晰将难以指引各级政府在乡村建设行动框架下推进乡村建设实践、难以掌握相关政策调整和方案改进的准确方向。

2. 缺乏以多部门沟通协调为基础的整体统筹推进机制。乡村建设是一项系统工程，涉及众多部门，在乡村建设任务推进过程中缺乏以多部门沟通协调为基础的整体统筹推进机制。以重庆某县为例，身兼保证生态安全和粮食安全的重任，其基础设施建设与产业发展都面临多部门协调问题。道路建设面临与农业、林业、土地、环保等多部门协调的问题，农村居民用水包含"水利""污水排放"等方面内容，涉及包括农业农村、乡村振兴、水利、生态环保等多个部门。多部门间缺乏沟通协调机制不仅使乡村建设任务审核时间长、协调难度大、推进缓慢，还会因缺乏整体统筹、各自为政，造成资金投入分散、建设项目重叠以及"马路拉链"等碎片化建设问题，浪费乡村建设资源。

3. 村庄分类设定模糊、可操作性不强。村庄分类是确定村庄发展方向的前提，是提升村庄规划合理性和乡村建设任务针对性的重要依据。《乡村振兴战略规划（2018—2022 年）》也将村庄划分为集聚提升、城郊融合、特色保护、搬迁撤并四大类，要求分类推进乡村振兴。2019 年初，中央农办等五部门联合发布《关于统筹推进村庄规划工作的意见》，要求在 2019 年底基本明确村庄分类。但各地反映，由于当前缺乏更加细化且具可操作性和指导性的村庄分类标准，导致大部分村庄难以准确划归类别，或者可以划归类别，但是难以进一步突出村庄特色。为此，村庄分类比例不高，但如不进行合理分类，将直接影响后续资金分配、搬迁撤并等工作，进而影响村庄规划的合理性。

4. 缺乏村庄规划编制指导。《乡村建设行动实施方案》中明确指出要"强化规划引领"。村庄规划兼具系统性与复杂性，既要遵循底线管控，落实各种控制性指标和要求，充分考虑乡村人口、资源条件、产业发展等现实情况，统筹与村庄生产生活相关的交通、水利、教育、医疗、人居环境等方方面面问题，还要根据发展目标指出乡村建设的具体路径。但是当前村庄规划主要是村干部带头编制，由于缺乏专业知识和相关指导，导致所编制的村庄规划大部分缺乏科学性、专业性、实用性和前瞻性。

5. 乡村建设受到建设空间不足限制。土地是乡村建设的关键要素，但是由于村庄内及周边的土地多为群众的宅基地、菜地、园地和水田等，目前可用于乡村建设的空间十分有限。如云南某县，草果种植是当地增收致富的支柱产业，但草果业进一步发展壮大所需的生产道路建设并不充分，经与相关部门沟通了解，产业道路修建普遍面临土地约束的问题，与之配套的产业基础设施建设存在困难。与之类似，由于空间不足，工厂选址难，招商引资更难。

6. 乡村建设人才队伍力量不足。首先，缺乏具备专业知识的村庄规划编制师、公共基础设施专业维护养护队伍。其次，由于有效的对接机制尚未建立，旅外人才等精英群体在乡村建设中的作用没有充分发挥。最后，本土化乡村工匠培育力度不足，能够传承乡土文化、具有乡村传统技艺的乡村工匠偏少，能够以传统技艺带动乡村发展，为乡村建设注入特色元素的乡村工匠更少。

7. 公共基础设施长效管护机制建立存在多重挑战。公共基础设施管护力度不足。已经投资建设的公共基础设施后续维护不足，出现服务乏力，甚至不能运行的困境。尤其在西部山区农村公路线长面广，现有路政巡查人员与农村公路执法巡查的需求不匹配，巡查力度和频度不够。各级主体管护公共基础设施的意识不强。如，农户在公路边乱堆乱放、打场晒粮等占道现象比较普遍，相关部门放任超限超载车辆通行等违法违规行为时有发生。公共基础设施管护人员的专业技术不足。不少公共基础设施管护人员是当地农民，缺乏专业的基础设施管护技术培训，公共基础设施的一些常见问题得不到及时维护。

五、推进乡村建设行动落地的意见建议

（一）尽快制定乡村建设行动方案框架下的绩效考核指标体系

国家层面尽快构建乡村建设行动绩效考核指标体系，明确考核目标和具体内容，并将各地乡村建设行动统筹纳入到乡村建设行动方案的统一框架下进行管理，为各地及时掌握乡村建设情况，强化乡村建设全过程管理，开展政策调整和方案改进提供依据，提升乡村建设行动的质量与效果。

绩效考核指标体系的建立应当坚持因地制宜、循序渐进的原则，科学把握乡村的差异性和乡村建设水平的动态变化特征，避免一刀切。一是因地制宜，分类制定考核指标体系。从调查情况看，全国不同地区在乡村建设方面均取得了进展，但区域之间进展并不均衡。总体上看，东部地区的乡村基础设施、公共服务、产业支撑、经济水平以及乡村多元价值等发展

程度高于中西部地区，城郊乡村建设水平高于偏远山村地区。应当根据实际条件确定不同乡村的建设任务重点，因地制宜制定考核指标体系。对于乡村建设水平相对落后地区，乡村建设的首要任务是补短板强弱项，弥补历史欠账，指标体系的建立侧重于对水、电、气、路、通信等基础设施、公共服务供给、人居环境整治等普惠共享、民生急需项目的考核。对于乡村建设水平较高的地区，指标体系的建立则侧重于对乡村建设机制创新、建设质量提升的考核。二是循序渐进，动态化调整指标体系。乡村建设是一项长期工程，应当顺应乡村建设水平的发展变化，立足于农民需求，建议设立乡村建设阶段性目标和任务重点，并根据乡村建设实际进展情况，动态调整指标体系和目标任务，稳妥推进乡村建设。

（二）推动建立乡村建设任务统筹推进机制

一是成立乡村建设行动领导小组。鼓励在县级及县级以上政府成立乡村建设行动领导小组。乡村建设行动领导小组主要承担县域政策研究和总体布局规划、任务分解与推动落实、统筹协调与信息沟通、监督考核等功能。二是基于整体目标分配各职能部门乡村建设任务。以乡村建设整体目标为纲，理顺并分配相关职能部门在乡村建设行动中的主体责任和具体任务，编制相关职能部门所涉乡村建设的任务清单，并通过绩效考核方式压实各相关部门在乡村建设行动中的职责任务，避免乡村建设项目的"重复性"和"碎片化"。

（三）统筹编制村庄分类办法

以省为单元负责明确村庄类型划分的基本原则和相关指标。以避免村庄分类的不确定性和主观性，有效支撑县级落实村庄分类工作的推进，以及不同类型村庄规划导向的确立。对于发展方向难界定，难以推进分类的村庄，可暂不做分类。鼓励省级政府或者县级政府根据地区特点遴选村庄分类试点，探索省内或县内较为合理的村庄分类基本模式，并加以总结归纳，形成一套省域内相对科学的村庄分类库，供各地推广实践。在各省实践基础上，国家层面可以形成一套覆盖全国的村庄大类特征，兼顾村庄不同特色、不同发展阶段的村庄分类指导意见，以便更有针对性实施引导各地更加科学地出台村庄分类标准。

（四）构建纵向传导性的村庄规划编制指导意见体系

由国家层面出台村庄规划编制原则及意见。各省根据所辖区域内的实际情况，确定村庄规划编制的原则、具体步骤、规划内容框架、重要任务的规划方法、可行途径、目标制定依据等，形成"公式化"指导意见。县级总体统筹，在做好村庄分类的前提下，落实差异化村庄规划编制，重点结合国土空间规划和底线要求等推进多规合一，明确对乡村建设的管控性要求，在此基础上确立不同类型村庄的规划编制通则，最终提出差异化的村庄建设引导。村庄规划编制者在层层细化和逐级实化的指导意见体系下，可以基于村庄规划编制原则、村庄定位、管控性要求以及乡村实际情况对村庄进行有效规划。

（五）实施乡村建设用地的统一整合

随着农村人口数量减少，部分村落空心化，以行政村而非人口规模为单位配置建设用地，容易造成建设用地浪费。可在严守生态红线和永久基本农田底线的前提下，多村联合实施乡村建设用地的统一整合。首先，系统梳理乡村土地资源和人口情况。县级政府依托于乡镇全面调查和梳理乡村土地资源现状以及人口分布情况，摸清无人居住或人居环境较差的村落、闲置宅基地和房屋、发展停滞的企业等低效利用的土地资源，以及非法占地、违章建设用地等。其次，建立合理补偿与安置办法推进低效利用建设用地有偿腾退。最后，通过构建乡村共同体对各村的建设用地进行整体性空间布局。鼓励动员人口规模较小的村庄与地理位置相近、有配套产业用地和村集体存量建设用地的村（社区）联合，集中整合各村建设用地，对公共基础设施、产业发展设施等进行统一布局，各村联合享用。

（六）引培结合提升乡村建设人才支撑

通过引培结合来强化乡村建设的人才支撑，通过内外结合形成乡村建设人才高地。一是借力于人才引进。在认真分析研判各村村情，摸清需求的基础上，按照先定村、再定人原则，统筹中央、省、市、县四级选派力量，向重点乡村持续选派懂政策、会管理的第一书记和工作队，专门负责和指导乡村建设行动。引入驻村规划师，激励高校和专业规划设计机构入村提供村庄规划编制服务。建立旅外人才等精英群体对接机制。编制新乡贤名录，建立旅外人才等精英群体联络站，为新乡贤提供议事场所和活动平台，定期举办交流对接会议，引导旅外精英回村参与乡村建设。二是注重本土人才培养开发。立足农村现有人才资源，根据乡村建设行动需求，加大对基层管理人员的培育力度。将基层管理人员培养成为懂规划、知民心、善沟通、会管理的乡村人才。建立乡村工匠培育制度。探索建立高职院校与村镇联合培养乡村工匠模式，通过校村合作建立合作实训基地、乡村工匠工作室，结合地域文化开展特色技能培训。依托党校、成教中心、远程教育站点、职业院校等教育平台开展系统培训，培育乡村致富带头人，积极推动本土人才致力乡村建设，为推动乡村振兴提供持久动力。

（七）形成常态、长效的公共基础设施管护机制

建立"县统筹、乡督促、村管理、户参与"的公共基础设施管护机制。一是由县政府出台公共基础设施建管用相结合工作实施方案，根据设施类型明确管护主体，构建责任明确、协调有序、监管严格的管理制度。二是建立覆盖县、乡（镇）、村三级的公共基础设施管护体系，落实各级公共基础设施管护责任人和具体管护内容。专业技术要求高、处理工艺复杂、成本高昂的管护工作由县乡相关部门负责。日常管护、简易维修、定期巡查、监督等工作由村负责，村庄可建立基础设施管护台账。三是由村"两委"调动群众参与基础设施管护的积极性。可将公共基础设施管护纳入村规民约和积分制管理目录中，加强对村民管护公共基础设施的宣传引

导，分片区组织村民定期巡查、反馈、维护。四是编制乡村基础设施运行维护技术指南，并邀请专业人员对村民进行基础设施管护培训，提升村民基础设施日常管护的技术能力。

（八）加快农村冷链及仓储物流建设

政府应当在用地、用电、税收等方面对农村冷链及仓储物流建设加强扶持力度，解决农产品出村"最先一公里"和快递进村"最后一公里"问题。在冷链建设方面。首先，以县域为整体，在综合考虑县域内农产品主产区、特色农产品优势区、农产品集散区等具有冷鲜储藏需求的地区，以保障农产品品质、减少农产品损耗、降低建设成本、提高使用效率为原则，对村庄源头冷链物流建设进行选址，并将冷链物流建设纳入村庄规划。其次，在村庄规划指引下，引入多主体参与农村冷链物流建设。可支持农产品物流企业、生鲜电商、商超、农业产业化龙头企业、农民专业合作社、家庭农场推进冷链建设步伐，围绕生鲜农产品建设具有产地预冷、分级、保鲜、仓储等功能的冷链设施。在快递进村方面。首先，以县域为单位，在综合考虑村庄人口密度和快递服务半径的前提下，以保障村庄居民快递物资供应和获取便利性为原则，有效进行快递布点，拓展快递覆盖范围。其次，给予快递企业多元化政策支持以增强其进村积极性。如给予税收减免、高速公路通行费优惠等，缓解快递因乡村客户布局分散、快递业务量小造成的低收益问题。

（九）持续巩固农房质量安全提升工程

一是构建常态化农房质量检查机制，加强农房质量评估，及时掌握新增住房保障需求。二是对有局部问题的农房及时进行加固、维修、实施改造，保障房屋结构安全，并消除漏水、渗水、墙体损坏等影响基本功能的问题，进行定期维护。三是对于危险等级高，具有较大安全隐患的农房应拆除重建，可因地制宜选择原地重建或异地新建。具体而言应当在村庄规划的整体框架下，与乡村建设行动方案有机结合，统筹考虑生产生活环境、基础设施和公共服务建设规划情况，确定新建农房选址。

调查组牵头人：黄承伟　郑风田

调 查 组 成 员：曾佑志　王　菁　高　勇　张　曼　计　薇
　　　　　　　　熊欢欢　乔　慧

乡村建设辅导制度研究报告

北京农学院文法与城乡发展学院课题组

为加强对农民的教育引导和专业人员的技术指导，强化乡村建设人才支撑保障，国家乡村振兴局委托北京农学院文法与城乡发展学院成立课题组，进一步厘清设立乡村建设辅导制度的政策依据、基本含义与重要意义，总结梳理当前部分地方探索建立的相似制度落实现状，提出设立乡村建设辅导制度的方案构想与政策建议。

一、设立乡村建设辅导制度的政策依据、基本含义与重要意义

（一）政策依据

党的二十大报告提出，"统筹乡村基础设施和公共服务布局，建设宜居宜业和美乡村。"习近平总书记在 2020 年中央农村工作会议上强调，要广泛依靠农民、教育引导农民、组织带动农民，建设美好家园。《乡村建设行动实施方案》提出，建立政府组织领导、村民发挥主体作用、专业人员开展技术指导的村庄规划编制机制。建立乡村建设辅导制度，整合各类在乡、返乡人才力量，加强农民教育引导和专业人员技术指导，对强化乡村建设人才保障、建设宜居宜业和美乡村具有重大意义。

（二）基本含义

本研究中，乡村建设辅导制度是指整合利用驻村在村和返乡回乡的各类人才为农民参与乡村建设提供陪伴式规划、陪伴式设计、陪伴式建设、陪伴式管护的制度。

（三）重要意义

1. 乡村建设辅导制度是深入贯彻习近平总书记乡村振兴指示的重要举措。 乡村振兴，关键在人。习近平总书记在对"三农"、乡村振兴的讲话、论述中，多次指出乡村人才振兴的重要性。习近平总书记强调："激励各类人才在农村广阔天地大施所能、大展才华、大显身手，打造一支强大的乡村振兴人才队伍，在乡村形成人才、土地、资金、产业汇聚的良性循环。"2021 年 2 月，中共中央办公厅、国务院办公厅印发的《关于加快推进乡村人才振兴的意见》明确，到 2025 年，乡村人才振兴制度框架和政策体系基本形成，乡村振兴各领域人才规模不断壮大、素质稳步提升、结构持续优化，各类人才支持服务乡村格局基本形成，乡村人才初步满足实施乡村振兴战略基本需要。

《乡村建设行动实施方案》中提出，加快培育各类技术技能和服务管理人员，探索建立乡村工匠培养和管理制度，支持熟悉乡村的专业技术人员参与村庄规划设计和项目建设，统筹推进城乡基础设施建设管护人才互通共享。从当前乡村建设的内容来看，大量内容需要专业性强的人才支持，全面建立乡村建设辅导制度有利于开展高质量的乡村建设，提高乡村建设资金使用效率和质量，增强人民的获得感。

2. 乡村建设辅导制度是中国共产党历史农村工作人才制度的延续和创新。 "三农"问题一直是革命、建设、改革各个历史时期的一条重要主线。在不同历史时期，中国共产党针对性地实施了开展农村工作的干部政策，取得了伟大成就，积累了宝贵经验。最早是针对农协运动的"农运干部"。1926 年 11 月中旬，时任中共中央农民运动委员会书记的毛泽东，主持制定了《目前农运计划》，提出为适应农民运动迅速发展培养农运干部。新中国成立后，成立了一批"土改工作队"。1950 年 6 月，中华人民共和国中央人民政府通过《中华人民共和国土地改革法》，人民解放军抽调数十万官兵，组成上万个工作队，在地方党委、政府的领导下，积极参加土地改革。自 20 世纪 80 年代起，中央开始向农村贫困地区专门派驻实施科技扶贫项目的"温饱工作队""减负工作队""小康工作队"等，致力于解决贫困问题、提高农民生活水平与建设小康社会。20 世纪 90 年代中期开始，中央继续向农村派驻"依法治村工作队""综合治理工作队""新农村建设工作队"。2002 年 4 月，时任福建省省长的习近平同志到南平市进行专题调研，充分肯定干部派驻工作成效，并将福建省南平市这一下派机关干部到农村基层任职的成功做法总结为"南平经验"。2013 年 1 月，国务院印发《关于创新机制扎实推进农村扶贫开发工作的意见》，明确指出各省（自治区、直辖市）要普遍建立驻村工作队制度，向贫困村派驻工作队，确保贫困户有相对应的帮扶责任人。2014 年国务院扶贫开发领导小组办公室（现国家乡村振兴局）颁布《建立精准扶贫工作机制实施方案》，明确规定建立干部驻村帮扶制度。2015 年 4 月，中共中央组织部、中央农村工作领导小组与国务院扶贫开发领导小组办公室联合印发《关于做好选派机关优秀干部到村任第一书记工作的通知》，通过因地制宜选好、选准第一书记整治相对涣散的村委组织，开展脱贫攻坚工作。已有的制度在促进乡村建设、密切党同人民群众血肉联系方面起到了重要的作用，全面建立乡村建设人才制度，有利于进一步提高乡村建设成效，加强党同人民群众血肉联系。

3. 乡村建设辅导制度是保障高质量乡村建设行动开展的支撑体系。 乡村建设是实施乡村振兴战略的重要任务，乡村地区也将是我国未来开展基础建设的重点区域。这一过程中，需要合理安排建设时序、久久为功，需要因地制宜、分类指导，还需要可持续开发、突出特色。同时，协调好各参与主体的角色，使其各自发挥作用，提高农民的参与积极性。因此，围绕乡村建设人才的培养、集聚、激励、引导，开展机制与制度层面的设计尤为重要，这是为乡村建设活动的有序开展提供全面、系统的支撑与保障。

二、乡村建设辅导制度实施现状

党的十九大以来，随着乡村振兴战略深入实施，部分地区发挥现有"三支两扶"人员、驻村工作人员和返乡回乡在乡的各类人才作用，围绕广泛依靠农民、教育引导农民、组织带动农民参加乡村建设，在村庄规划编制、村庄公共设施建设、农房改造提升、乡村产业发展、乡村治理等方面，为乡镇政府、村级自治组织积极建言献策，有效推进了工作、激发了农民内生动力、保障了农民民主权利，发挥了不可替代的特殊而重要的作用。

当前，部分地方探索的类似乡村建设辅导制度的一些做法，主要涉及志愿服务、产业振兴、文旅融合、党组织建设、美丽乡村建设及乡村治理等领域，依托的人力具体包括志愿服务辅导员、文旅辅导员、文化辅导员、乡村规划师、乡村振兴首席专家、义务指导员、乡村振兴陪伴式服务团队、乡村产业升级促进师、乡村振兴指导员、新型农业经营主体辅导员等。这些乡村建设人才尽管名称各异，但均呼应了《乡村建设行动实施方案》中"依靠农民、教育引导农民、组织带动农民搞建设"这一政策要求，符合设立乡村建设辅导制度的初衷。

（一）当前地方类似乡村建设辅导制度的主要类型

1. 志愿服务辅导员。 为更有效地推进社会治理工作，提高社区文明建设，将无形的"志愿服务"转化为实实在在的"物资资源"，以此激励更多在职党员、辖区居民参与到志愿服务活动中来，鄂州市凤凰街道澜湖社区创新构建"公益积分＋爱心超市"志愿服务模式。具体做法是搭建"社区提供场地＋链接慈善商家资源"的服务路径，规范并创新爱心超市运营机制，激活社会慈善义卖主体动力，汇集"五社"大能量等形式实现志愿服务与乡村振兴的结合。通过实施公益积分制度，激发居民和社会力量参与公益行动的内生动力，实现公益助人、公益改善生活、公益改善经营、公益改善形象、公益改善公信力的目标。

2. 文旅辅导员。 为帮助基层乡村提高专业化水平，江苏省制定出台《江苏省乡村旅游驻村辅导员行动计划（2021—2025 年）》，对有乡村旅游发展需求的乡村，以驻村辅导员形式进行专业指导与陪伴式帮扶。主要做法有：建立顶层制度并明确帮扶原则；引入外部智力资源与乡村旅游重点村"结对子"；开展专业辅导助推乡村旅游产业升级；链接城乡资源要素，打造乡村旅游精品；建立奖励、保障、激励机制助力美丽乡村建设。乡村旅游驻村辅导员行动计划的实施，不仅加强了乡村文化和旅游资源的保护利用与融合创新，切实提高了乡村旅游建设能力和发展水平，而且有效促进了江苏省乡村旅游产业运行和人才培养，推动村庄经济效益、社会效益、生态效益显著提升。

3. 文化辅导员。 为进一步提升基层公共文化服务水平，发挥文化工作者在创建国家公共文化服务体系示范区工作中的引领带动作用，宁夏石嘴山市通过建立乡村文化辅导员制度，实现了从"送文化"到"种文化"的转变，极大提升了基层群众的文化生活满意度。主要做法是：通过文化部门下派方式选派文化辅导员；制定工作职责，提升工作效率；结合基层文化需求，创新策划各类文化活动；完善考核激励制度，提高文化辅导员获得感。文化辅导员制度实践，不仅搭建了市、县（区）文化馆紧密联系乡镇（街道）综合文化站、村（社区）综合文化服务中心和民间文化社团的桥梁和纽带，而且提高了基层群众亲近文化、体验文化、参与文化、享受文化的获得感。

4. 乡村规划师和陪伴师。 就成都推行的乡村规划师而言，它是在总结汶川地震震后重建工作经验的基础上，为化解资源分布零散化、建设风貌同质化、产业模式单一化等问题而创新的一项基层工作制度。主要做法是：通过社会招聘、招募机构志愿者、招募个人志愿者、选调任职和选派挂职这五大渠道征选责任乡村规划师，让其担任乡镇规划技术负责人，承担决策乡村规划、组织规划编制、把关规划初审、指导实施过程、提出规划建议、协调基层矛盾和研究乡村规划等七大职责，市区各级政府从运行、管理、资金三大方面为责任乡村规划师提供所需保障。

5. 乡村振兴首席专家。 为深入贯彻落实乡村振兴战略部署，充分发挥人才在乡村振兴中的引领示范作用，威海市文登区根据《威海市文登区乡村振兴首席专家管理暂行办法》，制定了文登区首席专家制度。主要做法：一是在区级成立乡村振兴研究院，在下辖的 11 个镇（街）设立乡村振兴研究院分院，作为首席专家的专门服务机构，全面负责首席专家的选任、管理、服务等事项。二是建立以镇（街）为主体，通过外招内联、专家引荐等方式引进各类乡村振兴首席专家的机制。三是按照"人才＋项目"的模式，确定 1～2 名带头首席专家，围绕规划治理、社会服务、林果畜牧、文创旅游、海洋工程等镇域产业，深入开展科学研究和决策咨询，定期举办研讨会、创业沙龙等活动，为乡村振兴持续提供智库服务。四是出台政治待遇、经济待遇及人才荣誉称号授予等方面的激励机制。目前，首席专家已帮助村里建了新兴特色"产业乡村"群，吸引社会资本来提升乡村旅游品质和乡村治理水平。

6. 义务指导员。 20 世纪 50 年代初，我国台湾地区为大力推动农业发展，建立了"义务指导员"制度，并探索运用志愿服务以推动工作。该制度经历了从民间自主到官方规范、从散到合、从行业组织到行业协会的发展过程。为了便于管理，台湾当局于 2001 年颁布所谓"志愿服务法"，并将各类志愿服务团体及制度进行整合；通过健全培训系统，规范志愿服务质量；通过管理机制完善，保障各方权益；通过健全保障机制，实现资金渠道多元化。台湾志工服务的范围广、专业性强，几乎覆盖政治、经济、社会生活的方方面面，在市政窗口、公共场所、农村社区均有志工的身影。

7. 乡村振兴陪伴式服务团队。 厦门市海沧区通过引入乡村振兴陪伴式服务团队，不断突出特色、锻长板、补短板，不仅壮大了集体经济，还促进了基层治理，让乡村振兴既有颜值更有内涵。主要做法是：以政府购买服务、社会组织成立公益基金会、设立海峡两岸社区交流基地等形式引入乡村振兴各类陪伴式服务团队，各类团队通过深入调查梳理村民乡村建设需求、产业发展短板、资源利用现状等问题，协助基层乡村完成美丽乡村、生态保护、基础设施与公共服务规划。此举在创新基层治理的基础上实现村庄资源高效利用与产业特色升级，对基层村"两委"找准发展定位、梳理发展思路，组织村民全面参与乡村振兴各项事务发挥了重要作用。

8. 乡村产业升级促进师。为推动实现巩固拓展脱贫攻坚成果同乡村振兴有效衔接，福建省民政厅、省乡村振兴局联合开展"阳光1＋1（社会组织＋老区村）"牵手计划。福建省职业经理服务行业协会积极响应号召，与革命老区大田县建立"阳光1＋1"结对共建机制。福建省职业经理服务行业协会发挥在经营管理方面的优势，在大田县支持下，创新推出"造血输血相结合"的帮扶模式，以"阳光1＋1"助农产业馆为主要载体，通过培养农民主播、打造助农公益品牌、搭建产销平台、推出普惠金融卡、规划建设种植养殖基地等方式为老区"造血"。同时，通过设立革命老区发展专项资金，开展"阳光1＋1"爱心行动等为老区"输血"。一年时间，实现农产品销售超1200万元，惠及农户500多家，直接帮扶200余人就业，人均年增收4.6万元；帮助老区村募集各类慈善资金159万元，为助困、助老、助残、助弱等公益事业捐赠20万余元，300多户群众受益。

9. 乡村振兴指导员。为深入推进巩固拓展脱贫攻坚成果同乡村振兴有效衔接工作，宁夏银川市在2022年3月出台了《关于在乡村振兴中强化农村基层党组织建设的实施意见》，明确建立乡村振兴指导员制度，并于当年5月正式启动了乡村振兴指导员选派工作。主要做法：一是严格标准精准选派。从选人视野、资格条件、务实管用等3个维度明确了选派对象。二是明确职责补齐短板。主要围绕乡村振兴的党组织建设、产业发展、美丽乡村及乡村治理等内容确立了指导员的工作职责。三是优化机制加强管理。制定了工作机制、考核机制、培训机制等"三位一体"的指导员管理机制。四是强化激励健全保障。对指导员的激励保障注重实干导向，优先晋升获批年度"优秀"等次的指导员，同时制定指导员派驻工作期间的生活起居及各类保险标准等保障机制，确保乡村振兴指导员选得优、下得去、融得进、干得好。

（二）乡村建设辅导人才的招募方式

实施方式有招聘、派驻、向机构购买社会服务、招募志愿者等形式，其中聘任制是主要形式。从各省份实施情况来看，专职聘任制是主要方式。与乡村建设密切相关的乡村规划师制度有大量专职招聘形式，比如成都市乡村规划师、杭州市乡村责任规划师、广州市乡村规划师制度。专职聘任制实现了辅导员或者乡村规划师定点服务于乡村。专职聘期一般是 2～5 年。派驻形式包括兼职和全职派驻服务两种方式。比如杭州六大市属文艺院团派出了 6 名"文艺辅导员"和萧山区的 6 个村结对共建，属于兼职派驻的形式。全职派驻的主要涉及乡村建设任务量较大、需要长期驻扎的岗位，比如成都市派驻规划院所人员到乡镇挂职乡村规划师。向机构购买社会服务的形式通常发生在规划设计领域，这类服务多属于兼职服务，比如北京市责任规划师服务，就属于向社会团体采购相关服务。志愿者提供服务的形式与团中央等各级部门支持志愿服务、高校、社会组织开展社会服务有较大关系，而我国台湾则依靠政府力量推动。

表 1　主要人才制度的实施方式

省（市、县）	实施主体	人才名称	实施方式
江苏省	省文化和旅游厅	辅导员	购买社会服务
浙江省杭州市	杭州文艺院团	文艺辅导员	帮扶
宁夏石嘴山市	石嘴山市文化旅游广电局、文化馆	文化辅导员	帮扶
山东省平邑县	县委宣传部	文化辅导员	帮扶
安徽省阜南县	县文旅体局	文化辅导员	帮扶
广东省	广东省人民政府	规划师	购买社会服务
北京市	市规划国土委	规划师	购买社会服务
浙江省温岭市	温岭市建设规划局	规划师	购买社会服务
浙江省杭州市	浙江省小城镇环境综合整治行动领导小组办公室	规划师	购买社会服务

（续）

省（市、县）	实施主体	人才名称	实施方式
江苏省南京市	南京市规划局	规划师	购买社会服务
福建省	福建省	规划师	购买社会服务
重庆市	重庆市规划局巴南区分局	规划师	购买社会服务
上海市	上海市规划和土地资源管理局村镇处	规划师	购买社会服务
四川省成都市	县（市、区）人民政府	规划师	购买社会服务
银川市	市人民政府	指导员	帮扶
三明市沙县区	县（市、区）人民政府	辅导员	购买社会服务

（三）乡村建设辅导服务内容

现有各地开展文化辅导员制度与当前《乡村建设行动实施方案》契合，符合农村精神文明建设要求。围绕规划、道路、防汛抗旱、农房质量安全、人居环境等乡村建设内容，目前不少地方有乡村规划师、责任规划师、联村规划联络员等进行辅导，但各个地方相关工作内容实际上存在较大差异。

（四）乡村建设辅导服务成效

乡村建设辅导有利于为乡村建设提供高质量咨询服务和链接资源，提高乡村产品品质和服务开发能力。比如江苏省开展文旅辅导员以来，入选首批驻村辅导员的南京旅游职业学院副教授印伟，指导村庄新增"田间庖厨""躬耕田园""泡泡星屋"等旅游项目，极大提升了旅游产品的参与性、互动性和体验性。

乡村建设辅导制度为乡村建设提供了专业的指导，提升了乡村建设质量。比如成都自 2011 年实施乡村规划师制度以来，共参与规划审查的项目将近 1800 项，提出建议 2000 多份，代表乡镇政府组织编制规划 1565 项，特别是"一镇一规划师"制度对新建农房标准、风格进行严格的审核，提高了农民建房的美学性、经济性和质量。

乡村建设辅导制度引导了精神文明建设方向。从当前文艺辅导员和文化辅导员制度实施的要求来看，辅导员制度有利于送优质文化下乡，同时开展结对帮扶，培养了一批优质乡村文艺队伍。比如平邑县乡村辅导员组织指导镇街 400 余支广场舞队伍参加秋季广场舞大赛初赛，并从中选拔出 36 支参加县秋季广场舞大赛，线上线下观看超过 10 万人次，丰富了乡村生活。

（五）乡村建设辅导人才考核和激励机制

乡村建设相关专业人士派驻或聘任期限均为短期。对于专职聘任和派驻的各类辅导员，一般是 2 年以上聘期。社区文化辅导员一般是 2 年。规划师聘任年限一般在 2 年以上。

激励机制一般和利益直接挂钩。大部分非派驻的相关激励和薪资直接相关，比如成都规划师由年薪、绩效奖励、不同圈层补贴构成，年薪资大约在 20 万。派驻类的辅导员则和单位绩效有直接关系，比如石嘴山市的文化辅导员，其服务成效直接纳入对各县（区）文化旅游广电局及相关单位年度考核。选派挂职人员待遇一般保证挂职期间原单位行政级别和待遇不变，同时给予生活补贴。

考核一般是在任期结束时，并决定下次的聘任情况。对于派驻类的考核一般和其在单位的绩效考核挂钩。聘任制的如乡村规划师，考核更为严格，一般而言针对聘用期满、表现优秀的，可根据工作需要续聘。

（六）乡村建设辅导制度投入机制

开展乡村建设辅导制度的资金投入一般来源于财政专项或者社会资金投入。聘任制的一般由所实施的市、县（区）地方支持，比如成都市市级财政每年在城建专项资金计划中安排乡村规划专项经费3000万元。市级乡村规划专项经费纳入市级财政预算，专款专用，由市规划局管理，市财政局监督。相关县（市、区）政府相应设立乡村规划专项经费，用于乡村规划工作。一些地方也将城乡建设用地增减挂钩项目和土地综合整治项目指标交易收入，优先安排用作驻镇村规划师工作经费。

三、乡村建设辅导制度探索的主要问题

（一）乡村建设辅导政策缺乏系统性，单打独斗的情况较为明显

一是目前各地探索的乡村建设辅导政策均是根据本地乡村建设的突出短板所设立的，而乡村建设作为一项系统工程涉及乡村建设的各个领域，不同领域也存在较强的关联，只关注短板容易陷入"只见树木不见森林"的窠臼；二是基层的政策探索更多具有短期性和碎片化特点，缺乏国家层面的顶层政策指引；三是乡村建设工作的复合型特点决定了部门协同的必要性，而不同乡村建设辅导人才所属不同部门尚缺乏统一协调机制。

（二）地方财政东中西差距较大，乡村建设辅导人才配置差距大

当前各地开展乡村建设辅导员、乡村规划师建设等人才支撑工作和地方财力有较大关系，需要解决经济薄弱地区缺资金建立乡村振兴专业人才引进制度的问题。发展薄弱地区，以自有资金投入、参与乡村建设活动的能力有限，而且资金以用于建设项目、建设活动本身为主，缺少必要的专项资金计划投入到乡村建设人才的培养、支持等领域。从各地乡村建设辅导员制度以及相关人才制度来看，省会城市、东部城市的人才制度设置明显比财政保障能力差的地区好，大量的经济薄弱地区乡村建设缺少长效人才支持。以乡村规划师类似制度的实施来看，主要是沿海和各省会城市在实施。西部作为大都市人口乡村旅游的承载地，乡村建设缺少人才支撑，这不利于促进旅游消费的内循环。

（三）乡村对设计实施落地性要求高，缺乏接地气的乡村建设辅导员

乡村建设涉及规划、设计、建设、管护以及农民组织动员等，需要既懂技术又熟悉农村、了解农民的专业人才。调研发现，乡村建设辅导人才

队伍普遍还存在以下问题：一是乡村规划师从事城市规划的多，对乡村实际特别是民风民俗了解有限，村庄规划也多是通过几天调研就成稿的，往往落地性差。二是乡村规划师与农民对接少，农民参与程度不高。调研的几个省份不少村民甚至村干部都不知道村里已有规划，多数还看不懂村庄规划。三是部分乡村建设辅导人才缺乏议事、组织、动员农民的知识和办法，讲的话农民听不懂、不愿听，提的事农民不愿干、不配合。四是当前一些乡村人才制度存在年龄限制，一定程度限制了有经验的乡村规划师等乡村建设辅导人才加入。五是部分地方对乡村建设辅导人才认知有偏差，有的乡镇没有把乡村规划师当作乡镇规划管理的专业技术人才。六是大部分乡村规划师工作重心依然在乡镇层面，缺乏直接服务于村"两委"和村民的专业人员。七是部分乡村建设辅导人才在工作中尽管有情怀，但缺少归属感。

（四）社会化志愿服务有待提高，不少人才有意愿没机会参与

目前各类乡村志愿服务辅导人才多由政府直接发动，通过各类"党建＋"的形式开展，尽管取得了一定成效，但社会化志愿服务形式和模式还未完全建立，调动不同社会力量参与乡村建设积极性还缺乏强烈的社会氛围，如成都乡村规划师中的机构志愿者和个人志愿者，因无明确的工作任务要求，很少为乡镇规划管理工作投入时间和精力。缺少志愿服务高效平台也是当前面临的突出问题，调研发现一些大企业虽有企业社会责任的志愿服务要求，但是找不到参与乡村振兴的门路。

四、建立乡村建设辅导制度的建议

建立健全乡村建设辅导制度，要以习近平新时代中国特色社会主义思想为指导，深入贯彻党的二十大精神。坚持农业农村优先发展，坚持乡村建设为农民而建，顺应农民群众对美好生活的向往，将乡村建设辅导作为公共服务。以农民教育引导、村庄建设辅导为主要内容，以政治引领、乡

情感召、政策吸引、事业凝聚为导向，统筹整合相关辅导力量，聚焦品行好、有能力、有影响、有声望、热衷公益事业、热心家乡建设的专业技术人员、经济能人、文化名人、社会名流等人士。推进想干事、能干事、真干事的辅导人才下乡进村，让下乡进村人才稳得住、干得好、有保障。全力组织带动农民开展乡村规划和建设，使农民在乡村建设中的意愿得到充分尊重、权益得到充分体现、主体作用得到充分发挥，不断激发广大农民的创造伟力和内生动力，共建共治共享美好家园。

力争到 2025 年，乡村建设辅导制度基本建立，乡村建设辅导人才成为乡村建设的有生力量，农民参与乡村建设的动力明显增强、能力明显提高，乡村建设的整体质量和实效明显提升。到 2035 年，乡村建设辅导制度更加完善，乡村建设辅导人才成为乡村建设的重要组成部分，农民参与乡村建设的积极性、主动性、创造性得到充分发挥，乡村建设的质量和实效得到充分保障。

（一）全面评估乡村建设辅导人才工作绩效

从东、中、西部地区各选取部分省份开展调查评估，分部门、分类别摸清乡村建设辅导人才类型和数量，形成基本数据库。对乡村建设辅导人才的招募方式、辅导内容、工作绩效等进行全面梳理，评估建设与管理现状，分析问题和短板，提出工作思路和举措。

（二）建立乡村建设辅导购买服务清单

针对乡村建设规划、设计、建设、管护以及农民组织动员等方面，建立乡村建设辅导服务清单。明确公共服务定位，明确服务内容、服务标准、服务时限、服务费用、服务成效，通过政府购买服务方式，引导社会力量开展辅导服务。在项目谋划环节，将项目规划设计、协助审批农民安全建房和村庄风貌管理、农村基层组织建设辅导、乡村治理创新、壮大集体经济组织项目设计、推动社会主义核心价值观融入农村发展和农民生活、动员农民参与等纳入服务清单。

（三）创新乡村建设辅导引才机制

一是统筹农村实用人才培训等财政项目。单独设立"乡村建设辅导人才支持项目"，允许地方根据实际需求将乡村建设规划设计、乡村公共服务、乡村文化、乡村社会治理等人才招募纳入该项目予以支持。二是推进"组团式"辅导。以开展陪伴式规划、陪伴式建设、陪伴式运营、陪伴式管护为载体抓手，推进人才集聚，建立专业人才组团服务乡村建设机制，实现乡村建设谋划有"领路人"、群众参与有"主持人"、设施建设有"规划师"、盘活资源有"运营人"、创意发展有"策划人"。三是建立乡村建设辅导人才库。对有意愿有能力组织、辅导、发动农民参与乡村建设的退休公职人员、退役军人、驻村工作队员和下乡规划师、设计师、建筑师、工程师等各类人才，统筹纳入"乡村建设辅导人才"管理体系，按照"村有辅导人才、乡镇有工作站"的原则，以县为单元，建立"乡村建设辅导人才库"，对乡村建设辅导队伍实行统一管理，实时掌握各地情况。四是拓宽引进渠道。有机统筹政府采购社会服务、专业志愿服务、结对帮扶服务等，多方引入乡村建设辅导人才。五是支持建立乡村建设辅导人才工作站或实践基地。以工作站或实践基地整合各类人才协同开展乡村辅导，为乡村建设辅导人才提供基础支撑。

（四）构建乡村建设辅导人才管理制度

一是建立东西协作机制。将乡村建设辅导人才交流纳入东西协作范围，东部先行省份支持中西部地区脱贫攻坚巩固提升任务重的地区建立乡村建设辅导员制度，推进当地乡村建设、乡村治理和农村精神文明建设。二是建立以县为主的管理机制。中央和省级有关部门加强指导，将考核权、激励机制的设定与执行下放到县级，确保县级人才使用自主权。三是建立资格认定制度。根据乡村建设辅导人才需求建立专业技能认定标准，将乡村建设辅导员职业水平评价制度纳入全国专业技术人员职业资格证书制度统一规划。四是完善多元化人才招募机制。针对招聘、购买社会服务、专业志愿服务、结对帮扶服务等，分类建立不同的人才招募制度。五是建立分类评价和流动机制。引导地方按照规划设计辅导、文艺和文化类辅导、协商议事辅导等分类，建立辅导绩效量化评价标准，为乡村建设辅导员招募、晋级和激励提供参考依据。六是建立供需对接服务平台。制定专业志愿者服务乡村建设实施方案，依托"中国社会帮扶网"等平台建立乡村建设专业志愿服务供需对接平台，实现"菜单式"志愿服务。

（五）提升乡村建设辅导人才服务能力

一是强化服务指导。中央有关各部门根据《乡村建设行动实施方案》和《农民参与乡村建设指南（试行）》，制定乡村建设辅导工作指引，编写乡村建设辅导员工作手册，提供政策指导。二是加强师资培训。从全国遴选一批优秀辅导人才和乡村建设辅导员培训工作先进县，搭建师资、教材和资源链接平台，组织乡村建设辅导师资队伍进行研讨交流，解决当前乡村人才能力不足问题，为规划师、建筑师、文化工作者、社区治理人才、数字乡村人才等下乡服务提供接地气的培训。

（六）健全乡村建设辅导人才激励制度

一是加强职业认定。将乡村建设辅导员纳入《国家职业资格目录》，同时兼顾乡村建设不同领域的专业人才申报和认定。二是建立评选激励机制。引导各地建立乡村建设辅导员绩效奖励机制、乡村振兴领域相关奖励激励机制，鼓励乡村建设辅导人才申报评奖，加大激励力度。三是建立完善"入股"机制。借鉴农业科技人才"科技入股"的经验，鼓励乡村建设辅导人才通过科技入股、资金投资或其他形式领办联办乡村建设类经营实体，激发乡村建设辅导员创新创业活力。

课题组牵头人：韩　芳　苟天来
课题组成员：王军强　张丹明

关于激发和引导农民参与乡村建设的研究报告

农业农村部管理干部学院课题组

农民作为乡村建设的主体，其主体性功能的发挥，关乎乡村建设行动的成败。如何激发农民参与乡村建设的积极性、主动性和创造性，引导广大农民共建共治共享宜居宜业和美乡村，是践行以人民为中心发展思想，真正实现乡村建设为农民而建的有效实现途径。国家乡村振兴局委托农业农村部管理干部学院组建课题组，围绕激发和引导农民参与乡村建设进行研究。课题组面向各级农业农村部门负责人、地市党政领导干部、村民代表等发放了调查问卷，回收问卷139份，有效问卷134份，问卷涵盖29个省份，收集引导农民参与乡村建设的案例121个，并赴福建、广东、湖南、云南、宁夏5个省份开展实地调研，筛选12个典型案例写入报告，总结农民参与乡村建设的9条原则和25种机制方法，提出了6条对策建议，以期为完善农民参与乡村建设机制提供参考。

一、农民参与乡村建设现状与问题

（一）动员农民参与不够深入

一方面，留守村民年龄老化，参与能力不足，乡村建设农民参与程度不够。另一方面，引导和动员农民参与乡村建设的方法措施有限，主要体现在四个方面：一是部分地区基层党组织发挥作用不够，党员干部先锋模范作用不突出，没有起到宣传凝聚服务群众的作用；二是有些地区的村民委员会等村民自治组织执行力不强，民主议事制度不健全，在农民中的威信不高，组织和发动农民参与的办法不多；三是不少村集体经济实力不强，集体经营性收入偏低，无法有效引导和带动农民承担建设和管护任务；四是有的村镇宣传发动农民参与乡村建设方法简单粗暴，没有让农民全方位了解村庄建设的政策与发展方向，农民被动参与乡村建设，思想上和行动上都不够积极，主人翁意识发挥不够。

（二）农民参与规划缺少渠道

乡村建设，规划先行。农民的主体作用在村庄规划和建设环节发挥不够，主要体现在三个方面：一是编制过程缺少深入调研，外来的技术团队驻村时间短，或照搬城市规划步骤，对村庄特征、发展脉络了解不够深入，导致村庄规划"水土不服"，脱离农村的实际；二是规划编制过程中，农民参与度有待激发，村庄规划听取农民意见不够，极少能通过村民会议等方式征求农民对于规划及建设的意见，存在"替农民选择""替农民做主"的现象；三是农民对规划认同度不高，一方面源于许多村庄规划专业性太强，农民看不懂，自然认同度不高，另一方面，规划公开公示、宣传推广不到位，不同意见得不到有效沟通，矛盾分歧得不到有效化解，规划执行效率不高。

（三）农民参与建设方式偏少

各地实践中虽涌现出投工投劳、以工代赈、工分制等多种农民参与乡村建设的方式，但总体看，农民在乡村建设的过程中还处于弱势地位。主要体现在三个方面：一是多部门参与乡村建设，博弈后实施的建设项目往往与农民需求强烈、短板突出的项目不一致，没有充分征求农民意见，导致项目落地后使用率低，农民缺乏获得感；二是项目建设责任主体不够明确，基层干部担心追责，所有项目不论大小、技术要求不论高低，只通过招投标一种方式，本村农民、村集体经济组织、合作社缺少参与机会；三是项目建设的进度、质量等发动群众监督力度不够，村内公示栏流于形式，存在"政府干，农民看都不看"现象，农民的知情权、监督权没有得到充分落实。

（四）农民参与管护的机制有待完善

农村公共基础设施和公共服务设施重在建，更重在管。不少地方由政府购买第三方服务公司负责管护，成本高，农民参与度低。有的地方虽主要依靠农民运营维护，节约了经费，但因缺少监督及奖惩机制，管护效率低下，体现在三个方面：一是建设与管护缺少同步规划，"重建轻管"问题突出。由于早期大量资金投入项目建设，后期管护经费不足，农民参与管护的动力不强。二是村级组织、驻村和农民间管护职责不清。多数地区乡村基础设施产权不清晰，管护主体不明确，农民参与管护积极性较高，却师出无名。三是管护方式不科学，没有建立长效管护的责任与监督机制。受建设经费、年龄结构、工作能力等条件制约，引导农民参与项目管护仍缺乏长期有效、普遍适用的方式，无法有效调动农民积极性，管护效率偏低。

二、各地组织带动农民参与乡村建设的机制方法

通过调研发现，凡是乡村建设搞得好的地方，农民被组织带动的都很充分，我们梳理总结其中的一些共同特点，并将其归结为农民参与的九大原则，即党建引领、民主集中、多元参与、各司其职、多措并举、循序渐进、奖罚分明、群众监督和农民满意。同时，课题组梳理了各地组织带动农民参与乡村建设的25种机制方法。

（一）农民参与乡村建设规划阶段的方法

主要包括6种方法。一是考察法，采用"请进来＋走出去""理

论＋实践"等多种方式，引导农民学习典型模范村庄先进经验，找到村庄发展不足，取长补短、学以致用，帮助农民增长见识、理清思路，提升农民参与乡村规划的意愿和能力。二是村民议事法，通过村民议事扩大基层民主，保障农民直接行使村民民主权利，有效组织农民参与村庄事务、扩大农民参与渠道，让农民充分参与村庄规划的有效途径，实现了"民事民议、民事民办、民事民管"。三是陪伴式规划法，乡村规划师"陪伴"村民参与乡村建设全过程，包括"乡村规划—村庄设计—建设实施—运营赋能"，改变传统规划挂在墙上"只能看不能用"的弊端，有效保障规划方案落地性。四是多元参与法，以"乡情"为纽带，鼓励乡贤、公职人员、在外创业者等不同人群返乡参与乡村规划和建设，形成了人人参与、共建共享的良好格局。五是乡村建设辅导员制，以招聘、派驻、购买社会服务、设置公益性岗位等形式招募辅导员深入农村进行村庄规划、产销对接、技术指导、品牌策划、文化挖掘等工作，为基层政府尤其是村"两委"推进工作提供决策参谋，为乡村建设注入新的人才活力。六是功德榜激励法，表彰捐资修路、拾金不昧、见义勇为、孝老敬亲、助人为乐等好人好事，让村民以"上榜"为荣，引导农民破除陈规陋习，使农民群众内心有尺度、行为有准则，提升乡村社会文明程度。

（二）农民参与乡村建设设计阶段的方法

主要有 2 种方法。一是通过加强基层党组织建设，发动组织农民。提前入位、主动作为、率先谋划，把上级政策和要求吃透把准，积极向乡镇党委政府咨询政策、反映情况、争取支持。发挥党组织凝心聚力作用，解决乡村建设过程中存在的群众凝聚力差、政策措施难响应等问题。二是通过健全农民自治组织和群团组织，发动引导农民。发挥村民委员会、村务监督委员会、农村集体经济组织等在协商议事、决策建议、村庄管理、传承文化等方面的积极谋划作用，广泛征集村民对建设项目的意见建议，将分散的群众力量组织起来，更好地参与到乡村建设中去。

（三）农民参与乡村建设建设阶段的方法

一是工料法。以雇工购料、就地取材等方式组织有劳动能力、有投工意愿的农民参与项目建设，向其配送施工材料及提供所需机械。解决乡村建设项目农民参与程度不高、政府大包大揽的问题，有利于提高农民收入，实现就地取材、变废为宝。

二是以工代赈法。政府或村集体发动当地群众特别是已脱贫群众、易地搬迁群众、老弱病残特殊群众等参与"以工代赈"项目务工，激发农民自力更生、艰苦奋斗的精神，破除"等靠要"的消极思想。

三是"先建后补，以奖代补"法。通过设立等级标准，达到不同标准给予不同额度的奖励，引导基层乡村建设高质量发展的一种激励方式。尤其在农房改造升级过程中按照"统规自建"的原则，由村"两委"根据全村整体风貌规划要求设计出若干可供农户挑选的样式，农民自主选择样式和施工方式，可以自己施工，也可以选择施工队，完成后予以 2 万～10 万元的奖励，激励农民主动参与到旧房改造升级过程中。

四是工分制。通过设立等级标准，达到不同标准给予不同额度的奖励，引导基层乡村建设高质量发展。既达到了财政资金的引导作用，又让农民得到收益，激发了其参与乡村建设的热情，农民的参与度和满意度大大提高。

（四）农民参与乡村建设管护阶段的方法

一是承包制。基层政府或村委会发动农民群众积极参与到乡村建设中来，从小事做起，从自家门前屋后做起，改变"脏、乱、差、臭"现象。实行较普遍的是"门前三包"，村委会因地制宜明确各户的责任范围，约定农户负责门前环境卫生清洁、绿化管护、停车管理等内容。对"门前三包"责任制表现优秀的农户，给予表扬和奖励，对违反约定进行批评教育。部分地区可结合村庄实际探索"五包"甚至"七包"等范围更广、机制更灵活的方式方法。

二是受益户共有制。针对村庄一些基础公共设施普遍失修和无人管理的问题，村集体经济组织结合当地实际探索公共设施使用权与受益农户挂钩的受益户共有制度。其内涵是将一定期限使用权划归受益农户，受益群体以每个成员的受益面积（人数或受益程度）为基础确定其共有份额，经营管理由受益群体自主决定，并用合同明确权利义务。此方法在一些地区也称为认领制，即通过使用者认领的方式实现公共设施的长效管护。

三是使用者付费制。使用者付费制是在充分考虑成本变化、农户承受能力、政府财政能力等因素的情况下，农民付费使用农村基础公共设施和公共服务的一种方式。以收取农民污水处理费为例，按照补偿成本并合理盈利的原则，地方政府制定或调整污水处理收费标准，按吨征收农民生活污水处理费，切实保障污水处理设施建设和运行维护，保障农村生活污水治理成效，助推水资源的节约与循环利用。

四是公益岗制。通过岗位设置引导农民参与乡村建设，提高农民收入水平。地方政府按照"同类合并、职能整合"的原则，按需设立护林员、垃圾清理员、道路安全员等多个公益性管护岗位，优先从农村低收入群体中聘请管护员，负责村属公共基础设施日常巡查、小修、保洁等管护工作。村"两委"具体负责公益性岗位人员的统一管理，组织做好任务分配和日常管理，促进公益性岗位切实发挥作用。同时，完善村级公益性岗位考核考勤制度，实行量化考评，一天一统计，一月一汇总，考评结果直接与绩效工资挂钩，对参与积极性高、工作态度认真、工作方法得当、有突出贡献的农民给予物质和精神奖励。

五是积分制。以问题为导向，以积分为手段，将乡村建设中的各项事务进行分类赋分，以分测评、以分奖惩。由村"两委"、村民等成立积分制领导管理小组，围绕农村人居环境整治、农村基础设施建设等重点内容，发放征求村民对积分管理建议书，及时提交村民提出的"金点子"，经村"两委"讨论后，再次征询村民意见，依法依规逐步完善积分实施细则，形成《积分制管理工作实施方案》，经村民代表大会投票表决通过后实施。在具体执行过程中，积分可分为基础分、奖励分和处罚分，逐人建立积分动态管理台账。有条件的村庄可通过建立 App、小程序等线上系统进行积分管理。积分制可配合红黑榜使用，根据村庄实际，按照月度或季度进行评分总结，积分靠前的村民进入"红榜"给予奖励，积分靠后的村民进入"黑榜"进行批评教育。为加大积分激励效果，可将积分应用与福利待遇、兑换物资、积分贷款等进行创新结合，使村民更积极主动参与到乡村各个方面的发展中，有效激发乡村内生发展动力。类似通过积分形式组织动员农民参与乡村建设的方式还有道德银行、爱心超市、"信用＋积分"等。

六是红黑榜激励法。红黑榜一般结合积分制、道德银行等评比分值使用，可分为月度榜、季度榜和年度榜。村级成立由人大代表、政协委员、老党员、群众代表、新乡贤组成的"红黑榜"评选理事会，建立健全"一户一档案、一月一公示、一年一奖惩"机制，由村委会根据积分情况定期动态更新榜单，以"红榜为荣、黑榜脸红"的方式正向激励和反向约束群众，根除群众"干的干、看的看、干多干少一个样"的陈旧思想。以"红黑榜"的形式把道德评议、自我教育的尺子交给群众，表扬先进、鞭策后进，让群众选典型、学模范、争先进、树标杆，不断激发农民参与乡村建设的热情，提振乡村建设"精气神"。

七是"大小手"法。鼓励大人和孩子结对参与打扫家庭内外卫生，疏通沟渠，清理杂草，清扫村庄公共区域等多种方式参与乡村建设。

八是"村规民约"。在订立或者修订村规民约时，将乡村建设的相关内容纳入其中。包括：农民积极参与村庄规划建设管理、基础设施运行维护；参与乡村建设项目，并对建设项目进行监督管理；自主开展庭院绿化美化，庭院前后保持整洁；农民建房应服从村庄建设规划；生活垃圾要集中处理，卫生厕所要勤清洗等。对违反村规民约，如不按规划建房、破坏公共环境与公共设施等行为进行相应惩罚。鼓励村民积极参与乡村规划建设管理、人居环境整治、清洁能源使用、数字乡村建设等，对有贡献的村民给予一定的物质或精神奖励。同时，探索建立动态调整机制，定期对村规民约执行情况进行总结分析。

九是擂台法。擂台法是充分利用"邻里效应"，把乡村建设重点任务作为比试内容，采用"现场观摩、现场打分、现场宣布"的方式，以村、镇、县、市为单位，层层推进的一种评比激励方式。具体做法是由镇政府组织，将擂台摆到村口，以村为单位发动农民通过实地考察拍照、专家暗访打分、网络投票等方式比环境、比风貌、比治理，互相找问题、提建议。然后组建由镇主要领导、行业部门、镇域各村党委书记构成评审团，村级负责人上擂台"PK"对决，现场亮牌打分出成绩。最后逐级扩展到乡镇、县和市，层层推进，相互打擂比武，选树一批乡村建设示范村镇和现场观摩点，对优秀案例和经验做法进行宣传推广，切实通过典型经验引路，推进全市乃至全省的乡村建设工作。

十是使用者协会。使用者协会是对有一定收益的乡村建设项目进行有效的、长期的管护，由使用者自发组织成立的民间组织。例如农村小型水利工程，根据使用范围，以村集体或村民小组为单位组建使用者协会，由协会进行设施的使用收费和日常维修养护。完善使用者协会的组织机制，明确协会职责，协会成员共同商定设施使用费用收缴标准，及时公开费用使用情况。此方法与使用者收费制本质的区别在于是否成立运营管护组织。

十一是房长制。在村庄内河、湖、街、巷、房屋等区位设置管理员，维护管理其卫生、安全、秩序等日常事务。以房长制为例，是以区域主要领导负责、相关部门协作联动，由县、乡、村主要负责人担任"房长"，以保障农房建设合法、合规、安全、有序为目标，建立县、乡、村三级房长机构。建立"网格巡查＋卫片核查"农房巡查机制及"乡呼县应"的执法协同机制。启用"智慧房长"监测，采用"互联网＋"管理模式，构建县、乡、村三级管理网络服务体系，建设农房数字化动态监管平台作为农房管理"管家助手"，将农村建房申请审批、网格巡查、工匠管理、监督考核、应急处置等全方位纳入动态监管。

十二是寨管家法。基于网格化管理方式，以行政村为治理基本单元，综合历史沿革、地理相邻、利益相关等因素，按照便于组织、管理、服务的原则，将村民细分为一个或多个"寨子"作为治理网格，每个"寨子"设立"寨管家"。"寨子"区域内的村组道路桥梁、河塘沟渠、绿化亮化等农村公共基础设施全部纳入"寨管家"管护范围。推行寨管家管护方式，首先应根据村庄实际确定管护人员，明确其管护职责。乡镇应与"寨管家"签订责任书，明确管护项目内容、管护标准、质量要求、时间进度、工作职责、奖惩措施等，做到细化量化具体化。同时，筹集管护经费，财政资金设置专项账户，规范支付、使用程序，用于管护人员报酬、公共基础设施修缮、设备更新、运行维护等。各村亦可通过集体出资、群众自筹、社会捐助等方式筹集经费，解决"寨管家"劳务费、考评奖励金等经费。

十三是共享共管制。共享共管制是引导农民共享村级公益性设施的同时，付出时间、精力、资金等共同管理好此类设施的一种机制办法。一般以行政村为单位组建村级公益性设施共管共享理事会（简称"理事会"），为村民自治组织。理事会设立理事长、副理事长各1名，理事一般不少于5人，由村社（组）干部、有威望的乡贤、群众认可的村民通过村民会议或村民代表会议民主选举产生。理事会负责村级公益性设施登记造册，建立台账，制定管护制度；负责日常巡查，掌握村级公益性设施运行情况，排查安全隐患；组织村级公益性设施的常规性维修；提出公益性岗位设置意见，负责公益性岗位人员日常管理和考核。同时，以行政村为单位设立村级公益性设施共管共享管护基金。管护基金主要用于村级公益性设施维修材料费等支出，由理事会提出使用意见，经村"两委"审议后实施。村级公益性设施维修所需人工由理事会组织村民投工投劳解决。

以上是农民参与乡村规划、设计、建设、管护四个阶段常用的25种机制方法。一种方法不局限于某一个阶段，一个阶段也不局限于某一种方法，需要互为补充，共同促进。此外，引导农民参与乡村建设的方法还可以根据不同功能分为激励、监督、保障三种类型。在激励方面，使用功德榜、红黑榜、积分制、受益户共有制、"先建后补、以奖代补"等方法；在监督方面，使用村民议事、多元参与、村规民约、房长制等方法；在保障方面，使用承包制、公益岗制、寨管家等方法。

从使用者角度可分为县级、乡级、村级和农民个人四种类型。面向整县推进时可根据现行政策统一实施以工代赈、"以奖代补、先建后补"、公益岗制和擂台法等，在全县形成"你追我赶、互竞互促"的格局；面向乡镇推进时可实施工料法、寨管家法等，统筹整合镇域内人才、技术、物料等资源以推进乡村建设；面向全村推进时可通过党组织发动农民、农民自治组织和群团组织发动农民，以及功德榜、积分制、村规民约等动员激励措施；在面向村民个人时，可采取承包制、受益户共有制、房长制、使用者付费制等多种方式唤醒农民的主人翁意识，引导其正确、有序参与乡村建设。

不同方法激发和引导农民参与乡村建设的切入点不同，但在各地落实以农民为主体，践行"乡村建设为农民而建"的过程中发挥着举足轻重的作用，值得各地借鉴推广。

三、构建农民参与乡村建设机制

乡村建设过程中，为实现各级政府、村级组织、农民以及市场主体协调合作，一些原则是必须始终坚持的，一些方法是各环节都可以使用的，有些方法是需要根据当地具体情况进行选择和组合的。针对目前普遍存在的村集体带动能力不足、农民主体意识不强、参与能力弱、参与渠道少、政府大包大揽等问题，各地探索出农民参与的动员机制、参与规划和设计的机制、参加乡村建设的机制、参与管护环节机制以及保障机制五种机制。初步构建起激励有效、行动有范、保障有力、监督有方、成果共享、简单实用可持续的农民参与机制。

（一）构建乡村建设的农民动员机制，广泛发动群众，调动农民参与乡村建设的积极性、主动性

在坚持党建引领、配齐配强基层党支部的前提下，充分发挥党员和干

部的带头作用，发挥驻村第一书记和工作队作用，压实党员、网格员等作用。采用考察法、擂台法、功德榜等方式方法激发农民建设美好家园的内生动力。通过"走出去""请进来"的方式提升农民参与乡村建设的能力素质。做好乡村建设行动的宣传发动，让农民充分了解村庄建设政策和建设定位，了解参与路径和参与方式，引导农民在思想和行动上积极支持村庄建设。

（二）构建农民参与规划、设计的工作机制，尊重农民意愿，充分发挥农民的聪明才智

坚持农民满意原则，通过村"两委"和志愿者协会、老年协会等群众组织，采用村民议事法、一事一议、进村入户、院坝会等方式畅通民意渠道，引导农民在依法守规的前提下，共商发展定位、共议发展难题。通过多元参与法、陪伴式规划、乡村建设辅导员制等方式广泛吸收在村和外出务工人员的意见建议。规划方案上墙上网，保障农民的知情权，使村庄的规划和设计更加符合当地的风土人情。及时回应村民在乡村建设中的急难愁盼问题，提高方案的可行性，提高农民的获得感。

（三）构建农民参与乡村建设机制，鼓励农民投工投劳，降低建设费用，增加农民收入

坚持乡村建设由农民而建，坚持奖罚分明原则，乡村建设人人有责、人人尽责。采用"先建后补、以奖代补"、工料法、工分制、以工代赈等方式鼓励农民投工投劳投资投料。注重发挥乡村工匠和村民在农村小型简易工程中的主体作用，注意吸纳更多农村低收入群体就地就近就业。坚持群众监督原则，建设项目要公示，建设项目的位置、投资、工期、施工单位、举报电话、邮箱等信息，尤其是建设项目的质量标准和收支情况要公开。既要组织村民代表组成监督小组，也要发动群众随时随地监督，确保工程质量，提高群众的满意度。项目验收须由村民代表和村务监督委员会负责同志签字同意。

（四）构建农民参与设施管护机制，建立农村公用设施的长效管护机制

农民既是受益主体也是管护主体。按照各司其职的原则，明确政府、村庄、农户的权责边界，坚持建管并重、长效运行，推行"门前三包"、受益农民认领、组建使用者协会、付费制、村规民约、积分制、红黑榜等方法，构建起多元参与、村民主体的管护体系和机制。

（五）构建农民参与的保障机制，实现农民有效、有序参与乡村建设

强化政策引导，把"助农民参与、为农民谋利、让农民满意"作为检验工作成效的重要考量，形成推动农民参与乡村建设的共识和合力。进一步放权赋能，明确村庄建设项目简易审批额度标准，为农民参与实施建设提供机会。创新组织和引导农民参与的方式方法，把农民对乡村建设项目的知晓率、建设行动的参与率和建设成果的满意度作为批准立项、奖补资金拨付、竣工验收的重要指标。强化宣传，形成全社会鼓励农民参与的良好氛围，加强对农民的培训，提升农民参与能力，加强对农民参与方式方法以及典型案例的推广宣传，提升各级政府和村"两委"组织引导农民参与乡村建设的能力，拓宽农民参与的渠道和路径，切实保障农民的知情权、参与权和监督权，深入开展美好环境与幸福生活共同缔造活动，推动形成乡村建设以政府为主导、以农民为主体的生动局面。

我国各地社会经济发展不平衡，各村乡风民俗各异，各地要在遵循农民参与乡村建设的若干原则的前提下，根据乡村建设不同阶段，因地制宜地选择适合村情民意的农民参与方法，构建起适合本地的农民参与激励机制、约束机制和保障机制，引导农民全程有序、有效参与。

机制没有最好的，只有最适合的。机制也不是一劳永逸的，需要根据发展需要与时俱进、不断完善。评价一个地方是否有完善的农民参与乡村建设机制，就是要看在乡村建设全过程中，是否充分发挥了农民的主体作

用。农民（或农民集体）通过出资、出料、出工、出智（出主意），从"站着看"转变为"动手干"，切实保障了农民的知情权、参与权和监督权，实现了宜居宜业和美乡村建设的共商、共建、共管、共享，促进全体农民的共富共美。

四、农民参与乡村建设的政策建议

（一）进一步强化政策引导，逐步形成促进农民参与乡村建设的合力

保障和支持农民参与乡村建设是以人民为中心的发展思想落实到农业农村发展中最直接的体现，是贯彻乡村建设为农民而建重要指示的必然要求，更是乡村振兴的出发点和落脚点。各级政府应把"助农民参与、为农民谋利、让农民满意"作为检验工作成效的重要考量。进一步强化政策引导，将"农民参与乡村建设"作为全国文明村镇及乡村振兴示范县、示范村镇创建的重要内容，同时纳入美丽宜居村庄示范创建和美丽庭院评选指标，甚至是下步乡村振兴规划内容等；将"农民参与乡村建设"纳入各级乡村振兴重点督查激励范围，健全农民参与乡村建设考核机制，将部署推动情况、农民参与范围情况、农民满意度、总结宣传及督导考核情况等纳入乡村建设评价，绩效考核结果与专项激励资金挂钩。各参与部门综合施策，上下齐心，形成推动农民有效参与乡村建设的合力。

（二）进一步放权赋能，明确村庄建设项目简易审批额度标准，带动农民实施建设

解决乡村建设中政府大包大揽的问题，关键在于明确农民参与农村小型建设项目简易审批的标准。应进一步明确小型工程的资金额度，提高基层可操作性，施行简易审批。对村内道路、供排水、环境卫生、公共服务等技术要求简单、安全性要求低、村内可组织实施的建设项目，应优先由村集体经济组织作为项目法人实施，组织有劳动能力、有投工意愿的农民

参与建设；对入户路、卫生户厕、宅前屋后和庭院绿化、危房改造等由财政补助、与农民居住环境紧密关联的项目，应由村集体经济组织作为项目法人，加强技术服务，指导农民自主建设；对村内供电、供气、电信、农产品仓储保鲜等基础设施运营企业和农民合作社为主承建的项目，政府应引导企业按照"应用尽用、能用尽用"的原则，采取"以工代赈"等方式组织农民参与建设。

（三）进一步明晰农民参与的考评指标体系，为保障农民知情权、参与权提供抓手

将项目实施前农民对乡村建设政策和参与方式的知晓率，项目实施中农民以投工投劳、捐款捐物、志愿服务等形式参加建设的参与率，项目实施后农民对项目质量和建设效果的满意度，分别作为批准立项、奖补资金拨付、竣工验收的重要指标。定期出版"农民参与乡村建设白皮书"，将各地农民参与乡村建设的短板问题、经验做法进行梳理汇总，督促和激励各地抓好、抓实农民全程有效、有序参与，切实保障农民权益。

（四）进一步强化乡村人才队伍建设，为引领农民参与乡村建设提供人才保障

开展乡村工匠等人才培育，提升农民的参与能力。发挥驻村第一书记、乡村建设辅导员等"外脑"作用，帮助和指导农民参与建设行动。积极推动将乡村建设指导员、辅导员和协管员等职业纳入人社部职业分类大典；研究制定乡村建设辅导员职业技能标准，编制乡村建设指导员队伍通用培训教材。明确考核评价机制，探索建立乡村建设指导员年度评议、考核机制，为乡村建设培养专业人才，更好带领农民合法、合规、合情、合理参与乡村建设。

（五）进一步发挥村级基层组织作用，为农民全程参与乡村建设提供多元渠道

围绕乡村建设发展新型集体经济组织，建立新型利益联结机制，为农

民参与乡村建设提供长效动能。鼓励各地村集体经济组织、民营企业及社会团体等共同成立"陪伴式"乡村发展公司等，农民以各种形式入股，参与村庄建设，分享利润和红利，同时因地制宜开发公益性岗位，促进农民直接参与乡村建设。

（六）进一步加强典型案例宣传，更好发挥示范带动作用

加强科研课题成果转化，做好农民参与乡村建设方式方法和典型案例线上线下宣传推介，提升各地组织农民参与的能力。通过典型选树、表扬通报、案例选编等方式，深入宣传农民参与乡村建设的好模式、好做法，发挥示范带动作用。对考评结果优秀的地方开展表彰活动，进一步调动各级干部和农民参与乡村建设的积极性。做好典型案例征集和宣传推介工作，采取典型案例选编、微课录制、工作手册编制等方式，利用线上培训平台、微信公众号等，进行多种形式宣传推介，营造良好舆论氛围，助力提升各级干部发动组织农民参与乡村建设的能力。

课题组牵头人：高文永

课题组成员：肖　瑶　陈　瑜　赵海楠　唐　也　纪永金
　　　　　　　晏　妮　鞠　利　朱云云

推动健全乡村公共基础设施
管护机制情况报告

农业农村部农村社会事业发展中心课题组

  乡村公共基础设施是推进乡村全面振兴的重要基础，健全乡村公共基础设施管护机制，有利于设施长期稳定发挥作用、促进乡村高质量发展。习近平总书记在第十八届中央政治局第二十二次集体学习时强调指出"要完善农村基础设施建设机制，推进城乡基础设施互联互通、共建共享，创新农村基础设施决策、投入、建设、运行管护机制"。党的二十大报告指出，"要统筹乡村基础设施和公共服务布局，建设宜居宜业和美乡村"。当前我国乡村公共基础设施建设取得了长足进展，总体上步入了"由建及管、建管并重、更加注重管"的新阶段，但也面临管护动力不强、权责不清、资金不足、监管不严、人员缺乏等突出问题。国家乡村振兴局委托农业农村部农村社会事业发展中心组建课题组，从研究乡村公共基础设施管护特征与现状入手，分析我国乡村公共基础设施管护现状与形势，梳理国内外经验与启示，提出健全乡村公共基础设施管护机制的思路、对策和建议。

一、我国乡村公共基础设施管护的特征与现状

  乡村公共基础设施是在乡村建设中为促进农村生产和方便农民生活而提供的公共设施的总称，按经营属性可分为"非经营性、准经营性、经营

性"基础设施；按功能属性可分为"水利类、能源类、交通类、人居环境类、教育卫生类、文化体育类、民政类、通信类、物流类"等 9 大类基础设施。一般而言，乡村公共基础设施管护普遍具有分散性、多样性、公益性、时效性等特点，我国乡村公共基础设施管护方式主要有"政府主导、市场供给、村组自管、建管一体" 4 种类型，其中又以政府主导为主要方式。

近年来，党中央、国务院高度重视乡村公共基础设施管护工作，2022年中央一号文件提出，要明晰乡村建设项目产权，以县域为单位组织编制村庄公共基础设施管护责任清单。《乡村建设行动实施方案》就健全长效管护机制作出专门部署。各地认真贯彻中央部署，推动乡村公共基础设施管护能力建设。总体而言，乡村公共基础设施管护呈现从无到有、由点及面、不断扩展的趋势。

（一）统筹设计不断完善

国家发展和改革委员会、财政部发布的《关于深化农村公共基础设施管护体制改革的指导意见》明确了农村公共基础设施由谁来管、如何管、经费从哪里来等问题。江苏、福建、山西、贵州、青海等 18 个省（自治区、直辖市）先后制定了公共基础设施管护体制改革文件，为提升管护水平和质量提供支撑。

（二）管理体系不断延伸

农村交通、教育、医疗、通信、水利、田间工程等设施布点越来越多，设施维修养护也相应延伸，如农村公路基本实现"有路必养、养必到位"。在不断延伸的公共基础设施管护体系下，95％以上的农村实施了清洁行动，全国已打造了 5 万多个美丽宜居村庄。

（三）标准规范不断增多

国家层面出台了《农村公路养护技术规范》《关于做好农村供水保障

工作的指导意见》《村卫生室管理办法（试行）》《农村公共厕所建设与管理规范》等 50 多个指导性文件，各地积极探索建立管护机制的标准规范，制定了公共设施管护方案或办法，相关管护标准或形成文字予以固定，或村民互相认可。

（四）管护力量不断增强

各地组建了行业部门巡查、运营企业运维和村级自主管护等队伍，逐步打通乡村公共基础设施管护"最后一公里"。总体上看，教育、体育、文化、卫生、人居环境等设施管护资金以各级财政为主，燃气、通信、邮政、电力等设施管护资金以运营企业为主，其余类的管护资金由政府、村集体共同负担或以筹工筹劳方式解决。

（五）管护模式不断创新

各地结合乡村建设、乡村治理实践经验做法，统筹"政府主导、市场供给、村组自管、建管一体" 4 类管护方式，创新运用云计算、大数据、智能化和物联网等新技术，形成了江苏省泰兴市"红色物业"、山东省莱西市"物管农村"、广东省佛山市"乡村 CEO"等管护机制，推动已建成设施正常运转、持续发挥作用。

二、当前乡村公共基础设施管护面临的突出问题

为深入了解我国乡村公共基础设施管护现状，课题组通过问卷形式对基层干部和普通村民进行了调查。对回收的 1069 份问卷分析表明，基层干部群众对乡村基础设施管护的认识主要体现为 4 个方面：一是基础设施管护工作日益受到重视，占比 57.32％的县（市、区）主管部门开始制定管护计划或方案；二是乡村基础设施管护总体满足度不高，仅有 33.78％的村民表示乡村公共基础设施管护状况很好，设施能得到定期检查和维护的村庄不到四成；三是管护存在的突出矛盾仍是经费不足，57.02％的村

干部认为乡村公共基础设施管护资金存在缺口；四是村委会管护压力较大，七成管护责任落在村委会，村干部兼职仍是公共基础设施管护的主力。

结合实地调研和问卷调查可以判断，我国乡村公共基础设施管护机制建设整体水平偏弱，管护不平衡不充分仍然是当前存在的突出问题。管护不平衡主要体现在，受地方经济社会发展水平和专项工作进展影响，不同地区管护水平参差不齐，不同类别设施的管护成效不平衡。管护不充分主要体现在，乡村基础设施管护满意度较差，建、管、用未能同步进行，使用效能发挥不充分，满足百姓对现代生活的需求极不充分。具体表现在 5个方面。

（一）管护动力不强，"重建轻管"依然突出

一是管护与建设缺少同步规划、同步推进，大多地区乡村规划重公共基础设施建设而轻村庄长效管护，顶层设计存在缺失。二是管护难以保障基础设施最大限度地发挥服务效能，早期投入的设施建设标准低，大部分乡村能小修小补、难中修大修。

（二）管护权责不清，管护链条衔接不够

一是乡村基础设施产权不明晰，在 2017—2019 年的全国农村集体资产清产核资工作中，仅有山西、四川、陕西等省份制定非经营性资产确权及管护办法，大多地区存在管护对象底数不清、管护主体不明确等问题。二是不同类别设施管护责任不清晰，问卷显示，有政府管护平台统一接受问题反馈的村庄占 11.56％，但其中由于管护主体责任不清晰，能尽快得到解决的仅占 13.45％。

（三）资金支持不足，筹资来源相对单一

一是基础设施管护缺少财政专项资金支持，仍有近一半的缺口需要村集体收入或其他方式填补。二是村集体组织承担管护资金能力不足，年集

体经济收入在 5 万～15 万元的村庄占 37.87％，缺乏足够资金进行设施管护的村庄占大多数。三是农民对公共基础设施管护付费意愿较小，69.79％村民认为每年每户用于乡村公共基础设施管护支出的合理范围在百元以下。

（四）管护主体不壮，技术力量供需错位

一是管护队伍需求量大，乡村公共基础设施日常巡查、初步审核、随时随地上报、专业检修、定期维护等方面人员缺口较大。二是专业管护技术力量供需不够一致，能够发挥特长参加专业维修的村民仅占 29.31％。三是农民参与度低，农民对自身在基础设施管护中的作用缺乏认识，51.59％的村民更愿意由村委会负责统筹管护工作。四是管护体系尚未搭建形成，当前乡村基础设施管护部门繁多，设立相关领导小组进行统一管理的仅占 37.79％。

（五）管护监管不严，绩效考核范围较窄

一是管护缺少监管，对乡村基础设施的正确使用和维护保养缺少统一管理和监督约束，对管护不到位、破坏、弃用公共基础设施等行为，缺少相关部门监管。二是管护缺乏标准，设立统一管护标准的村庄仅占 36.52％，各地普遍缺少乡村基础设施管护的顶层设计、规范标准和管护流程等。三是绩效考核倒逼管护推进作用乏力，六成以上的村庄没有将乡村公共基础设施管护情况纳入年度重要考核或考核占比较小。

三、国内外乡村公共基础设施管护经验与启示

从国内看，课题组在梳理各地 53 个典型案例后发现，管护较好的典型案例具有 5 个方面启示：一是四类主体的管护作用不可或缺，需要厘清地方政府、村级组织、运营企业、农户等 4 类管护主体之间的关系。二是管护事项之间的协作对接必不可少，通过建立制度完善、统一高效的公共

设施管护议事协调机构（领导小组），能发挥整体联动作用，降低管护成本。三是先进管护技术的支撑保障不容忽视，构建完善的基础设施数字化管护平台，能打破信息壁垒，提高基础设施管护效率。四是产村协同发展的互融互促不可替代，依托产业不断深入发展，能为乡村公共基础设施管护提供稳定的资金保障。五是绩效考核激励作用不可低估，开展绩效考核是推动乡村公共基础设施管护工作落实、检验管护成效的重要手段。

从国外看，多数国家在宏观部署、职责划定、政策保障、资金投入等方面出台了相应政策措施，有积极成效，其中有 4 个方面经验值得借鉴：第一，清晰化的权责设计是管护基础，由政府制定规则、划分责任，带动其他运营主体共同参与，形成乡村公共基础设施多元管护格局。第二，市场化的资金筹措是管护关键，各级政府利用直接投资、低息贷款和补贴等多种方式，促进投资主体的多元化发展。第三，法治化的规范制度是管护保障，以法律规范形式对基础设施管护内容、要求、职责进行明确规定，能为管护提供有力的制度保障。第四，多元化的主体需求是管护动力，应发挥农民主体性，激发农民的主体意识和主体能力。

四、健全乡村公共基础设施管护机制的对策措施

随着乡村振兴战略的全面推进，城乡融合步伐加快，市场主体、金融服务、信息技术等各类要素更多向乡村流动，为乡村基础设施管护提出了新要求、带来了新机遇，也面临新挑战。课题组认为，机遇表现为 5 个方面，即政策驱动不断完善乡村基础设施建设与管护体系、多元投入强力支持乡村基础设施建设与管护、信息化改造加快助推乡村公共基础设施智能管护、各方参与不断凝聚壮大乡村基础设施管护力量、城乡深度融合注入乡村基础设施建设和管护新能量。挑战表现为 4 个方面，即基础设施建设不平衡不充分为后续管护带来隐患、农村人口结构变化影响公共基础设施管护质量、村集体经济普遍较弱难以适应公共基础设施管护需求、技术人才支撑不足影响乡村公共基础设施持续管护。这些都需要进一步客观分

析，乘势而上，加快建立健全乡村公共基础设施的管护机制。

在总体思路上，围绕实施乡村振兴，突出与乡村建设行动相衔接，以提升农民生活质量为导向，以促进乡村公共基础设施高效运转为目标，以发挥政府和市场作用为两翼，以强化政策、资金、人才等管护要素为保障，以正向激励和反向倒逼为手段，以健全管护标准和法规为支撑，强化系统设计、配套对接、梯次推进，不断汇聚政府、企业、村集体、农民多重合力，逐步构建及时高效、门类齐全、评价科学、规范有序的乡村公共基础设施长效管护机制。

在基本原则上，坚持"城乡一体、融合发展，因地制宜、分类推进，建管并重、协同运维，需求导向、以用为本，清单公示、明晰权责"5条原则。

在主攻方向上，统筹考虑公共基础设施经营属性和功能属性制定相应的管护策略：非经营性设施管护重在强化政府为主组织、强化财政为主资金支持、强化公益性岗位日常维护；准经营性设施管护重在强化政府引导下的市场主体参与，发挥村集体管护作用，吸引农户参与管护；经营性设施管护重在强化行业企业组织、社会组织参与，完善合理收费制度。

在具体内容上，重点抓好以下7个方面任务。

（一）开展摸底调查，理清管护现状

以实施乡村建设行动为契机，利用2～3年时间，分行业、分部门梳理乡村公共基础设施管护现状底数。建立以县域为单位的工作机制，聚焦乡村公共基础设施项目建设、运营、管护等情况，摸清乡村公共基础设施基本底数并纳入乡村建设项目库统一管理。由省级统一制定摸排方案，市县行业主管部门分类指导，行政村自查上报，乡镇汇总后初审上报，县级人民政府召集行业主管部门审核并上报省、市备案。

（二）织密管护网络，分类明确职责

持续深化乡村公共基础设施管护体制机制改革，构建"六位一体"长

效管护机制，即以地方政府为责任主体、各行业部门为监管主体、乡镇（街道）为实施主体、村级组织为落实主体、农户为受益主体、第三方运维机构为服务主体，加快构建设施建、管、用一体化运作，城乡一体化管护新格局。

（三）明晰管护边际，编制管护清单

全国层面，制定乡村公共基础设施管护责任清单样本，通过 2～3 年的努力，力争形成上下统一、衔接一致、边界清晰、权责明确的清单体系。在各地推进中，强化协作、立足实际、突出特色。各县在管护清单样本的基础上，用 1～2 年的时间，编制完成符合当地发展实际的管护清单。在编制主体上突出分级负责，在清单内容上突出分类特色，在编制程序上突出尊重各方意见。

（四）规范信息公开，强化管护公示

明确公示内容，将管护部门职责，相关法律法规、政策文件、规范标准，管护清单、管护标准、操作规范、监管要求等内容纳入公示范围。规范公示方式，各县级及以下行政部门为管护信息公开主体，应采取适应基层群众信息获取习惯、符合现实公示条件的方式，对本层级乡村公共基础设施管护事项进行公开公示。强化公示监督保障，健全群众参与监督机制，激励引导各地加快构建标准、规范、高效的乡村基础设施管护公示制度。

（五）坚持因地制宜，制定标准规范

加快构建中央、省、市、县、镇、村等不同层级管护标准规范和操作标准细则。在城乡衔接紧密的地区，推进城乡公共基础设施一体化管护；在经济发展中等水平的区域，结合基础设施管护和人居环境整治，统筹管护重点领域，以点带面、集中突破；乡村分布较稀疏的西部地区，采取省市框定、县乡细化、村级确定管护标准和规范的方

式，由各行政村依据村庄实际情况确定具体管护事项、建立详细管护台账和验收标准。

（六）强化科技支撑，建设管护队伍

建立乡村公共基础设施建设管护专家顾问机制，为乡村提供乡村基础设施建设管护政策制定、技术指导、人才培育、运营管理等服务。建立乡村基础设施管护数字化服务平台，创新利用 5G、大数据等信息化手段。建立管护主体能力持续提升的培育机制，培养懂产业、懂规划、懂施工、懂管护的专业技术和管理人才，扶植培育新型农村公共服务产业和管护市场主体。

（七）凝聚多方共识，营造良好氛围

利用传统媒体和新媒体，多角度、全方位、立体式解读乡村基础设施长效管护的重要意义和政策措施，推广一批适合不同村庄类型、不同经济条件、不同地理位置的典型模式，宣传推进工作的好经验、好做法、好模式、好机制，引导全社会共同关注、主动参与。

五、健全乡村公共基础设施管护机制的建议

（一）多方筹集管护资金

一方面，不断扩大现有资金规模，建立管护资金稳定增长机制，吸引各类资金参与乡村基础设施管护，确保管护资金有来源、有保障、有增长。另一方面，设立管护财政专项，把乡村基础设施管护作为公共财政投入重点，资金来源上，采取中央财政切出一块、现有项目明确一定比例资金等方面予以筹集；支持方式上，采取公开公示、以奖代补方式支持各方认可、具有区域和领域代表性的管护主体（县市）；资金管理上，县级财政部门开设乡村公共基础设施管护专项资金专户，规范资金支付程序和手续。

（二）制定管护公示的指导文件

结合全国乡村公共基础设施管护现状问题，国家相关部门制定出台建立乡村公共基础设施管护公示制度的指导性文件，以重点突出、内容全面、方式灵活、便于监督为基本原则，在县、乡、村三级将公共基础设施管护责任清单分类全面公示，重点推进基础设施确权、责任清单编制、分级分类公示、问题受理整改等方面的事项。力争到 2025 年，全国乡村公共基础设施管护主体和责任更加明晰，管护标准和规范更加健全，管护水平和质量显著提升。

（三）构建督查机制确保管护质量

将管护工作纳入乡村振兴重点工作督查，作为实施督查激励及乡村振兴示范县创建、美丽宜居村庄创建等工作的重要评价依据。实施分级考核，依据管护清单，分别对县、乡、村、第三方等管护主体开展检查考核，考核结果与绩效激励、长效管护资金拨付、管护队伍报酬支付等相挂钩。

（四）选树推广示范典型

围绕总结推广各地可借鉴、可复制、易推广的管护成功经验，按照有制度、有标准、有队伍、有经费、有督查（即"五有"）的标准，开展"五有"乡村基础设施长效管护示范创建。从 2023 年起，每年分东、中、西部遴选典型县、示范乡、样板村各 100 个，搭建管护工作交流平台，通过定期不定期召开现场会、线上会、经验交流会、擂台赛、沙龙、培训研学等多种形式的活动，开展研讨交流和相互学习。

课题组牵头人：潘利兵　张永江
课题组成员：周　鸿　刘韵秋　张爱民　杨　凯　郭　云
　　　　　　卫思同　邢　镭　吴　俊　刘　亮　付千真

乡村治理篇

关于健全县乡村三级治理体系功能的研究报告

北京师范大学政府管理学院课题组

健全县乡村三级治理体系功能是全面推进乡村振兴的必然要求，是解决乡村治理现实问题的迫切需要，是促进县域内城乡融合的重要载体和实现乡村治理体系和治理能力现代化的关键抓手。为更好推进乡村治理体系现代化，国家乡村振兴局委托北京师范大学政府管理学院组成课题组，围绕推进健全县乡村三级治理体系功能开展专题研究。课题组实地调研了四川、福建等 9 个省（自治区、直辖市）的 13 个县（市、区），系统分析了 31 个省级情况调度报告和 123 个全国乡村治理典型案例，总结归纳了县乡村三级治理体系功能定位、当前存在问题以及地方创新实践，并提出了政策建议。

一、县乡村三级治理体系功能的定位

在县乡村三级治理结构中，各级都发挥着自己独特的功能和作用。总体来看，县级在乡村治理工作中的定位是"一线指挥部"，发挥领导指挥、统筹规划、协调推进的作用。乡镇是区域治理中心，发挥综合治理、贯彻执行、服务指导的作用。村级是基本治理单元，发挥"三治"融合、联农带农、政策落地的作用。

（一）县级是"一线指挥部"

县级拥有完整规范的部门设置和行政区划，是贯通基层治理各环节的重要载体，也是乡村治理体系建设的关键层级。县级治理功能的发挥主要依托于部门职能与机构设置，具体包括：一是立足常规工作完善制度建设，根据政策要求与地方实践制定具体制度规定，构建县级治理体系的基本架构；二是依据地区需求设置特色机构，满足地区群众的生产生活需求；三是围绕重点工作开展规划引领，明确县域内治理重点工作，并通过设置专项办公室、指定牵头单位等方式安排部署；四是通过制定配套措施，加强对执行环节的协调，以"合"来提高落地执行效率。

"一线指挥部"为后续界定县级领导指挥、统筹规划、协调推进功能定位定下基调。县级在乡村治理工作中的定位包括三个方面：一是县级领导指挥，明确县级抓乡促村职责，具体体现在党的集中统一领导、权责统一、政策落实中；二是县级统筹规划，整合县域内治理资源开展乡村治理行动，包括对县域内经济社会等的全面谋划，对县域内乡村治理领域的统筹规划等；三是县级协调推进，确保乡村治理各项工作顺利实施，县级需要通过协调县域内各部门、乡镇落实全面推进乡村振兴的总体性要求，实现乡村振兴不同领域的建设目标。

（二）乡镇是区域治理中心

乡镇是我国最基层的行政机构，从县乡关系来看，乡镇作为县级的下级政府，承担行政意义上的纵向层级功能。从乡和村关系来看，乡镇治理作为村以上的治理概念，兼具治理意义的横向扩展功能。乡镇的治理功能包括四个方面：一是社会管理，包括加强社会治安综合治理、开展民主与法治教育、引导村级党建、调节民事纠纷等职责。二是社会服务，主要是为农村经济和社会发展提供公共服务，包括加强对村级公共设施建设和管理，发展村级各项服务事业，指导村级经济和社会发展计划，以及为农民提供科技、教育、医疗、就业、生产等方面的服务等。三是行政管理，包括行政许可、行政确认、行政审批等行政职责。四是行政执行，主要是配合和参与上级政府要求的职责，包括依据上级行政机关的要求发布决定和命令、承办上级政府交办的其他事项等。

乡镇是区域治理中心，作为基层政府承担村级治理的基本责任，治理功能的发挥离不开综合治理、贯彻执行、服务指导的功能定位。乡镇在乡村治理工作中的定位：一是乡镇综合治理，形成乡村治理的统一平台，包括职能整合、功能融合、满足群众需求等。二是乡镇贯彻执行，自下而上承接乡村治理政策要求，包括贯彻落实政策规定、承接执行建设任务等。三是乡镇服务指导，自上而下指导乡村基层各项工作。乡镇服务指导体现在对村级自治的支持、对乡村治理具体工作的服务等。

（三）村级是基本治理单元

村级是保持乡村持续稳定发展的"操盘手"，也是国家政策贯彻到群众生产生活中的实际"执行人"。村级治理功能主要有四个方面：一是立足常规村务管理，当好团结带领农民群众的"主心骨"和"领路人"，包括村级基础设施建设、公共设施维护、交通道路养护、集体"三资"管理、矛盾纠纷调解、户籍迁移证明等事项。二是依托乡风文明建设，激发村民的主观能动性。涉及村民自治章程及村规民约修订、殡葬管理、文明户评比、新时代文明实践志愿服务、好人推荐、移风易俗等活动，构建共建共治共享的乡村治理格局。三是围绕村党组织建设，打造贯彻落实党的路线方针政策和决策部署的战斗堡垒，涵盖"三会一课"、流动党员管理、党员星级量化创评、民主评议党员等事务，以巩固党的执政根基。四是基于服务保障功能，发挥好村级处于联系服务农民群众最前沿的作用，如提供农村医疗、社会保障、救助救灾等服务，发放惠农政策补贴，开展防返贫监测等。

村级作为基本治理单元，是县乡村三级治理体系的重要组成部分。村级在乡村治理工作中的定位包括三个方面：一是村级"三治"融合，建立健全党建引领下的村级治理体系。明确党建引领的核心地位，巩固提升村民自治机制，加强农村基层基础工作，健全自治、法治、德治相结合的乡村治理体系。二是村级联农带农，发挥乡村基层组织服务"三农"作用。以群众需要为中心，加强村级组织的能力建设，完善村级治理的机制，组织群众、宣传群众、凝聚群众、服务群众。三是村级政策落地，打通政策资源进村入户"最后一公里"。在村民自治、法治、德治基础上，在基层党组织的领导下，落实和执行涉农政策，提供惠农强农的制度保障。

二、当前县乡村三级治理体系功能存在的问题

我国县乡村三级治理体系功能面临四个方面的问题：一是县级治理层面领导指挥、统筹规划、协调推进不充分；二是乡镇治理层面综合治理、贯彻执行、服务指导的效果受限；三是村级治理层面"三治"融合、联农带农、政策落地不到位；四是县乡村各层级存在的治理问题致使县乡村三级无法有效联动，治理效能难以发挥。

（一）县级领导指挥、统筹规划、协调推进不充分

乡镇扩权赋能、村级纳入直接治理成为县乡村三级联动模式中县级治理面临的新课题。县级普遍注重领导指挥，未彻底将统筹规划、协调推进功能发挥的触角向乡级、村级延伸。一是横向统筹力度不聚焦。部分县级职能部门各自为政、单打独斗，缺乏强有力的部门带领多部门联动。二是纵向工作机制不顺畅。部分县级职能部门间工作不同步，口径不一致，缺乏有效沟通协作，"条线"间的合力推进作用不充分，安排基层工作出现目标任务冲突、任务重复下达、相似工作多头落实等问题。三是治理工作资金支持难保障。信息化、数字化建设方面财政资金缺口较大，乡村治理专项工作经费不足。

（二）乡镇综合治理、贯彻执行、服务指导的效果受限

缺少权、事、人、财等方面的支持，制约了其功能效果的发挥。一是

乡镇权小责大。乡镇政府行政许可、行政确认等权力较少，且没有完整的权力链条，多数工作依靠上级协调。乡镇政府直接与群众对接，是基层任务的具体实施者，也是事权责任的具体承担者，内生动力无法有效激发。二是行政任务繁重。乡镇政府承担着镇域内政治、经济、社会、生态、文化等全面工作，点多、面广、量大、任务重。三是治理人才短缺。面临着"新人不愿意去，老人不愿意干"的问题，部分乡镇政府工作人员工作较为被动，工作方法简单，化解矛盾纠纷、处理应急事务、服务社区村民、沟通协调等方面的能力不足。四是乡镇面临经济基础薄弱、资金短缺的问题。有限的资金只能解决"点"的问题，难以实现"面"的优化，乡镇提供的公共服务水平与农民日益增长的需求还有差距。

（三）村级"三治"融合、联农带农、政策落地不到位

村级"三治"融合、联农带农、政策落地作用能否充分发挥，依赖于各类村级组织的能力水平。部分村由于村级党组织、村民委员会、村干部和村集体经济等方面存在不足，制约了村级治理效果的发挥。一是少数村级党组织软弱涣散。部分村党员队伍"老化""僵化"，部分村"两委"党务村务知识匮乏，部分村党组织在群众中威信不足、号召力较弱，导致基层党建在县乡村三级治理体系中的"筑基"功能难以充分发挥。二是部分村民委员会行政化。部分村民委员会对应所有的党政部门和群众组织，忙于行政部门交办的任务，承担乡镇政府部分工作职能，演变成了乡镇的"腿"。三是村级干部能力相对不足。村集体干部队伍老龄化，年轻人才明显缺乏，村级工作的质量和效率难以提升。四是村级集体经济薄弱。村集体没有形成长效的增收机制，自我造血、自我发展能力不足，村级公益性服务和社区治理等缺少经费支撑。

（四）县乡村三级联动效能不高

县乡村三级治理体系的效能发挥需要实现三级治理的高效融合、跨层联动。现阶段县乡村三级的问题体现在：一是县乡村的权力责任不对等，

部分地区责任不明确，权力清单形同虚设，针对性与适用性不强。二是协同联动不畅通，县级统筹协调力度不够、乡镇贯彻指导不充分、村级具体执行有偏差。三是人员配置不合理，人员队伍不稳定，"人往上抽、事往下派"现象依旧普遍。四是信息传递不充分，信息平台"小、乱、散"，数据整合难、数据融合度低、信息流转不通畅、信息获取较被动。

三、健全县乡村三级治理体系功能的地方实践

近年来，各地积极探索县乡村三级治理新模式和新方法，为完善县乡村三级治理体系功能提供了有益经验。

（一）注重县级体制机制创新

立足县级职责功能定位，第一，浙江衢州市创新建立一体联动指挥体系和事项集成联办机制。围绕"一中心、一指挥室、一网格"迭代升级工作体系。一是成立县级基层治理委员会（领导小组），作为县委议事协调机构，推进基层治理体系建设工作和基层治理工作的统筹、协调、管理等，并在领导小组下设社会治理指挥中心。二是在乡镇层面迭代综合信息指挥室，与乡镇党建办合署办公，对上做好与县级社会治理中心的汇报和对接，对下负责村社全科网格的管理、考核、培训等工作。三是在村社层面深化网格建设，网格员负责发现和上报社会治理事件，按照"分级负责、协同处置"的原则，实行网格事件报办分离。以"事项"为切入点、以"事件"为着力点优化工作机制。一方面，拆解"一件事"事项处置的最基本环节，梳理人、事匹配事项清单，从"高效处置一件事"转变为"高效处置一类事"。另一方面，拓展"一件事"应用范畴，动态调整"一件事"清单目录，按照"党建统领、经济生态、平安法治、公共服务"四大类，梳理初信初访、农业龙头企业培育等"一件事"，拓展延伸到经济社会发展全领域。

第二，浙江云和县探索城乡融合集成治理模式。一是通过党建联建

"集成治理"。组建以易地搬迁安置小区所在街道党工委为统领的社区大党委，统筹联动村、社区、工作单位等党组织参与社会管理，构建社区党建资源和社会资源共享的集成治理模式。二是实施党员村庄、社区"双向报到"机制。打造"新市民"党群服务中心，完善进城党员"双报到、双报告、双评议"机制，将进城党员纳入现居住地社区党组织管理，组织引导进城党员主动参与社区管理服务。三是建立街乡干部"齐抓共管"机制。选派乡镇干部入驻"街乡共治"服务中心，选任原迁出村党组织书记为易地搬迁安置社区党委委员，强化街道、社区对进城乡村干部的考核管理。

第三，上海宝山区建立工作事项智能化治理体系。一是治理重心下移到村。建立"村民—村—乡镇—区"社区治理架构，以各村作为小治理单元，设独立二维码，村民实名认证、党组织审核通过后成为用户。二是深刻改变互动方式。打造"移动互联"工作载体，全方位展示乡村振兴工作进展和全透明公开村内村务信息。三是精准把握基层脉搏。建立"社区通治慧中心"，发布不同人群、街镇、阶段的十大需求列表，对社区舆情苗头实时预警。四是快速处置群众问题。建立村情问题"自动收集、分层处置、全程记录、结果反馈、群众测评"的跟踪系统，对群众问题在 15 小时内予以回应处置，并将处置情况纳入考核，确保问题处置无遗漏。

第四，浙江衢州市创新建设衔接基层治理系统和功能服务系统。通过衔接贯通"162"体系（"1"指一体化智能化公共数据平台；"6"指党政机关整体智治、数字政府、数字经济、数字社会、数字法治、数字文化 6 个综合应用；"2"指数字化改革的理论体系和制度规范体系）与基层治理"141"体系（"1"指县级社会治理中心；"4"指基层治理四平台；"1"指村社网格），探索构建基层治理大脑。

（二）深化乡镇减负赋能改革

从减轻乡镇负担和提升乡镇治理效能出发，第一，浙江衢州市探索乡镇功能模块化治理。一是创新镇街分类管理模式。将全市乡镇（街道）划分为经济型、生态型、复合型、城区型、城郊型五大类，建立差异化的政策资源调配机制和工作目标考核机制。二是推行基层模块化运行机制。将乡镇功能业务相近、职责职能相同、任务内容相似的机构和岗位有机融合，构建党建统领、经济生态、平安法治、公共服务4大平台模块，形成"1个综合信息指挥室＋4个模块"运行架构。三是构建县乡权责一致体系。建立健全权责清单、政务服务清单、属地管理事项责任清单"三张清单"，依单履职、依单管理、依单问责，编制乡镇（街道）清单事项办事指南及流程图。

第二，广西武宣县构建乡村集成共治工作机制。一是建立清单分类治理。成立乡村两级"五事"交办工作小组，将原先制定的零星制度，集成为完整的"五事"共治制度体系。二是明晰权责分层治理。针对群众反映的"五事"，分类分层分流进行处理，明晰权责分层治理，村级范围能解决的，由各村积极认领、立即办理；村级不能解决的，及时上报镇级，由镇级"五事"交办工作小组根据事项内容对应安排职能部门。三是搭建平台协商治理。对重大问题、涉及群众切身利益的重要事项，邀请村屯干部、党员代表、人大代表、新乡贤代表等人员召开民主协商会，共同商议解决办法。

第三，北京市平谷区创新人员和权力下沉机制。一是人员下行。建立执法力量下沉、攻坚任务选调、驻村联片包户、部门服务基层、党员回社区报到、人才到村任职以及"下评上"的"六下一评"工作机制。二是权力下放。以人员下行带动权力下放、资源下沉、重心下移、政策下调，实行"在哪吃饭、在哪干活、在哪考核、听谁指挥"。三是机制下延。将"吹哨报到"机制从综合执法逐步向日常管理、服务群众、推动发展等拓展。

第四，湖南津市市优化便民服务系统。一是优数据、提效率。整合多部门的百万余条数据信息，共享上级交换平台，实现电子身份证、电子户口簿等9类证照全部关联应用。二是优系统、提服务。依托一体化平台，将近百个下沉事项配置在该系统中。三是优模式、提质量。建立"容缺受理"模式，由窗口根据实际情况出具容缺受理单，办理事项直接进入审批环节，过后补齐所缺法定必要资料的可邮发审批结果。

（三）加强村级治理方式创新

以提高村级执行能力和执行效率为目的，第一，广西富川瑶族自治县探索"组织联建、治安联防、纠纷联调、普法联宣、经济联盟"乡村治理网络的邻县邻村联动治理模式。一是以"组织联建"建强平安建设堡垒。达成党建合作协议"一个协议"，建立党建联席会议制度、信息相互通报制度"两个制度"。二是以"治安联防"构建防控体系。在毗邻乡镇建立综治联勤联动机制，设置综治联勤警务室，组织开展跨乡镇治安协作，构建防控结构图，提高基层民警的双向熟悉度和协作防控能力。三是以"纠纷联调"共建稳定安宁边界。在交界的乡镇、村形成人民调解协作机制，在交界的村建立联合人民调解室。人民调解员根据矛盾纠纷的焦点成因、双方诉求的事实依据以及当地民俗，共同研究制定矛盾双方均能接受的调解方案。四是以"普法联宣"营造浓厚法治氛围。根据省际边界村民语言、生活习俗相近的特点，共同制定法制宣传方案，将法制宣传内容与民俗文化节日相结合，重点宣传边界稳定相关法律法规和政策。五是以"经济联盟"共谋经济发展思路。在省际边界开展"经济联盟"，把边界乡镇连在一起，通畅道路交通网络，拓宽旅游市场，共建农产品销售渠道。

第二，湖北恩施土家族苗族自治州以驻村"尖刀班"为抓手，强化治理队伍保障。一是在后勤保障上发力。严格落实村级组织运转经费保障。二是在能力提升上发力。每年按照"州级示范、县级覆盖"原则，对驻村工作队员、村"两委"干部、乡镇干部、换届后新任领导干部实行全员轮训，实现"走出去学、引进来教"。三是在资金投入上发力。建立完善财政涉农资金统筹整合机制，按照"大类间统筹、大类内打通"原则，实行跨部门、跨年度、跨层级资金统筹，同时积极拓宽农村融资渠道，引导金融资本向农村有序流动。

第三，陕西留坝县扶持村级资金互助。一是成立村"扶贫互助资金协会"，解决原始资本金问题。二是推行项目代建制度。将30万元以下、工程技术简单的建设、生产类项目，以委托代建的方式交由村级扶贫互助合作社（简称"扶贫社"）实施，增加村集体和脱贫户收入。三是支持扶贫社提高经济实力。由县行业主管部门为扶贫社培训、培养各种专业技术员和财会人员，支持扶贫社拓宽经营范围，组织群众参与。四是明晰产权分配。政府投入占村股份经济合作社15％的股份，村委会占股15％，村民占股70％，收益按政府、集体、个人股份分配。五是健全监督机制。建立镇（街道）日常监管、行业单位经常检查、纪检审计及时跟踪3道资金安全监管网，严格执行"社财镇管"以确保扶贫社资金安全，同时任命驻村第一书记为村廉政特派员，对扶贫社运营情况进行有效监管。

（四）增强县乡村三级联动治理效能

充分利用网格体系，第一，湖北恩施土家族苗族自治州探索纵向协同联动治理。一是坚持"一"个引领，把乡村治理同基层党建结合起来，发挥基层党组织协调各方的作用，着力推动农村网格化管理，全面建强"乡镇党委—村党组织—村民小组（网格）—党员中心户"四级组织体系。二是落实"四"级责任，建立州领导包县、县领导包乡、乡领导和驻村单位"一把手"包村、"尖刀班"干部包组包户的责任体系。三是吸引"N"方参与，全面动员民营企业、社会组织、公民个人等社会各界深度参与，整合新乡贤、企业家、志愿者等多方力量合力推动乡村发展。

第二，山东嘉祥县精细化网格设计。一是"绣花式"织密"网格"。根据地域、产业等，设置一级网格、二级网格和单元网格，做到"网格"科学精细，全面覆盖。二是"嵌入式"建强组织。建立"村党组织—网格党支部（党小组）—党员联系户"组织体系，由村党组织书记担任一级网格长，党组织成员担任党小组组长，党员担任单元网格长，具体传达落实上级部署、组织志愿服务等。三是"联动式"上下贯通。坚持县、镇、村、网格四级联动，实行"四个一"覆盖模式，即县级一个网格化信息管理平台"覆盖整张网"，镇街一张网格化地图"覆盖到村"，村级一套台账

"覆盖到户"，网格一个微信群"覆盖到人"。

第三，河南兰考县开展全科网格建设。一是统一整合网格职责。坚持"一网统筹""多网融合"，将党建、综治、信访、卫健、市场、应急、宗教等部门资源整合为"一中心四平台"乡村治理网格，将辅警、民兵、人民调解员、食品监管员、环保生态员、宗教协理员、网信联络员、应急救援员、疫情防控员"九员职责合一"，组建"全科网格员"，建立乡村治理大网格体系。二是统一选配网格队伍。深化推进"一村一网格员（辅警）"队伍建设，行政村按照"本村人服务本村、人员本地化"用人原则，面向社会公开招聘政治过硬、责任过硬、能力过硬的专职网格员。三是统一网格管理体系。构建县、乡、管区（街道按照社区分级）三级乡村治理网格管理体系，实施县乡两级双重领导、双重考核、半军事化管理。

第四，上海金山区探索出闭环化网格处理。一是完善网格体系，强化人员配备。按照"就近、灵活、有效"原则精准划分网格，组建由镇领导担任督导员、村党组织书记担任总网格长、村班子成员担任网格指导员、党小组长担任子网格长、骨干党员担任网格员的五级网格工作队伍。二是制定四张清单，规范网格管理。以责任清单明确网格工作的责任内容和要求，以程序清单明确基层治理的流程和步骤，以制度清单规范基层党组织和网格队伍的工作制度，以考核清单构建以工作实绩为中心的科学考核评价体系。

四、健全县乡村三级治理体系功能的政策建议

围绕深入贯彻落实党的二十大精神，针对当前我国县乡村三级治理体系功能定位不精准、责权不对等、联动不顺畅等问题，借鉴各地探索的县乡村三级治理新模式和新方法，建议进一步优化县乡村各级治理功能，全面提高乡村治理效能。

（一）加强县级统筹协调，强化抓乡促村职能

一是建立健全县级领导体制，增强县级统筹协调能力。构建县级党委政府责任体系，明确县级领导班子成员分工。加强县级党委农村工作领导小组建设，高位推动乡村治理工作。建立县级党委政府定期研究部署乡村治理的工作制度，系统谋划、协同推进。

二是理顺乡村治理运行机制，完善乡村治理工作体系。发挥党建引领作用，制定县级部门涉农重点工作议事协调机制。落实行业部门职责，县级行业部门要各负其责，赋能基层、放权基层、服务基层。激发基层活力，提高乡镇党委政府对资源、平台、队伍的统筹能力。

三是推进市县财政体制改革，落实乡村治理资金保障。清晰界定县级财政事权和支出责任，县级财政事权应主要面向基层公共服务。合理确定县级财政支出责任，建立健全事前审核、事中监控、事后处置的工作机制。省市财政部门进一步明确转移支付功能定位，探索实施乡村治理专项转移支付。

（二）推动乡镇增权增能，发挥承上启下作用

一是健全乡村治理工作机制，推进乡镇管理体制改革。构建乡镇责任体系，围绕乡村治理和服务功能划定乡镇领导班子分工，明确分管责任。整合乡镇服务力量，鼓励地方在中心镇设立区域性综合乡村治理中心。理顺考核评价机制，推进乡镇机构改革，整合乡镇与县级部门派驻乡镇机构承担的职能相近、职责交叉的乡村治理工作事项，优化和综合设置乡镇机构。

二是开展乡镇干部教育培训，提升乡镇政府服务能力。整合教育培训资源，明确教育培训目标，扩大教育培训对象，丰富教育培训方式。通过加强乡镇干部教育培训，提高乡镇干部对乡村治理的认识，增强乡镇干部治理能力。

三是加强乡镇干部队伍建设，充实乡村治理骨干力量。从多元渠道招

录优秀人员，健全乡镇干部发展机制，建立容错纠错机制，培养乡镇干部的管理能力和担当精神。

四是推动乡镇财政体制改革，提高乡镇经费保障水平。明确乡镇财政事权，合理确定乡镇财政支出责任。加大转移支付力度，尤其是对乡村服务薄弱环节的转移支付力度。

（三）健全村级组织体系，提升具体执行效能

一是发挥村党组织作用，打造坚强战斗堡垒。加强村党组织对村级各类组织和各项工作的领导，建立健全村级组织体系，完善村级组织工作机制，畅通村级民主协商渠道，建立基层问题解决机制，精准科学推动乡村有效治理，打通联系服务群众"最后一公里"。

二是用好群众自治组织，健全"三治"融合的乡村治理体系。发挥红白理事会、道德评议会、村民理事会等自治组织的作用。用好道德讲堂，传承家风家训，加强村规民约建设。增强村级综合治理中心力量，打造多元化、合成式的矛盾纠纷排查化解工作体系。

三是全面实施清单管理，实现减负增效目标。实施村级事务清单管理，厘清应由村级组织承担或者协助乡镇政府办理的工作事项。统筹规范督查、检查、考核，清理规范工作台账、报表以及创建示范等项目。

四是引导社会力量参与，坚持人民主体地位。健全村级议事协商制度，丰富村民议事协商形式和活动方式，在乡村培育弘扬社会主义核心价值观。鼓励各类企业、社会组织、个人等多方主体和村"牵手"共建善治乡村。

（四）加强县乡村三级治理联动，提升乡村善治水平

一是立足职责功能定位，合理界定权责关系。发挥各级党组织领导作用，将县乡村三级党组织建设成为领导农村基层治理的坚强战斗堡垒。完善县乡村各级权责清单、政务服务清单、属地管理事项清单等，厘清县乡村三级权责边界。

二是理顺资源配置机制，推进治理资源下沉。引导县级职能部门人员编制纵向下沉，规范借调使用和编外用工行为。赋予乡镇党委对县级职能部门派驻机构和人员的指挥协调权、管理考核权、推荐提名权、反向否决权，推动县级职能部门派驻人员属地管理、属地使用。

三是搭建联动指挥体系，健全闭环管理机制。地方各级党委加强对县乡村三级治理的领导，统筹谋划、高位推动县乡村三级治理。在现有县乡村三级组织体系下，建立以"格"为工作基础、以"网"为运行依托的工作机制。实施闭环管理，形成包括源头发现、采集建档、分流交办、检查督促、结果反馈等模块的闭环工作流程。

四是畅通信息交互渠道，促进治理数据共享。建立县乡村治理数字化标准体系，打破县乡村三级治理主体之间的"数据壁垒"。整合传统治理资源和现代化技术手段，实现数字化治理平台的"全平台接收、全流程协调、全方位服务"。推进县乡村三级网格化指挥中心标准化建设，不断加强各级指挥中心的基础设施建设，全面提升村级综合服务信息化水平。

课题组牵头人：章文光

课题组成员：连宏萍　刘丽莉　章　苡　李春秋　尚　哲

宫　钰　倪大钊　贾　平　王传飞　徐志毅

宁鹏飞　廖冰武　申慕蓉　杨谨颐　郑廷娇

推进农村精神文明建设和移风易俗的方法与路径研究

农业农村部管理干部学院课题组

推进农村精神文明建设和移风易俗工作，提升新时代农村精神文明水平，是贯彻落实党的二十大精神、推进乡村振兴"塑形铸魂"的重大任务，对于全面推进物质文明和精神文明相协调的中国式现代化具有重要意义。为全面准确把握推进农村精神文明建设和移风易俗的有效方法和路径，国家乡村振兴局委托农业农村部管理干部学院组建课题组，围绕推进农村精神文明建设和移风易俗的方法和路径开展专题研究。课题组在深入学习习近平总书记关于农村精神文明建设重要论述基础上，总结梳理了有关学理性基础理论知识，系统编制了《调研工作方案》，设计了县乡村干部问卷、村民问卷。分别于 2022 年 7—9 月赴山东荣成、湖南平江和贵州湄潭三地，进行了为期 74 天的实地调研，通过线上问卷调查获得 1167 份县、乡、村干部问卷及 367 份村民问卷，获得大量第一手资料，研究报告主要成果如下。

一、习近平总书记关于精神文明建设和移风易俗的重要论述

党的十八大以来，习近平总书记高度重视社会主义精神文明建设，

围绕加强社会主义精神文明建设发表一系列重要论述，深刻揭示了社会主义精神文明建设的特点规律，丰富和发展了党关于社会主义精神文明建设的科学理论，是指导我们做好农村精神文明建设工作的强大思想武器。

（一）坚持和加强党对精神文明建设的领导，做好意识形态工作

习近平总书记指出，中国共产党是中国特色社会主义事业的领导核心，所以必须加强和改善党的领导，充分发挥党总揽全局、协调各方的领导核心作用。习近平总书记在党的二十大报告中进一步指出，建设具有强大凝聚力和引领力的社会主义意识形态。意识形态工作是为国家立心、为民族立魂的工作。牢牢掌握党对意识形态工作领导权，全面落实意识形态工作责任制，巩固壮大奋进新时代的主流思想舆论。健全用党的创新理论武装全党、教育人民、指导实践工作体系。

（二）强化教育引导和制度保障，培育和践行社会主义核心价值观

习近平总书记指出，社会主义核心价值观是当代中国精神的集中体现，凝结着全体人民共同的价值追求。在党的二十大报告中，习近平总书记进一步从四个方面论述了培育和践行社会主义核心价值观的指导思想：弘扬以伟大建党精神为源头的中国共产党人精神谱系，用好红色资源，深入开展社会主义核心价值观宣传教育，深化爱国主义、集体主义、社会主义教育，着力培养担当民族复兴大任的时代新人；推动理想信念教育常态化制度化，持续抓好党史、新中国史、改革开放史、社会主义发展史宣传教育，引导人民知史爱党、知史爱国，不断坚定中国特色社会主义共同理想；用社会主义核心价值观铸魂育人，完善思想政治工作体系，推进大中小学思想政治教育一体化建设；坚持依法治国和以德治国相结合，把社会主义核心价值观融入法治建设、融入社会发展、融入日常生活。

（三）加强思想道德建设，培育文明风尚，提高全社会文明程度

习近平总书记指出，必须加强全社会的思想道德建设，激发人们形成善良的道德意愿、道德情感，培育正确的道德判断和道德责任，提高道德实践能力尤其是自觉践行能力。要坚持马克思主义道德观、坚持社会主义道德观，在取其精华弃其糟粕的基础上，坚持古为今用、推陈出新，努力实现中华传统美德的创造性转化、创新性发展，教育引导人们向往和追求讲道德、尊道德、守道德的生活，形成向上的力量、向善的力量。在党的二十大报告中，习近平总书记进一步提出，实施公民道德建设工程，弘扬中华传统美德，加强家庭家教家风建设，加强和改进未成年人思想道德建设，推动明大德、守公德、严私德，提高人民道德水准和文明素养。

（四）坚持以人民为中心，促进人民精神生活共同富裕

习近平总书记指出，促进共同富裕与促进人的全面发展是高度统一的。要强化社会主义核心价值观引领，加强爱国主义、集体主义、社会主义教育，发展公共文化事业，完善公共文化服务体系，不断满足人民群众多样化、多层次、多方面的精神文化需求。推进城乡公共文化服务体系一体建设，优化城乡文化资源配置，完善农村文化基础设施网络，增加农村公共文化服务总量供给，缩小城乡公共文化服务差距。在党的二十大报告中，习近平总书记进一步指出，中国式现代化是全体人民共同富裕的现代化。坚持把社会效益放在首位、社会效益和经济效益相统一，深化文化体制改革，完善文化经济政策。

（五）瞄准四个着力点抓主抓重，推进农村精神文明"铸魂"工作

习近平总书记在 2020 年 12 月中央农村工作会议上提出："乡村不仅要塑形，更要铸魂。农村精神文明建设是滋润人心、德化人心、凝聚人心的工作。要绵绵用力，下足功夫。"针对农村"铸魂"工作的重点和难点，

习近平总书记进一步阐述了推进工作的四个着力点：加强农村思想道德建设，弘扬和践行社会主义核心价值观，推进农村思想政治工作，把农民群众精气神提振起来；要开展形式多样的群众文化活动，孕育农村社会好风尚；要普及科学知识，推进农村移风易俗，革除高价彩礼、人情攀比、厚葬薄养、铺张浪费等陈规陋习，反对迷信活动，推动形成文明乡风、良好家风、淳朴民风；要注重农村青少年教育问题和精神文化生活，完善工作举措，加大资源投入，促进他们健康成长。

（六）增强文化自信，推进乡村文化振兴

习近平总书记早在 2018 年 9 月 22 日中共中央政治局第八次集体学习时就强调，我国农耕文明源远流长、博大精深，是中华优秀传统文化的根。习近平总书记强调，要深入挖掘、继承、创新优秀传统乡土文化。在党的二十大报告中，习近平总书记进一步指出，全面建设社会主义现代化国家，必须坚持中国特色社会主义文化发展道路，增强文化自信，围绕举旗帜、聚民心、育新人、兴文化、展形象建设社会主义文化强国，增强实现中华民族伟大复兴的精神力量。坚持创造性转化、创新性发展，以社会主义核心价值观为引领，发展社会主义先进文化，弘扬革命文化，传承中华优秀传统文化。

二、推进农村精神文明建设和移风易俗的发展现状与主要问题

（一）实践进展

党的十八大以来，党和政府高度重视农村精神文明建设和移风易俗工作，取得了一系列扎实进展成效。主要体现为以下八个方面。

第一，推动新时代文明实践中心建设，农村精神文明建设有了平台支撑。通过将新时代文明实践中心建设作为一项基础性战略性任务进行动员部署，在全国各地推广实施，深入覆盖县、乡、村各个层级，切实提高了

农民群众的思想觉悟、道德水准、文明素养、法治观念，极大地激发了广大农民群众投身社会主义现代化建设的主动性和积极性，使得农村精神文明建设的基础得到了保障。

第二，强化形势政策法律宣传教育，农民群众对国家前途命运充满信心。各级党委政府高度重视面向农民的形势政策教育和新闻舆论宣传工作，通过召开新闻发布会、刊播新闻稿件、组织主题宣讲教育活动等多种形式，提升农民群众对党和政府全面推进农业农村现代化建设、全面建设社会主义现代化国家的信心。

第三，强化农村思想道德教育，农民群众精气神、凝聚力发生可喜变化。党和政府自党的十八大以来，创新思想道德教育的方式方法，加大农村思想道德建设的力度，建立健全农村信用体系，完善守信激励和失信惩戒机制，在农村社会大力营造重信守诺的良好氛围；强化典型模范引领作用，充分发挥道德榜样的激励示范效应。

第四，强化科学文化培育教育，农民群众文化素质、专业能力逐步提升。各级党委政府积极开展农村实用人才职业素质和能力提升行动，建设农村远程教育平台，并每年组织"科技下乡"等科普活动，持续推动农村科学知识普及，有效满足农民群众提升科学文化素质的需求。

第五，强化农村法律宣传教育，农民法律意识、农村法治氛围日趋浓厚。各级党委政府持续开展"送法下乡"等农村普法活动，大力推进农村基层民主法治建设，深入宣传《中华人民共和国村民委员会组织法》，增强农民的法治观念与依法参与村级事务管理的能力。

第六，强化农村移风易俗力度，农民陈规陋习、农村不良乡风有效抑制。各地各有关部门深入落实习近平总书记的重要指示精神，联系农村生产生活实际和农民群众思想实际，针对农村铺张浪费、炫富攀比、天价彩礼、大操大办、薄养厚葬、封建迷信、赌博败家等陋习，把移风易俗作为农村精神文明建设的重要任务，找准工作载体抓手，大力开展宣传教育。

第七，开展多种形式的乡村文化活动，农民群众精神文化生活明显改善。通过创立并成功举办中国农民丰收节、创建开展群众性农民体育活动等，促进农文旅深度融合，为我国农民精神文化生活赋予了时代风采。

第八，强化文明村镇创建，农民群众的乡风家风民风文明意识普遍增强。各级党委政府将文明村镇创建作为新时代农村精神文明建设基本任务，推动全国文明村镇由第五届时期的1493个增加到第六届时期的1973个，有效增强农民群众文明意识。

（二）主要问题与挑战

1. 意识形态领域存在不少挑战。 信仰迷失是最为严峻的问题。长期以来，许多落后的封建思想在农村盛行，一些农民群众信仰迷失，部分农村基层党员干部也存在马克思主义信仰动摇倾向，甚至背离党性原则。农村非法宗教活动和境外渗透活动仍然猖獗。非法宗教传播途径朝着网络虚拟空间延伸，呈现出依托新兴宗教平台来开展非法活动的新特点，甚至与恐怖主义、黑恶势力相勾结，威胁到了农村地区的正常生产生活和国家的基层政权建设。

2. 优秀传统农耕文化传承堪忧。 集体观念日渐淡漠，个人主义思想抬头。一段时间以来，农村集体治理能力有所弱化，乡村利益共同体出现分裂解体，农民对集体组织的依赖性越来越弱，农民集体主义观念因此受到极大削弱，个人主义思想甚嚣尘上。拜金主义盛行，荣辱观发生畸变。利益关系的调整和经营形式的多样给利己主义、拜金主义、享乐主义等腐朽思想提供了潜在温床，部分农民的金钱观、荣辱观、是非观发生畸变，"坐地起价""谋利型上访"大量发生。

3. 农村陈规陋习仍然难以根治。 当前农村高价彩礼、人情攀比、铺张浪费有重新抬头迹象。部分地区高价彩礼严重，且呈扩散趋势。少数地区彩礼超过30万元。据调研，最近10年间彩礼和婚姻成本普遍增加了2～3倍，更有不断加码的趋势。农村赌博恶习沉渣泛起，向娱乐化、休闲化、隐蔽化、低龄化延伸。经过新型冠状病毒感染疫情的冲击，很多赌博场所已经从"台前"转"幕后"，从线下走向线上，网络赌博泛滥，农村青少年涉案比例上升。

4. 干部缺乏认识、队伍建设不足。 基层政府缺乏足够重视，难以提供相关保障。部分地区和单位对农村精神文明建设重视不够、财政资金投入和工作力量配备不足。"只要经济发展了，乡风自然会文明""精神文明建设只是阶段性工作"等错误观点仍然存在，部分干部存在不想管、不敢管、不会管的缺位问题。基本工作队伍建设不足，人才流失严重。目前，农村意识形态与文化教育等相关从业人员往往身兼数职、自身素质普遍不高、缺乏青年干部，后继人才乏力。

5. 精神文明工作机制仍有不畅。 农村精神文明建设基本阵地建设较为薄弱。当前，新时代文明实践中心发展不平衡不充分，"中心—所—站—点"多级体系越到基层，存在感越低。农村精神文明建设相关制度设计尚不完善。农村精神文明建设与移风易俗工作"条块划分"严重，权责不清、政出多门，各类规制重复矛盾普遍，阻碍了农村精神文明工作。农村精神文明基本活动开展成效较低。村民调查问卷显示，村民参与度最高的三类文化活动为传统节庆活动（71.3%）、政府宣传教育（64.2%）和

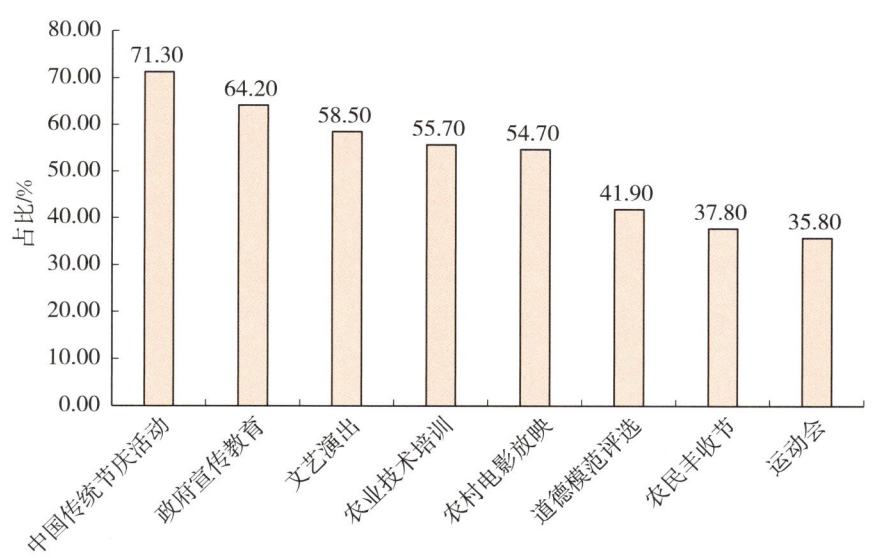

图 1　农村文化活动的参与度

273

村庄文艺演出（58.5%）（图1）；村民最喜欢的三类活动为传统节庆活动（29.7%）、文艺演出（21.0%）和农业技术培训（11.5%）。需要注意的是，政府宣传教育虽有较高参与度，但好评率为10.8%，农民丰收节活动好评率则不到7%，农民参与率也仅有37.8%（图2）。

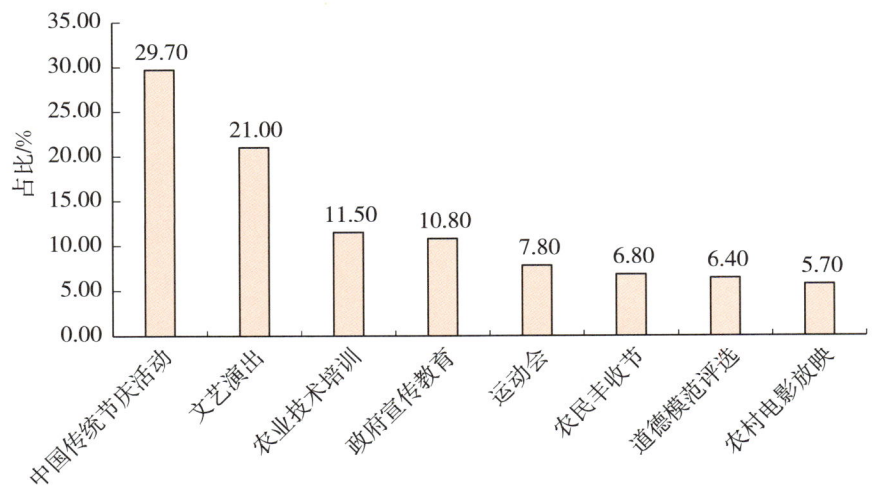

图2　村民对农村文化活动的喜爱程度

三、推进农村精神文明建设和移风易俗的典型方法

（一）山东荣成：信用志愿积分构建精神文明标识

荣成市创新建立"志愿＋信用"模式，突出志愿服务、信用建设的双轮驱动，建立文明实践志愿服务长效激励机制，推动新时代文明实践成为创新乡村治理、助力乡村振兴的有效途径，走出了一条具有荣成特色的文明实践道路。

一是民主制定积分评价办法，激发群众参与。2015年开始将城市信用建设体系向农村地区延伸，将政府自上而下的农村征信建设与自下而上的文明建设相结合。积极发挥农民的主体作用，鼓励各村制定符合本村实际、群众参与、群众认可的村级信用评价分值标准和信用管理实施办法，将村民参与理论宣讲、志愿服务、慈善捐赠、见义勇为等26项文明实践活动纳入个人信用管理并转变为可量化的积分。

二是打造志愿服务体系，强化信用积分管理。荣成市将信用管理与村规民约相结合，把约定俗成的道德规范上升为信用管理的规范准则，明确奖惩措施，推动"1＋4＋N"志愿覆盖，要求每个行政村成立1支文明实践志愿服务队和党旗红、巾帼美、纾难解困、垃圾分类4支志愿服务分队，再因村而异成立"巧厨娘""巧工匠"等若干支各具特色的志愿服务分队，规范各项志愿服务活动的信用积分激励管理办法。

三是严格内部奖惩激励，促进文明理念落地生根。采取差异化物质奖励，把村民福利和村集体分红变成信用基金，依据信用积分差额发放，并在有条件的村居设立"信用超市"和"信用基金"。重视仪式化荣誉激励，每个村每季度至少举行一次大张旗鼓的基金发放仪式，由镇村领导上台颁奖表彰先进、树立典型。实现农村信用"双重红利"。将农村信用平台对接城市积分管理系统，形成城乡互通的分值管理规范，使群众不仅能享受本村信用奖励，而且可以享受到210多项市级信用激励，"信用有价"意识很快深入人心。

（二）湖南平江：家风学风建设引领文明和谐乡风

近年来，平江县深入推进农村精神文明创建，大力弘扬传统美德，通过家风建设和学风培育，极大地改善了农民精神面貌，提升了当地乡风文明水平，为农村经济社会发展提供了精神力量。

一是村规民约筑牢家风建设新框架。在组织形式上，最大程度发挥村民主动性。要求所有村必须以组或以片区召开村民户主会、家庭妇女会，逐条逐项对文明家风公约内容进行充分讨论表决来凝聚村庄共识，乡镇政府连续3次派工作队去各村督导落实执行，将村规民约的制定权真正交还给群众。在实际执行上，推选德高望重、责任心强、敢于较真碰硬的老党员、老干部和家族主事人，组成村规民约监督执行理事会，开展本组本片长期监督和文明评比奖惩，对违规行为进行及时的劝导、帮教或执行处罚。

二是教育基金营造学风改善新氛围。教育基金会的成立与推广是平江县学风建设的重要创造与突出亮点，基金会资金主要用以奖励本地优秀教师和学生，形成长效奖教奖学机制，解决了优秀师资招不来、留不住的窘境和留守儿童众多、缺乏家庭陪伴与良好教育的难题，从根本上激发教育事业发展活力。在组织建设上，坚持镇、村两级基金会由乡贤组织、政府指导、公众监督的管理模式，并制定完善的资金运营审计制度。目前全县已经成立教育基金会 18 个，基金总量 1.2 亿元，其中乡镇和学校教育基金会总额 9300 余万元，每年发放奖教奖学金 1300 多万元。

三是家校共建实现家风校风良性互动。实施"小手拉大手"工程，以学校文明、学生文明带动家庭文明、社会文明。学校增加对中小学生在生活自理、孝敬谦让、自主学习、诚实守信、遵规守法等方面的专题"谏亲"教育和亲子文明活动，教育学生对父母的不文明行为进行积极劝解。同时主动与学生所在乡村社区合作，组织学生志愿者，定期进村进行"优良家风大讲堂"宣讲和"家风文明"文化活动表演，组织优秀学生参与村组"文明家庭"打分评选，以优良校风影响家风、改善民风，推动农村地区移风易俗新风尚。

（三）贵州湄潭：群众会"一体两翼"实现移风易俗

近年来，湄潭县形成了以群众会为"一体"，以寨管家和红白理事会为"两翼"的乡村治理新模式，为农村精神文明建设和移风易俗提供了坚实的制度路径。

一是强调以农民为主体，坚持群众会制度。群众会俗称院坝会或坝坝会，主要以村民小组为单位，开展群众民主议事。湄潭县在群众会的基础上，整合农民夜校、道德讲堂、座谈会、听证会、调解会等形式，形成湄潭特有的"群众会＋"新形式。湄潭县以"群众会＋"为载体，发动农民群众全过程参与村规民约制定、村庄规划建设和日常事务管理，严格执行"四议两公开"民主决策程序，切实保障村民知情权、参与权，坚持政府、村委会和农民群众共同谋划、共同建设、共同管理，取得了良好成效。

二是下沉文明创建网络，发挥寨管家作用。"寨管家"是湄潭县农村精神文明和移风易俗的基本工作队伍，是在以往村寨中红白事总管队伍的基础上演化而来的，主要作用是填补基层公共事务治理"最后一公里"的空白，一般由当地有较高威望的退休干部、老党员、乡贤寨老等担任，协助村委会开展日常寨务管理和公共设施维护，在农村精神文明建设和移风易俗方面充分发挥了基层党组织战斗堡垒作用。

三是推动移风易俗改革，覆盖红白理事会。在寨管家基础上推进村（社区）红白理事会全覆盖，有效地抑制了不良风气。实行理事长、寨长、网格长"三长合一"，整合村支监委、"寨管家"、婚庆司仪、道场先生、酒席总管等人员，推动"事前商议、事中服务、事后公开"的红白事务全流程管理，并形成"村民监督、村民举报、村民劝阻"的防范机制，同时建立了"红、黑"名单动态管理制度。"黑名单"家庭在整改期间，其家庭成员在入党、参军、就业招考、贷款、经商办证等考察及政审时，村委会将如实记录不文明情况。

四、农村精神文明建设的阶段特征与发展路径

习近平总书记指出，"好的思想政治工作应该像盐，但不能光吃盐，最好的方式是将盐溶解到各种食物中自然而然吸收"。农村精神文明建设不是孤立的，应该把农村精神文明建设和移风易俗要求，贯穿于农业农村现代化的各领域、诸环节、全过程。在3个案例的比较分析和文献研究的基础上，本章将农村精神文明建设与移风易俗的路径按照发展阶段递进的次序，归纳出各个阶段的特点需求和改良路径。

（一）重塑集体阶段

本阶段是指面临严重治理困境的村庄失序时期。处于该阶段的村落通常具有村"两委"软弱涣散、村庄公共事务管理缺位、民风乡风败坏等共性特征。此阶段路径改良的核心在于狠抓基层组织建设，通过村规民约和

村庄建设来重塑集体。

1. 在狠抓基层党建中激发干部热情。 组织振兴是乡村振兴的"第一工程"。农村基层党组织是村庄治理的核心主体，是党在农村全部工作的基础，是党联系广大农民群众的桥梁和纽带。选好"带头人"，配出"好班子"是推动农村一切工作的基础，党员干部要依靠实行党的民主集中制去发动党组织的积极性。故而，开展农村精神文明建设的第一步便是要重振干部队伍的精神状态，通过"亮身份、明职责、做表率、立承诺"等措施，重在激发他们"党员身份"的荣誉感、自豪感、责任感，鼓励干事创业热情，加强相关能力培训和先进治理模式的考察教学，对于有些"积重难返"的村庄要在一定程度内允许干部的"矫枉过正"行为，及时给予指导调整。

2. 在村规民约制定中凝聚共识认同。 破除村民冷漠、转变不良乡风的关键在于激发群众主动参与和自我管理。村规民约是符合地方规则、适应乡村发展阶段、村民普遍认可的行为规范体系。要以村规民约为手段，广泛征求群众意见，辅之以利，辅之以义，激发群众参与公共事务热情，从而凝聚村庄共识，激发精神力量，提升价值认同。本次调研的三地都普遍采取了制定更新村规民约的做法：山东荣成以信用积分量化村规民约，以赋值赋分方式鼓励村民把志愿活动变为自觉行动；湖南平江以家风建设筑牢村规民约，在执行中确保"群众参与、群众制定、群众认可、群众监督"的原则；贵州湄潭以"群众会"为载体，凝聚村民共同意愿、规范村民日常行为。

3. 在村庄发展建设中构建群众愿景。 在激发群众参与积极性之后，需要赋予村民共同的村庄发展愿景和目标蓝图来进一步明确集体目标方向、凝聚成员共同意志、激发村庄建设动力。调研中，不少成功转变村庄风气的村干部都指出，"要想凝心聚力，必须给村民画蓝图"，尤其是在"集体垮了，人心散了"的经济落后的地区，要使村庄发展目标和村民个人需要相结合。山东荣成"信用＋志愿服务"以村庄土地整治与集体经济发展为切入点启动；湖南平江以整治环境卫生"脏乱差"为抓手，促进农村人居环境与精神文明相协调；贵州湄潭配合农村改革先行区试点，推动文明乡风建设先行先试。

（二）文明创建阶段

渡过最早期也是最困难的重塑集体阶段，便可以动员群众开展各项文明实践创建活动。该阶段的显著特征是村庄干群关系明显改善，集体归属感显著提高，村民对村庄发展和公共事务有了一定的参与热情。可以重点通过文明评比、公正奖罚和化解基层矛盾冲突来推动农村精神文明建设与移风易俗工作。

1. 在文明评比表彰中强化群众激励。 农村社会是一个差序格局下的熟人社会。文明家庭、好媳妇、好儿女等评选表彰活动具有"面子效应"和"示范效应"，对个人和家庭的精神激励远大于物质奖励。这有利于在不同家庭、不同村组、不同亲族等集体之间形成良性竞争格局。对后进个人和家庭的文明改造，要以柔性手段做通思想工作为主，持续强化激励，以"比、学、赶、帮、超"代替单纯的奖惩措施。荣成、平江、湄潭分别开展了以"信用志愿""家风建设""文明红黑榜"为抓手的各类评比活动，从实际操作来看，通常是"政府领导站台、公开荣誉表彰、敲锣打鼓到家"的形式，普遍具有熟人社会中"脸面""示范"作用的特征。

2. 在执行公正奖惩中树立规矩意识。 激发群众参与、构建共同愿景之后，需要强有力的组织保障和奖惩措施来营造公正向善的村庄氛围。促进熟人社会"面子效应"的软制度和严格奖惩规矩的硬制度相结合，弘扬文明行为，惩戒陈规陋习。对不文明行为的内部惩戒机制要符合地方性规则，"限高"为主，把握尺度。三地实践表明，"富人要靠约束，穷人要靠激励"，奖惩措施要直接触及村民的核心利益，单纯的罚款、扣分、上墙可能无法达到既有成效，必须将村集体经济的分红、国家政策的补助、家庭成员的政审等关键要素列入奖惩范围，相关惩戒机制要由群众商议和群众认可，湄潭县新石村经村民讨论将"不文明黑榜"贴在村公厕墙上以公开"亮丑"就是典型案例。

3. 在化解矛盾冲突中实现移风易俗。移风易俗要从群众深恶痛绝、有一定共识，但个人又无力摆脱环境的现实突出问题入手。要认识移风易俗工作的长期性，不能超越发展阶段推进移风易俗，尊重历史习俗和地方特色，灵活对待民俗习惯，在破旧立新过程中发挥传统美德作用，最大程度上获得广大村民情感认同和行动支持。例如，平江县教育基金会创建的起因，就是为了解决当地石牛寨镇中小学校优秀教师严重流失、村民发愁子女教育的难题；湄潭县提出不文明婚闹专项整治工作和"车不过十，礼不过百"口号，其直接原因是发生了不文明婚闹造成人身伤害、人情负担导致村民自杀等几起群众关注度较高的事件。

（三）蔚然成风阶段

在完成文明创建之后，村庄已经具备了较好的组织凝聚力与集体共识。接下来需进一步开展精神文明志愿活动，形成长效化的活动体系，及时总结提炼地方做法和经验智慧，积极向周边地区拓展延伸，逐步构建较为成熟的农村精神文明工作体制机制与完善的组织保障。

1. 在文明志愿活动中充实群众生活。加快农村志愿者队伍规范化建设，既是农村精神文明建设的重要组成部分，又是乡村有效治理的助力。要善于抓住村民的"从众"心理，不断扩大志愿活动范围和提升社会影响力，满足现代社会村民人际交往和情感生活的需要，打造"新型村庄社交圈"，将信用志愿作为村规民约的重要补充，在活动中宣扬社会主义核心价值观。山东荣成便是以志愿服务构建村庄"新社群"，从先进分子开始、从党员干部开始，最终将原本"看热闹"的普通群众吸引到志愿服务中来，把原本被农闲时期传闲话、无事生非等不良行为占领的"精神阵地"抢占回来。

2. 在因地制宜推广中延展基层创造。信用志愿积分、教育基金会、"群众会＋"等颇有成效的地方特色精神文明实践方法，"喜事新办、丧事简办、余事不办""车不过十，礼不过百"等移风易俗倡议号召，都是在一村一乡自发实践后，经过当地党委政府经验总结与模式凝练，向全域推广开来。要坚持因地制宜，每一项制度创新都有其存在的外部环境和内生基础，要允许地方进行灵活性调整和选择，不能搞"一刀切"。同时防止组织制度泛化与盲目扩大化。以荣成志愿积分做法为例，将生产经营环节纳入志愿活动中，可能会影响正常的市场行为，从而造成"积分"变"工分"的倾向，在制度推广中应坚持目标导向而非手段导向。

3. 在明确主体责任中打造协同体系。党领导下的农村精神文明建设和移风易俗工作，广大村民是主体，乡村干部是关键，乡贤"五老"是依靠，群众组织是平台，乡村学校是助力，要协调各种资源、发动多方参与。强化党委政府统筹，组建城乡一体、镇村协同的工作队伍，形成制度构建合力。要重点动员关键群体，充分发挥农村乡贤能人与群众组织的示范带动作用。湖南平江坚持"引老乡、回故乡、建家乡"，积极鼓励其为地方兴利除害、调解亲邻纠纷、成立教育基金会等。贵州湄潭主要依靠村红白理事会这一重要群众组织，运用其成员的社会资本，带动整个地区的婚丧嫁娶陋习改革。

五、推进农村精神文明建设和移风易俗工作的政策建议

按照中央实施乡村振兴战略部署，结合国家乡村振兴局在扶贫领域的比较优势和工作沉淀，建议从以下几方面参与推进农村精神文明建设的具体实施工作。

（一）加强乡村政工和文化创作队伍培育

支持配合中央组织部、中央文明办、各级党校等职能部门，每村至少培训选拔一位优秀的专职或兼职基层思想政治工作者，在群众中培养基层文明传播志愿者与宣讲员，建设政治过硬、作风过硬、本领过硬的乡村思想政治工作队伍。实施乡村文化人才培育工程，开展首届全国农村精神文明建设微视频、微电影、微动漫作品征集比赛，扶持农村非物质文化遗产传承。

（二）推动村规民约和文明评比奖惩全覆盖

对接民政部、中央组织部、全国妇联等职能部门，加强和改进乡村治理，进一步健全乡村治理体系，开展好家风、好学风、好家训活动，2023年年底实现村规民约县域全覆盖。推广积分制、清单制等做法，建立健全城乡协同的文明评比奖惩机制等，为村规民约建立配套措施。配合农业农村部开展全国村级"乡风文明建设"典型案例征集工作，推广试点经验做法，发挥好示范引领作用。

（三）加快农村人居环境整治提升工程

协同生态环境部、文化和旅游部等职能部门，充分发挥农民主体作用，扎实推进农村厕所革命，加快推进农村生活污水治理，全面提升农村生活垃圾治理水平，推动村容村貌整体提升，持续开展村庄清洁行动和绿化美化行动，着力引导农民养成良好卫生习惯，建立健全长效管护机制，建设宜居宜业和美乡村，为农村精神文明建设打好物质基础，引导乡村健康文明新风尚。

（四）开展移风易俗突出问题专项治理

统筹民政部、宣传部、国家民委等职能部门，指导加强移风易俗情况监测，落实各项整治措施，及时消除因婚、因丧等返贫隐患，推广道德评议会、红白理事会等做法，建立工作专班和领导小组，根据历史习俗和地方实际，为人情往来限高，有效遏制高价彩礼、人情攀比、铺张浪费等陈规陋习在部分地区持续蔓延势头，严厉打击农村赌博等违法行为。

（五）推进国家乡村振兴示范县文化教育产业帮扶

在解决好经济发展与农民就业的基础上，积极推动国家乡村振兴示范县教育事业与文化产业发展，推广教育基金会等做法，做好易地搬迁后续文化基础设施和公共服务阵地建设工作，实施文化产业赋能乡村振兴计划。增加农村文化产品供给，建设乡村文化人才库、文化领域专家库、典型案例数据库。开展"一县一品"特色文化典型案例征集评选，举办文化论坛和授牌仪式。

调研组牵头人：朱守银
课题组成员：温啸宇　林思成　黄玉玺　翟世贤　彭　超

乡村振兴干部教育培训考核评价体系研究报告

全国扶贫宣传教育中心课题组

党的十八大以来，以习近平同志为核心的党中央高度重视干部教育培训工作。在全国党校工作会议上，习近平总书记明确指出："新形势下，我们必须更加重视干部教育培训工作。"为第五批全国干部学习培训教材作序时，习近平总书记强调："没有全党大学习，没有干部大培训，就没有事业大发展。"干部教育培训考核评价作为联通干部成长、干部培训的重要节点和桥梁，在干部教育培训事业发展中起着极其重要的作用。

国家乡村振兴局委托全国扶贫宣传教育中心组建研究团队，对北京、黑龙江、江苏、安徽、福建、湖南、广西、陕西等8省（自治区、直辖市）开展65次电话访谈、17次书面调研、8次视频座谈会，发放并收回有效问卷47783份，其中面向学员（乡村振兴部门组织的培训）的有效问卷47681份，面向组织部门、乡村振兴部门、党校（行政学院）、干部学院的有效问卷102份，全面总结党的十八大以来原扶贫部门、乡村振兴部门干部教育培训考核评价的主要经验做法，深入剖析存在的问题及原因，积极探索构建系统科学、简便易行的乡村振兴干部教育培训考核评价体系。

一、习近平总书记的重要指示批示为做好乡村振兴干部教育培训考核评价工作提供了根本遵循

党的十八大以来，全国干部教育培训工作之所以取得一系列成绩，在于有习近平新时代中国特色社会主义思想的科学指引。习近平总书记高度重视干部教育培训工作，围绕干部教育培训发表了一系列重要讲话，其中有很多涉及干部教育培训考核评价，解答了干部教育培训考核评价的主体、内容、方法等关键问题，为开展好乡村振兴干部教育培训考核评价提供了根本遵循。

（一）考核评价的重要意义

一是提升干部教育培训的针对性实效性。干部教育培训特别是党的理论教育和党性教育，从本质上讲，是价值观内化的过程，要促进干部"知行合一"，首先要解决好针对性实效性的问题。2008 年 10 月，时任中央政治局常委、中央书记处书记、中华人民共和国副主席、中央党校校长的习近平在全国党校工作会议上指出："要进一步完善干部参训机制和干部教育培训实效考核评估制度，把培训规划和培训人头落到实处。"完善干部教育培训考核评价体系，对于强化干部教育的针对性实效性具有非常重要的作用，也对乡村振兴干部培训质量效果提升具有重要意义。

二是激发乡村振兴干部学习的内生动力。激发干部教育培训的内生动力，离不开外在的刚性约束，考核评价是激发干部学习内生动力的有效手段。2010 年 9 月，时任中央政治局常委、中央书记处书记、中华人民共和国副主席、中央党校校长的习近平在中国浦东干部学院出席干部教育培训工作座谈会，明确提出："考核评估是激发干部学习内生动力和培训机构办学活力的有效手段。要按照党的十七届四中全会把理论素养、学习能力作为选拔任用领导干部重要依据的要求，加强对干部学习培训情况的考核评价，研究建立干部教育培训与干部培养使用密切结合的机制和办法。"

285

通过发挥考核评价的指挥棒作用，建立健全乡村振兴干部教育培训考核评价机制，用实际成效检验学习成果，把实际成效作为选拔任用干部的依据参考，充分激发干部学习的内生动力。

三是推动形成注重学习的用人导向。2009年11月，时任中央政治局常委、中央书记处书记、中华人民共和国副主席、中央党校校长的习近平在中央党校2009年秋季学期第二批进修班开学典礼上讲话指出，"要立足党员、干部工作岗位的实际，采用科学的考核方法，全面客观地了解干部学习培训情况，并把考核结果作为考核领导班子和选拔任用领导干部的重要依据，注重选拔那些理论素养高、学习能力强、学用结合好、善于解决实际问题的干部，形成注重学习的用人导向，引导广大干部把兴趣、心思、精力放在学习上、放在干事创业上，真正做到学习和使用有机结合。"因此，通过乡村振兴干部培训考核评价建立优化乡村振兴干部教育培训的考核评价机制是十分必要的，把理论素养高、学习能力强、学用结合好、善于解决实际问题的干部识别出来，将进一步为培养忠诚干净担当的高素质专业化干部队伍提供坚实的基础保障。

（二）考核评价的主体

2015年12月，习近平总书记在全国党校工作会议上指出："党校要有一套检查的办法，各级党委和组织部门也要拿出考核检验的办法，努力使党校党性教育不仅能够震撼一瞬间、激动一阵子，而且能够铭记一辈子、影响一辈子。"这一论述明确了干部教育培训考核评价的责任主体。考核评价工作不仅仅是党校、各类干部教育培训机构的工作，因考核评价还牵涉后期的干部选拔任用，责任主体还应该涵盖到各级党委、乡村振兴部门和组织部门。

（三）考核评价的内容

一是界定学习情况的考核评价内容。干部学习情况的考核应当是多样化、全程化的全面考核。习近平在中央党校2009年秋季学期第二批进修班开学典礼上的讲话指出，要着力加强学习考勤、档案、通报、督查等制度建设，建立健全促进学习、保障学习的竞争机制、激励机制、创新机制和考核机制。通过全面掌握学员的学习动态，更真实、可靠地考核学员的学习表现。二是明确学习效果的考核评价内容。习近平总书记在 2020 年秋季学期中央党校（国家行政学院）中青年干部培训班开班式上讲话指出，在干部干好工作所需的各种能力中，政治能力是第一位的。提高政治能力，首先要把握正确政治方向，坚持中国共产党领导和我国社会主义制度。在这个问题上，决不能有任何迷糊和动摇！乡村振兴干部教育培训考核评价应当重点关注学员党性教育成效、理论知识掌握程度、实际学习成效。

（四）考核评价的方法

习近平在中央党校 2009 年秋季学期第二批进修班开学典礼上的讲话指出，采用科学的考核方法，全面客观地了解干部学习培训情况，并把考核结果作为考核领导班子和选拔任用领导干部的重要依据。这段论述为乡村振兴培训考核评价方法的创新指明了方向，即乡村振兴干部教育培训考核评价方法应当围绕各级乡村振兴干部学习培训情况，并为干部选拔任用提供依据。

二、党的十八大以来乡村振兴部门干部教育培训和考核评价的基本情况

各级党委、组织人事部门和干部教育培训机构深入学习贯彻习近平总书记关于干部教育培训的重要论述，全面落实《干部教育培训工作条例》《中国共产党党校（行政学院）工作条例》《2018—2022 年全国干部教育培训规划》有关规定，高度重视干部教育培训考核评价，不断探索干部教育培训考核评价的有效实现形式、科学指标体系。党的十八大以来，国家乡村振兴局把培训工作摆在更加突出的位置，从全局和战略高度认识培训

工作的重要性、紧迫性和针对性，尤其注重干部教育培训工作的考核评价工作，发挥干部培训工作的先导性、基础性作用。

（一）国家乡村振兴局开展干部教育培训的基本情况

2018年2月12日，习近平总书记在打好精准脱贫攻坚战座谈会上对扶贫干部教育培训工作作出重要指示：打好脱贫攻坚战，关键在人，在人的观念、能力、干劲；要突出抓好各级扶贫干部学习培训工作。

1. 聚焦打赢脱贫攻坚战，认真落实"中央统筹"。一是提高政治站位，加强顶层设计。为深入贯彻落实习近平总书记重要指示精神，中共中央组织部、国家乡村振兴局（原国务院扶贫办）印发《关于聚焦打好精准脱贫攻坚战加强干部教育培训的意见》《关于做好新选派驻村干部和新上任的乡村干部轮训工作的通知》两个文件，为各地区各部门抓落实提供指引。二是组织示范培训，发挥引领作用。中共中央组织部、国家乡村振兴局连续3年共同召开全国性会议推进脱贫攻坚干部培训工作；做好对关键少数的培训，举办省部级脱贫攻坚专题研讨班；举办12期贫困县党政正职专题研讨班，对832个贫困县党政正职进行全覆盖轮训；举办8期中央和国家机关选派第一书记示范培训班；连续3年共同举办网上专题班，培训16万人次。三是创新培训方式，强化服务保障。坚持实战导向、需求导向、问题导向，紧密围绕脱贫攻坚中心任务开展培训。会同中央党史和文献研究院出版《习近平扶贫论述摘编》。开展习近平扶贫论述专题研究。组织编写《决战决胜脱贫攻坚乡村干部轮训教学参考大纲》、全国扶贫教育培训教材（两批）。建成脱贫攻坚干部教育培训师资库。

2. 注重实干实效，坚持"省负总责，市县抓落实"。一是突出中心内容，坚持讲好学习贯彻习近平新时代中国特色社会主义思想必修课。把学习贯彻习近平新时代中国特色社会主义思想，特别是习近平总书记关于"三农"工作、关于扶贫工作的重要论述作为干部教育培训重中之重。二是突出关键岗位，坚持实现扶贫干部培训全覆盖。立足扶贫干部不同岗位职责，以党政领导干部、部门行业干部、扶贫系统干部、帮扶干部、贫困村干部等5类人员为重点，分类分级抓好扶贫干部全覆盖轮训。三是突出组织领导，坚持强化督促检查。推动各地制定扶贫干部教育培训工作实施意见或实施方案，建立工作台账和统计监测制度，把扶贫干部教育培训纳入脱贫攻坚考核指标体系，作为督查巡查重要内容。

3. 坚持脱贫攻坚经验做法，接续推进乡村振兴干部教育培训工作。
一是把理论武装摆在首位，落实好党中央、国务院的决策部署。深入学习贯彻习近平总书记关于巩固拓展脱贫攻坚成果、全面推进乡村振兴的指示精神。把中央对乡村振兴工作的目标任务、方针政策、重要举措、实践要求等讲清楚讲透彻，使大家能领会能运用。二是协同作战，形成大培训格局。横向坚持各级组织部门、农村工作领导小组办公室、农业农村部门、乡村振兴部门齐抓共管乡村振兴干部教育培训工作的机制，纵向形成一级抓一级、层层抓落实，纵横交错网格化的大培训格局。三是从严要求，严格执行干部培训调训制度。把全面从严治党要求贯穿乡村振兴干部教育培训全过程，严格落实干部培训管理各项要求，确保培训落实、落地、见效。

（二）乡村振兴部门开展干部教育培训考核评价工作的基本情况

按照中央统筹、省负总责、市县抓落实的原则，国家乡村振兴局对参训学员开展培训成效考核评价提出了明确工作要求。各地因地制宜、积极推动，形成了很多生动实践和创新举措。

一是加强培训考核评价的督查督导。黑龙江省齐齐哈尔市等地要求组织、督查、扶贫部门开展实时督导，对组织培训不力的单位，应参训未参训、参训时长不达标、敷衍应付的个人进行通报批评。二是深化培训考核评价的结果运用。广西壮族自治区钦州市等地把贫困地区干部参加培训情况，列入领导班子考核和干部年度考核内容，作为干部奖惩和使用的重要依据。三是创新培训考核评价的信息管理。安徽省宿州市等地建立了扶贫干部培训信息管理制度。通过建立培训信息平台，掌握干部参训情况，进行效果评估，避免重复和漏训，跟踪参训干部的培训成果应用与效果分析。四是充实培训考核评价的内容方法。黑龙江省佳木斯市等地积极探索通过交流提问、试卷测评、长期跟踪等方式进行评价，将参训情况纳入到年底工作考核中，围绕重要内容，对各层级干部进行随机提问，以考促学、以考验学。五是探索培训考核评价的流程节点。江苏省无锡市等地在培训结束时，通过考试衡量参训人员的学习获得程度，在培训结束后，由参训学员自评，撰写培训心得体会，评价参训后在实际工作中行为的变化，以判断所学知识、技能对实际工作的影响，将学习成果转化为工作行动取得的效益。考核评价时间节点上，采用现场测评、实时督导、效果评价相结合。

三、乡村振兴干部教育培训考核评价存在的主要问题

在面向组织部门、乡村振兴局、党校（行政学院）、干部学院的调查中，认为培训考核评价具有实际价值和现实意义的比例为 100%（图 1）；赞成或基本赞成考核评价能够准确反映学员参加培训的实际成效的高达88.24%（图 2）；通过考核评价能够促进学员真学、真懂、真信、真用的认同比重高达 94.12%（图 3）。

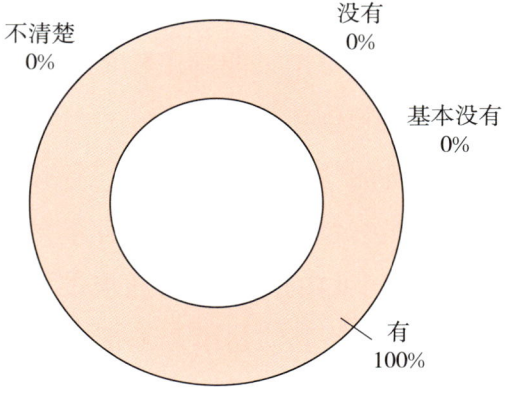

图 1　培训考核评价是否具有实际价值和现实意义的占比示意图

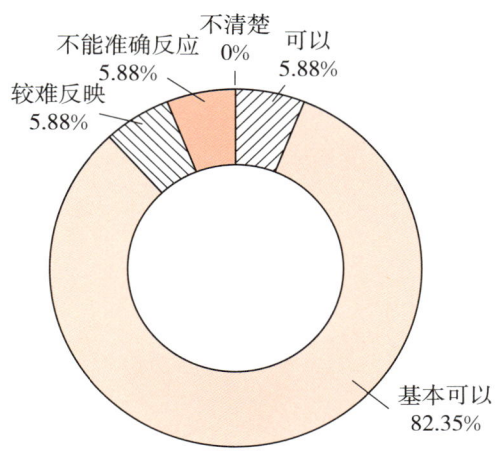

图 2　培训考核评价是否能够准确反映学员参加
培训的实际成效占比示意图

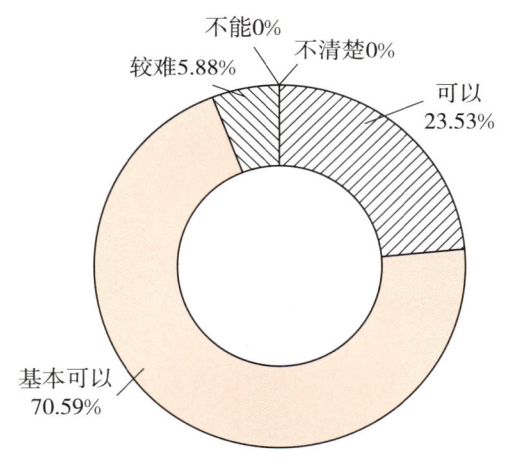

图 3　培训考核评价能否促进学员真学、真懂、真信、真用
（以考促学）占比示意图

（一）考核评价认识不够统一

调研中发现，大家对乡村振兴干部教育培训考核评价的理解和认知不尽统一。《2018—2022 年全国干部教育培训规划》明确了对中青年干部培

训班等中长期主体班次的考核评价要求，大家对学制在半个月以上重点培训班次进行考核评价必要性的认识是一致的，但对大多数学制在半个月以下的培训班次是否需要进行考核评价反应不一，近1/4的组织部门、党校（行政学院）、干部学院认为没有必要，70.59%认为有必要，还有5.88%选择不知道（图4）。

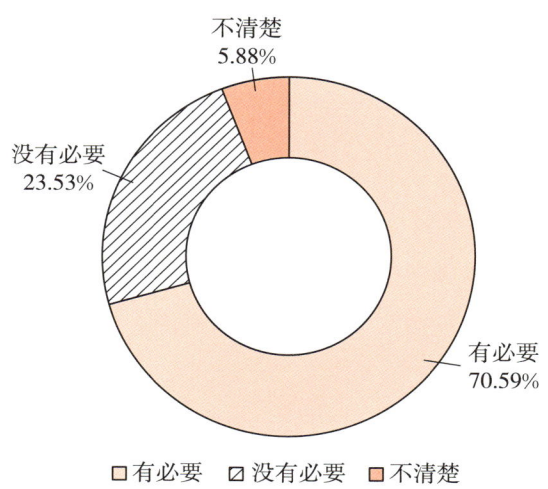

图4　培训时间在一周及以下的培训班次是否有必要
进行考核评价占比示意图

（二）考核评价方法不够精准

在面向学员的调研中，45.02%的受访者基于考核评价对象的视角，认为"考核评价方式不能准确考核学习态度、知识增量、能力提升和培训综合成效"，在"干部教育培训考核评价存在的主要问题"调查选项中位居第二（图5）。组织部门、干部教育培训机构在考核评价的实践中深受考核评价方式方法的困扰，64.71%的受访者认为考核评价方式不够准确是考核评价中最大的问题（图6）。

在调研中发现，学制在一周以下的培训班次占到干部教育培训机构总班次的2/3，大多采用考试或提交心得体会的方式对考核评价进行简化处理，无法科学测度学员是否"真学真懂、真信真用"。学制在15天

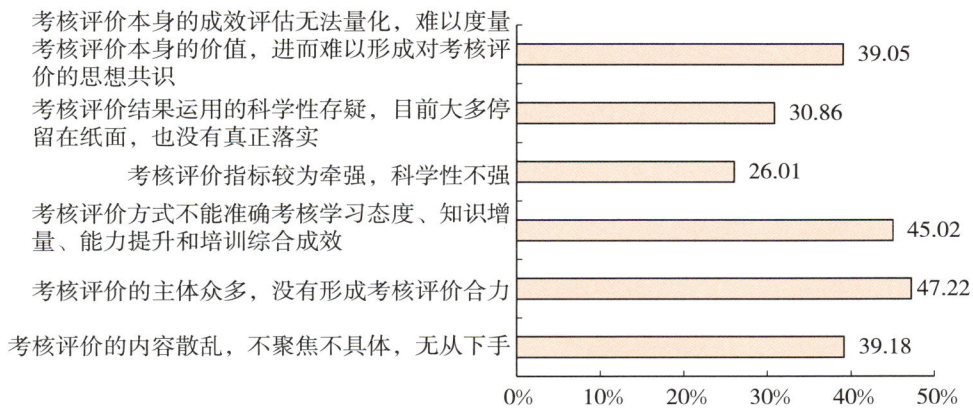

图 5　学员认为干部教育培训考核评价存在主要问题占比示意图

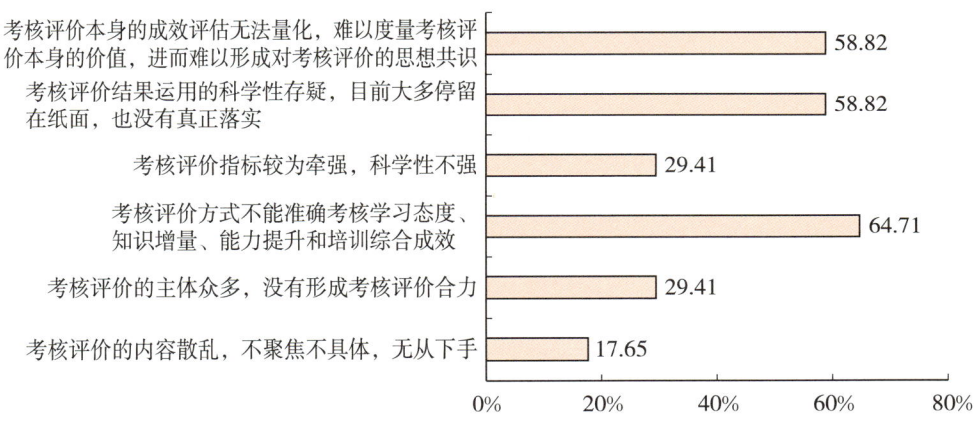

图 6　组织部门、干部教育培训机构认为干部教育培训
考核评价存在主要问题占比示意图

以上的培训班次考核评价方法较为多元，包括本人述学自评、组织生活会、党性分析、提交论文或结业报告；培训机构观察记录学习态度、考试测试；学员所在单位评估培训学习带来的工作绩效等。

（三）考核评价指标不够科学

调研中，82.36％的组织部门、党校（行政学院）、干部学院大多建有培训考核评价指标体系，主要基于"学员的学习态度和表现、理论知识掌握程度、党性修养和作风养成情况以及解决实际问题的能力等"考核评价要求，根据各自的实践并参照全国各地相关单位的经验做法构建。大家构建的指标体系有一定的趋同性，且 64.71％的受访者认为指标体系还不是很成熟，认为考核评价指标体系的科学性和可操作性两方面都存在提升空间（图 7）。

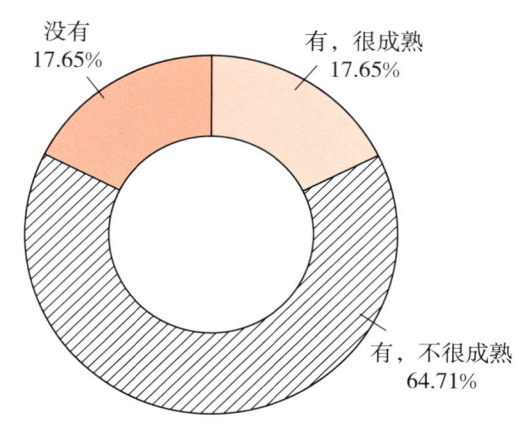

图 7　是否构建培训考核评价指标体系占比示意图

（四）考核评价内容不够聚焦

《2018—2022 年全国干部教育培训规划》对考核评价内容有明确规定，提出"全面考核评价干部的学习态度和表现、理论知识掌握程度、党性修养和作风养成情况以及解决实际问题的能力等"。调研中，组织部门、干部教育培训机构仍然有 17.65％受访者提出了考核评价内容不够聚焦，分析原因主要在于难以找到科学合理的方法、指标来切实落实文件中提出的考核评价内容，"考什么"难以清晰界定。学员作为考核评价的对象，更为关注考核评价内容的确切性，因此 39.18％学员受访者指出了"考核评价的内容散乱，不聚焦不具体，无从下手"的问题。

（五）考核评价行为主体不够明确

考核评价的双责任主体是明确的。《干部教育培训工作条例》指出"脱产培训的考核，由主办单位和干部教育培训机构实施；网络培训和境外培训的考核，由主办单位和干部所在单位实施"。调研中，47.22％的学员认为"考核评价的主体众多，没有形成考核评价合力"，是当前考核评价最突出的问题（图5）。

（六）考核结果运用不够深化

考核结果运用是乡村振兴干部教育培训考核评价中讨论的焦点和矛盾冲突点。无论是面向组织部门、乡村振兴局、党校（行政学院）、干部学院或是面向学员的调研结果都显示，培训考核评价结果的运用主要起到最基础的门槛作用，考查是否参加了相关培训、完成了相应培训学时，与培训学习的实效关联不太紧密（图8）。

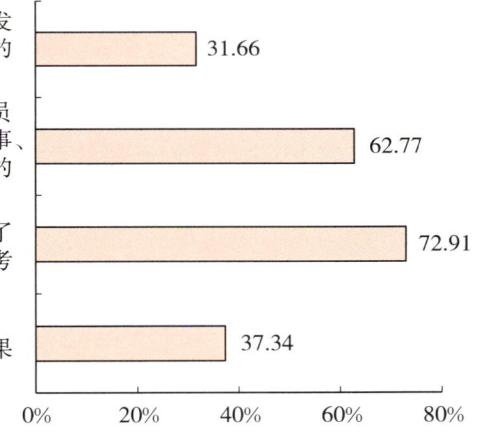

把考核评价成果运用与晋升提拔挂钩会诱发学员学习中的机会主义，不利于培训目的的真正实现   31.66

强化考核评价在以考促学中提升了参训学员的能力结构，进而推动学员想干事、会干事、干成事，岗位晋升、职级提拔是水到渠成的事儿，无需用考…   62.77

考核评价本质是为了以考促学，自身学到了就意味着培训有实效，学到了就是最大的考核评价结果运用   72.91

考核评价结果表面文章居多，考核评价结果几乎毫无用处   37.34

图8　学员对考核评价结果运用所持观点
（以考促用）占比示意图

（七）考核评价的主要难点

一是在对学员进行的调研中，69.05％的受访者认为"培训学习成效本身的滞后性与考核评价的即时性之间的矛盾"是考核评价准确反映培训实际成效的主要难点。二是培训效果转化影响的多因子与考核评价学员参加培训学习的单次性的矛盾。乡村振兴干部教育培训的作用是肯定的、精准的，单次干部教育培训的具体作用发挥又是模糊的，乡村振兴干部教育培训效果很难客观表征或单一归因。三是学员面对考核表现出的非客观性、非真实性与考核评价的科学性、准确性之间的矛盾。实际操作中，乡村振兴干部教育考核评价责任主体存在"走过场"、考核评价行为主体存在"顺水人情"、考核评价对象客体存在"虚假作答"等现象。

四、乡村振兴干部教育培训考核评价体系构建

构建乡村振兴干部教育培训考核评价体系必须坚持以习近平总书记关于干部教育培训、干部教育培训考核评价重要精神为指导，认真研习乡村振兴干部培训考核评价相关文献资料，深入调研各地实践，充分借鉴各级党委、组织人事部门、乡村振兴局、干部教育培训机构等的有益经验，遵循分类原则、科学原则、有效原则，初步构建了8个要素构成乡村振兴干部教育培训考核评价体系（表1）。

表1　乡村振兴干部教育培训考核评价体系的构成要素

乡村振兴干部教育培训考核评价体系的构成要素	考核评价的责任主体
	考核评价的行为主体
	考核评价的对象客体
	考核评价的具体内容
	考核评价的方式方法
	考核评价的时间节点
	考核评价的环节流程
	考核评价的结果运用

（一）乡村振兴干部教育培训考核评价体系的构建原则

一是分类原则。根据学员、学制等差异，采用不同的考核评价内容、方法，投入差异化的时间、精力和资源，抓好关键少数，抓住绝大多数。二是科学原则。考核评价整体设计能够呈现考核评价体系层次立体、视角多维、全程覆盖、主体多元、方法科学等特征。三是有效原则。考核评价

体系能够客观、有效检验学员真学真懂真信真用，不能为了考核评价而考核评价。

（二）乡村振兴干部教育培训考核评价体系的构成要素

1. 考核评价的责任主体指开展干部教育培训考核评价工作的管理者、组织者。《2018—2022 年全国干部教育培训规划》《干部教育培训工作条例》直接或间接明确了考核评价的相关责任主体（表 2）。

表 2　乡村振兴干部培训考核评价的责任主体

	培训主办单位
考核评价的责任主体	干部教育培训机构
	干部所在单位
	干部教育培训主管部门

2. 考核评价的行为主体是指开展干部教育培训考核评价工作中承担相关具体任务的工作人员，往往与考核评价的具体内容密切相连。如表 3 所示，具体实践中一般包括：班级成员或小组成员、临时党支部（班委）、学员部门、教务部门、教研部门等。

表 3　考核评价的行为主体

	学员本人
	临时党支部（班委）、同学
	干部教育培训机构学员部门、教务部门、教研部门等
考核评价的行为主体	干部教育培训机构组织的专家组
	组织部门负责干部工作和干部教育工作的人员
	学员所在单位领导、同事
	学员服务的群体代表

3. 考核评价的对象客体指干部教育培训考核评价的对象即参训学员。学员既是考核评价的对象客体同时也是考核评价的行为主体。对象客体、学制班次差异将直接影响考核评价的内容、方法和指标。课题组把考核评价的对象客体分成 3 类（表 4）。

表4 考核评价的对象客体

考核评价的对象客体	中长期重点培训班次的学员
	中短期一般培训班次的学员
	在职自学的学员

4. 考核评价的具体内容是指考核评价的主要方向和具体考核评价细节内容。干部教育培训考核评价主要包括四部分内容（表5）。

表5 考核评价的具体内容

考核评价的具体内容	学习态度和表现
	理论知识掌握程度
	党性修养和作风养成情况
	解决实际问题的能力

5. 考核评价的方式方法指考核评价过程中主要采用的方式方法。从考核评价的行为主体看，主要使用自评、他评、互评等方法。常见的考核评价方法都属于他评，主要有：考试考核法、观察记录法、比较评价法、问卷调查法、360度评价法等。

6. 考核评价的时间节点是指考核评价实施中的时点坐标，通常会以学员参加学习培训的时间为基准，涵盖训前、训中和训后。

7. 考核评价的环节流程指有序完成考核评价的工作环节和流程。以学员参加培训的时间为基点可分为训前、训中和训后。

8. 考核评价的结果运用指考核评价的责任主体有效运用结果实现考核评价的目的，推动、促进各自的工作高质量发展。考核评价的目的主要体现在5个方面（表6）。

表6 考核评价的结果运用

考核评价的结果运用	激发干部内生学习动力
	激发培训机构办学活力
	作为优秀学员选评的参考
	学员单位年终考核和选拔任用干部的参考
	为组织培养、考察、识别干部提供参考

（三）乡村振兴干部教育培训考核评价的指标体系

考核评价的指标体系是指考核评价的责任主体为实现考核评价目的而构建的包括考核评价指标、内容、方法和量化细则等的集合。从 3 个维度进行考核评价指标体系系统设计，包括训前、训中、训后培训全链条环节；包含学习态度和表现、理论知识掌握程度、党性修养和作风养成情况以及解决实际问题的能力等；涵盖柯氏四层次评估模型中的学习层评价、行为层评价和结果层评价 3 个方面（反应层评价主要评估学员对培训项目的效果和有用性的反应，一般不用于干部培训考核评价）（图 9）。

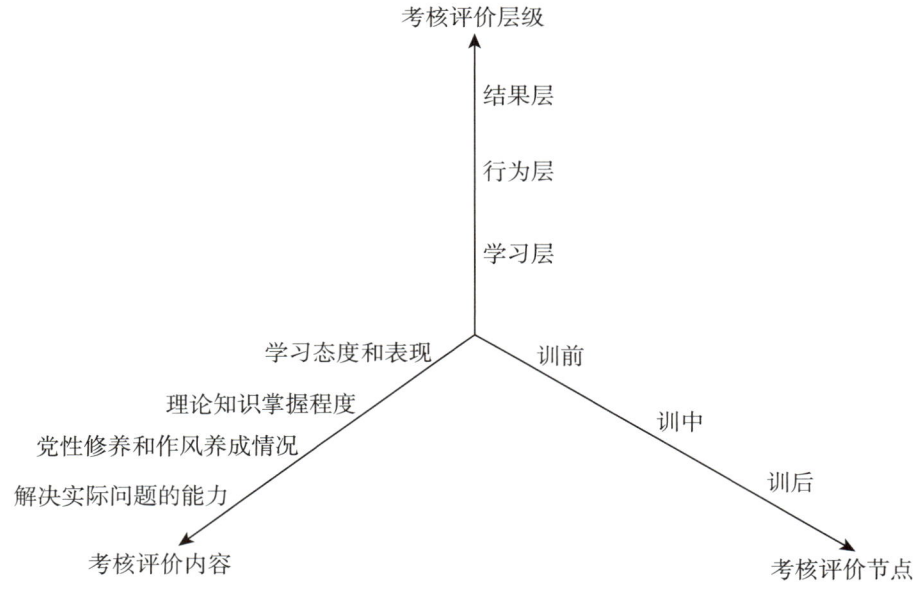

图 9　考核评价指标体系构建的三维示意图

基于上述对干部教育培训考核评价体系构成要素的分析，结合前面考核评价的对象客体和考核评价的具体内容的阐述，经过咨询部分干部培训业内专家、听取部分学员代表意见，课题组以"中长期重点培训班次"考核评价为目标，构建了考核评价指标体系，主要实现以考促学、以考促用，在培训中培养、考察、识别干部，考核学了没有、学了多少、学用结合，考核指标、内容突出科学、有效（表 7）。

表 7　不同班次主要考核评价目标

考核评价目标	在职自学班次	中短期一般培训班次	中长期重点培训班次
学了没有	·	·	·
学了多少		·	·
学用结合			·

指标体系共设一级指标 4 个（每个一级指标分设加分项）、二级指标 9 个，考核评价具体内容 21 项（含 4 个加分项）。指标分值的确定主要采用调查权重分析法。通过对调研对象各自选取的权数进行整理和统计分析，结合课题组开展考核评价工作的实践，借鉴各组织部门、党校（行政学院）、干部学院的经验做法，综合考量确定各指标的分值。21 项考核评价具体内容得分加总将得到学员考核评价总分。

五、优化干部教育培训考核评价体系的政策建议

开展干部教育培训考核评价，有助于激发学员内在潜能和内生动力，有助于干部教育培训机构发现问题、改进工作，有助于组织部门发现、培养、提拔干部。做好干部教育培训考核评价，打通干部个体成长和干部教育培训之间、组织选拔任用干部和干部教育培训之间的双向堵点，意义重大。

（一）明确考核评价的责任主体

一是明确主办单位为考核评价的第一责任主体。主办单位负责部署、指导、督查所有培训班次的考核评价工作。二是明确干部教育培训机构在考核评价中的主要职责。在设计教学计划时，必须根据培训目的、参训对象、学制长短等提出包括考核评价内容、指标、方法、流程等在内的考核评价工作方案报主办单位，经主办单位审核同意后由干部教育培训机构具体实施。三是明确干部所在单位在考核评价中的主要职责。由主办单位给

出考核评价工作指引和要求，由干部所在单位具体负责网络培训、境外培训等考核评价具体工作。四是明确干部教育培训主管部门的主要责任。干部所在单位和培训主办单位要和干部教育培训主管部门一起按照干部管理权限，建立完善干部教育培训档案。

（二）明晰考核评价的结果运用维度、深度

一是明确考核评价的总体要求。从干部教育培训的学习维度，主要考核"学了没有""学了多少"；从考察、识别、提拔干部维度，主要考核"学了没有""学了多少""工作运用""工作绩效"等。按照分类施策，抓好关键少数、抓住绝大多数，明确不同培训类型班次的考核评价目的，分别提出考核评价总体要求。二是引导学员形成结果运用的正确认知和准确预期。对大多数培训班次而言，考核评价的结果运用主要是促学、督学，强化学风管理、推动严以治学，进而提升干部的政治能力和专业化能力。三是加强考核评价相关主体对结果运用的自省自查。各相关主体扛起责任，形成考核评价的合力才能真正发挥考核评价在干部教育培训、干部队伍建设中的关键节点作用。

（三）制定"解决实际问题的能力"的成效考核办法

一是重视"解决实际问题的能力"的成效考核工作。当前考核评价主要聚焦在学习态度和表现，在学习过程中表现出来的党性修养以及通过培训学习获得的理论知识增量等，但无论是理论教育还是党性教育，最终都要实现真学、真懂、真信、真用的知行合一。二是制定包括指导思想、考核原则、考核对象、考核内容、考核方式和结果运用等"解决实际问题的能力"的成效考核办法。三是整合理论教育和党性教育成效考核办法，适时制定、出台干部教育培训考核评价实施意见，用于指导、规范各级党委、组织人事部门和干部教育培训机构科学开展考核评价工作。

（四）设计干部教育培训考核评价软件系统平台

一是建立乡村振兴干部教育培训考核评价的全国性指标体系，给出考核评价具体内容、方式方法、实施细则等工作指引，明确不同行为主体工作职责。二是设计乡村振兴干部培训考核评价软件系统，整合各地在考核评价信息化方面的探索，统一基本原则、保留特色做法，切实规范、严肃干部培训考核评价工作，让考核评价成为干部教育培训抓总的重要一环。三是探索使用弹性原则。各级党委、组织人事部门和干部教育培训机构开展考核评价工作中，根据培训目的、参训对象、班次学时等差异，可以在全国性指标体系中选择全部或部分指标生成针对性高、实效性强的差异化、应用型指标体系来具体进行培训考核评价。

（五）探索乡村振兴干部教育培训考核评价的评价机制

一是探索第三方参与干部教育培训考核评价、干部教育培训机构办学质量评估等，提升考核评价的专业性、公正性。二是把干部教育培训主管部门与培训机构、干部所在单位之间的协调会商机制落到实处，共同发力、齐抓共建，不断提升干部教育培训考核评价的科学性和准确性。三是开展干部教育培训考核评价的评价研究和机制建设。当前，考核评价本身的成效评估无法量化，难以度量考核评价本身的价值，已经影响到考核评价思想共识的形成，有必要对干部教育培训考核评价成效开展科学评估，建立相应评价机制。

课题组牵头人： 骆艾荣

课题组成员： 阎　艳　梁　怡　张　江　程　浩　金伟栋

　　　　　　　何　兵

附件：干部教育培训考核评价指标体系

附件：干部教育培训考核评价指标体系

考核评价一级指标	考核评价二级指标	考核评价具体内容	考核评价环节	考核评价层面	考核评价方法	量化细则
学习态度和表现（30分）	学习态度（20分）	出勤情况（5分）	训中	学习层	学员部门观察记录	根据出勤情况赋分，全勤得5分，迟到早退、不按时返校扣0.5分/次，旷课手续扣2分/次，不按规定履行请假手续扣2分/次，累计请假不超过总学时1/7，超出扣2分/半天
		遵守教学纪律情况（5分）			学员部门观察记录	根据教学纪律情况赋分，认真听讲思考，不讲话，不接听电话，不做与学习无关的事情。存在以上情况扣0.5分/次
		课堂听课笔记记录情况（5分）			临时党支部（班委）评价	按照优秀、良好、一般评定等级赋分，优秀得5分，良好得4分，一般得3分，其中优秀比例不超过20%
		课后自学读书笔记记录情况（5分）			临时党支部（班委）评价	按照优秀、良好、一般评定等级赋分，优秀得5分，良好得4分，一般得3分，其中优秀比例不超过20%

（续）

考核评价一级指标	考核评价二级指标	考核评价具体内容	考核评价环节	考核评价层面	考核评价方法	量化细则
学习态度和表现（30分）	学习表现（10分）	课堂学习积极回答问题、发表观点（5分）	训中	学习层	学员部门观察记录	按照优秀、良好、一般评定等级赋分，优秀得5分、良好得4分、一般得3分，其中优秀比例不超过20%
		班组活动的积极参与、配合协同（5分）			临时党支部（班委）评价	按照优秀、良好、一般评定等级赋分，优秀得5分、良好得4分、一般得3分，其中优秀比例不超过20%
加分项（学习态度和表现）（2分）		作为代表在班级、全校汇报交流情况			学员部门记录	参与班级汇报加1分、参与全校汇报加2分，最多得2分
理论知识掌握程度（20分）	考试成绩（20分）	训后、训前相比较的学习增量（2分）	训前		比较评价法、教务部评价	分数有增量得2分
		理论知识掌握程度结业测试成绩（18分）			考试考核法、教务部评价	按照百分制成绩×18%赋分
加分项（理论知识掌握程度）（3分）		学习期间或训后3个月内发表理论文章	训中		教务部评价（学员提交相关佐证材料）	在市厅级网站、报纸、刊物发表1篇得1分；在省部级及以上网站、报纸、刊物发表1篇得2分，最多得3分

（续）

考核评价 一级指标	考核评价 二级指标	考核评价具体内容	考核评价环节	考核评价层面	考核评价方法	量化细则
党性修养和作风养成情况（20分）	党性教育学习活动（5分）	参加党性教育学习活动情况（5分）	训中	学习层	学员部门评价	按照教学安排有序完成党性教育学习活动各项目标要求。按照优秀、良好、一般评定等级赋分，优秀得 5 分，良好得 4 分，一般得 3 分，其中优秀比例不超过 20%
	党员组织生活会（10分）	参加党员组织生活会情况（4分）			临时党支部（班委）评价	积极参加组织生活会等党性锻炼活动，按照参加情况赋分，缺席一次扣 1 分
		撰写党性分析材料情况（6分）			学员自评、临时党支部（班委）评价	学员自评得分，按照优秀、良好、一般评定等级赋分，优秀得 3 分，临时党支部（班委）评价得分，按照优秀、良好、一般赋分，优秀得 2 分，良好得 1 分，一般得 1 分，其中优秀比例不超过 20%；总分按照自评和他评两者相加计算
	廉洁自律（5分）	遵守中央八项规定精神和廉洁自律情况（5分）			学员部门记录	遵守中央八项规定精神和廉洁自律。存在违规违纪造成不良影响扣 5 分

（续）

考核评价一级指标	考核评价二级指标	考核评价具体内容	考核评价环节	考核评价层面	考核评价方法	量化细则
加分项（党性修养和作风养成情况）（2分）		作为班干部履职良好、学员积极贡献服务	训中	学习层	学员部门记录	作为班干部履职表现优秀加2分，表现良好加1分，其中优秀比例不超过50%；学员在学习培训期间服务班级有特殊贡献的，如见义勇为，代表班级参加学校组织的学员比赛等加1～2分。最多得2分
解决实际问题的能力（30分）	学习应用（6分）	学员在参加学员论坛、学员讲坛、结构化小组讨论、课题交流、论文答辩等教学活动中的发言（6分）	训中	学习层	教务部（教研部）评价	主观赋分：按照优秀、良好、一般评定等级赋分，优秀得6分，良好得4分，一般得2分，其中优秀比例不超过20%
	工作应用（12分）	通过培训工作责任心，进取心得到改善（6分）	训后	行为层	教务部统计，对上级、同事、下级进行问卷调查或访谈（训后3个月内）	学员自评得分，按照优秀、良好、一般评定等级赋分，评定等级赋分，优秀得3分，一般得1分；对上级、同事、下级评价得分，按照优秀、良好、一般评定等级赋分，优秀得3分，良好得2分，一般得1分，计算平均为他评得分；总分按照自评和他评两者相加计算

（续）

考核评价一级指标	考核评价二级指标	考核评价具体内容	考核评价环节	考核评价层面	考核评价方法	量化细则
解决实际问题的能力（30分）	工作应用（12分）	通过培训工作能力、解决实际问题能力得到增强（6分）	训后	行为层		学员自评得分，按照优秀、良好、一般评定等级赋分，优秀得3分、一般得1分；对上级、同事、下级进行问卷调查评价得分，按照评定等级赋分，优秀得3分、良好得2分、一般得1分，计算平均分为他评得分；总分按照自评和他评两者相加计算
	工作绩效（12分）	训后学员运用学习所得，个人形成党课、调研报告等成果（6分）		结果层		提交相关佐证材料。形成一种成果形式得4分，形成两种及以上成果形式得6分
		训后学员运用学习所得，给所在单位做出了贡献（6分）				对上级、同事、下级进行调查，按照优秀、良好、一般评定等级，优秀得6分、良好得4分、一般得2分，计算平均分为该项得分
加分项（解决实际问题的能力）（3分）		调研报告获得领导批示或被有关部门采纳情况			教务部统计（学员提交相关佐证材料）	训后3个月内，撰写调研报告学员单位主管部门及以上主要领导批示或被有关部门采纳每篇加3分，有关部门采纳每篇最多得3分

适应全面推进乡村振兴战略要求
加强基层公务员队伍建设研究

国家乡村振兴局人事司
清华大学中国农村研究院　　联合课题组

实施乡村振兴战略是党的十九大作出的重大决策部署，是实现共同富裕的必经之路。"政治路线确定之后，干部就是决定的因素。"国家乡村振兴局人事司与清华大学中国农村研究院组成联合课题组，围绕"适应全面推进乡村振兴战略要求加强基层公务员队伍建设"开展专题研究，形成课题报告。本报告以县及县以下各层级公务员为研究对象，基于涵盖全国范围的问卷调查和多地实地调研访谈、专家座谈，了解基层公务员职业发展诉求与队伍建设情况，分析全面推进乡村振兴战略背景下基层公务员队伍建设的重难点问题并提出相应建议，为有关决策部门提供参考。

一、在全面推进乡村振兴中，基层公务员队伍建设机遇与挑战并存

从脱贫攻坚转向全面推进乡村振兴，这是我国"三农"工作重心的历史性转移，对基层公务员队伍建设而言，既是新的机遇，也是新的挑战。

（一）新使命为基层公务员队伍建设增添了新动力

习近平总书记指出，"从中华民族伟大复兴战略全局看，民族要复兴，乡村必振兴""没有农业农村现代化，就没有整个国家现代化""现在，我们的使命就是全面推进乡村振兴，这是'三农'工作重心的历史性转移"。基层公务员队伍是全面推进乡村振兴战略的基础人才支撑，习近平总书记的重要论述为全面推进乡村振兴指明了方向，也为新时代强化基层公务员队伍建设增添了新的动力。

（二）新形势为基层公务员队伍建设提供了新平台

2019年1月，中共中央印发了《中国共产党农村基层组织工作条例》，对乡镇党委等农村基层组织建设和干部队伍建设提出了明确意见；2021年，中共中央办公厅、国务院办公厅印发《关于加快推进乡村人才振兴的意见》，对加强乡镇党政人才队伍建设、建立健全乡村人才振兴体制机制作出了明确规定，为广大基层公务员在乡村振兴的舞台上想干事、能干事、干成事提供了重要的制度保障和平台支撑。

（三）新要求为基层公务员队伍建设带来了新挑战

当前，全面推进乡村振兴由谋篇布局进入具体实施阶段，其深度、广度、难度都不亚于脱贫攻坚。乡村未来五年、十年甚至二十年的发展和可能出现的变化，对基层公务员队伍的专业素养、职业心态等都提出了新的要求。从实际情况看，推进乡村振兴不同阶段、东中西部不同区域和县、乡、村不同层级的公务员队伍建设也面临不同矛盾问题，迫切需要分类指导，前瞻谋划队伍建设。

二、当前全面推进乡村振兴中，基层公务员队伍建设的现状与问题

当前基层公务员队伍中，绝大多数基层公务员执行力强，作风硬朗，能吃苦、肯奉献、善落实，但面对全面推进乡村振兴的形势任务，在队伍建设上还不同程度存在矛盾和问题。

（一）基层公务员推进乡村振兴的政治站位有待提升

一方面，基层公务员对乡村振兴战略大局及重要性有一定认识，但是认识不够深入且工作目标不够清晰。基层公务员普遍高度认可乡村振兴工作的重要意义和价值，87.78%的基层公务员认为乡村振兴工作很有意义和价值，对社会发展有重要作用。但脱贫攻坚具有明显的目标性和阶段性，而乡村振兴是一项长期性工作，相关体制机制还未完善细化，导致不少公务员对具体工作的开展缺乏指向性，有高达35.4%的基层公务员不清楚推动乡村振兴工作的目标。另一方面，基层公务员对协同推进乡村振兴五大要求的重要性认识不够。调查数据表明，在当前阶段，巩固脱贫攻坚成果（5.75/7）、完善农业基础设施（5.12/7）、大力发

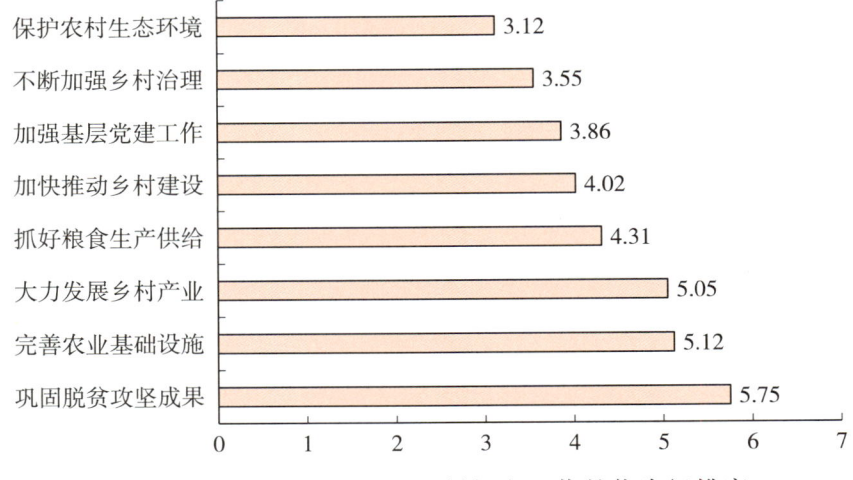

图1 受访基层公务员对乡村振兴工作的优先级排序

展乡村产业（5.05/7）被基层公务员视为优先级最高的三项工作（图 1），而加强基层党建工作（3.86/7）、不断加强乡村治理（3.55/7）、保护农村生态环境（3.12/7）则在所有工作中排序靠后。在乡村振兴五大要求中，大多数受访公务员都将产业兴旺（3.95/5）作为最重要的工作，而治理有效（2.31/5）的重要性排在最末位。

（二）基层公务员推进乡村振兴的专业能力有待提高

从全国面上情况看，各地普遍反映亟须补充农村金融、法律服务、规划建设、产业发展和项目管理等方面的专业人才。从调研情况看，基层公务员自评普遍缺乏乡村建设、乡村治理、农村精神文明建设、数字化管理等方面的专业能力，大多数干部感觉自身存在乡村振兴"知识恐慌"和"本领恐慌"。

一方面，无论是县、乡两级领导评价还是基层公务员自评，都认为基层公务员乡村振兴专业能力还需提升。例如，乡镇领导对本乡镇公务员专业能力评价的平均分为 8.14 分，明显低于对政治素养和工作作风的评价；受访的县领导和乡镇领导中，认为本辖区公务员总体专业水平需要提升的比例分别为 81.25%、72.03%，这些专业能力突出表现为乡村振兴中的产业或工程项目的筹资融资能力、统筹规划能力等。另一方面，基层公务员专业能力培训体系设计有待改进。尽管受访者均认为培训对于提升专业能力的作用很大，但调研发现，当前面向基层公务员特别是普通科员和干事的培训存在机会不多、时间不足、方式不优、内容不佳等问题。受访者均建议，公务员培训可以更多开展一些现场推进会，让基层干部有机会到改革先行地区、经济发达的代表性地区等现场观摩学习。在培训内容方面，有受访干部指出，基层公务员培训多是短期行为，理论性太强，针对性不够，培训内容和师资力量参差不齐，纸上谈兵、滥竽充数情况时有发生，导致培训效果有限。

（三）基层公务员推进乡村振兴的创新思维有待加强

调查数据显示，70%的基层公务员自评创新思维不足，开拓创新能力有待提升，推动工作较多依靠惯性思维和经验主义。此外，近年来，因体制内工作吸引力增大，基层所招录的公务员中，"考试专业户"比例在增大，不少新进公务员综合素质、专业素养较差，创新思维和创新开展工作的能力明显不足。从基层公务员综合胜任力水平来看，调查数据显示，全国基层公务员自评具备创新工作能力的比例为 78.15％，其中西部地区基层公务员自评具备创新工作能力的比例为 75.87％，在东部、中部、西部、东北四个区域中最低。从领导评价来看，在受访样本中，分别有 72.92％的县领导和 68.01％的乡镇领导认为本地区公务员开拓创新能力不足。在公务员的自评中，仅有 35.08％的公务员认为自己完全具备创新工作能力。

（四）推进乡村振兴的基层公务员队伍结构有待优化

目前基层公务员队伍结构存在可优化空间，突出表现在年龄、学历、专业等方面。

第一，年龄结构不合理。截至 2021 年年底，全国公务员队伍中 35 岁及以下的占比 30.1％。受访公务员平均年龄为 40.3 岁，但县、乡两级差异明显，县级公务员平均年龄为 43.3 岁，乡镇公务员平均年龄为 37.5 岁，两者相差近 6 岁。多个地区县级组织部门均提出本地县直机关公务员平均年龄偏大、工作动力不足等问题突出。调查数据显示，高达 72.92％的县领导表示本县公务员老化情况明显，49.18％的乡镇领导认为本乡镇公务员老化情况明显。

第二，学历结构不科学。截至 2021 年年底，全国公务员队伍具有大学本科及以上学历的占比 78.8％。尽管基层公务员普遍接受过高等教育，但硕士及以上的高学历干部较少。调查数据显示，受访基层公务员接受过高等教育的占比高达 95.4％，其中本科占比 69.54％，显著低于全国平均水平，且不少是通过在职学历教育获得学历，"学历高学识低"成为普遍现象。此外硕士及以上学历占比仅有 4.42％（图 2），从县、乡不同层级来看，这一问题更为明显，具有本科及以上学历的乡镇公务员比例较县直机关公务员低 7.5 个百分点。

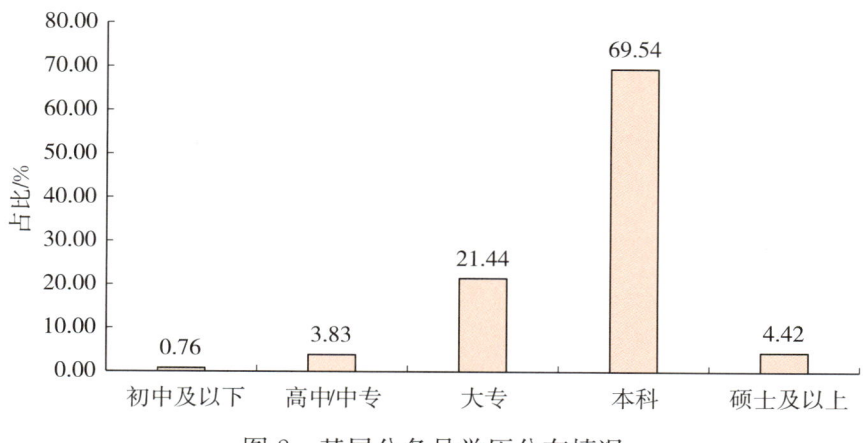

图 2　基层公务员学历分布情况

　　第三，专业结构不均衡。调查数据显示，目前我国基层公务员的学科背景呈现多元化，具有经济管理和文史哲法教育学的比例分别为 32.01％和 29.99％。但基层公务员涉农学科比例较低，与乡村振兴工作更为相关的农学专业背景的比例仅为 10.35％（图 3）。调查表明，分别有 72.92％的县领导和 70.57％的乡镇领导认为本地区公务员中专业背景涉农的比例较少，这也在一定程度上影响了基层公务员推进乡村振兴的专业化水平，只能"将就使将就用"，与全面推进乡村振兴的要求还有较大差距。

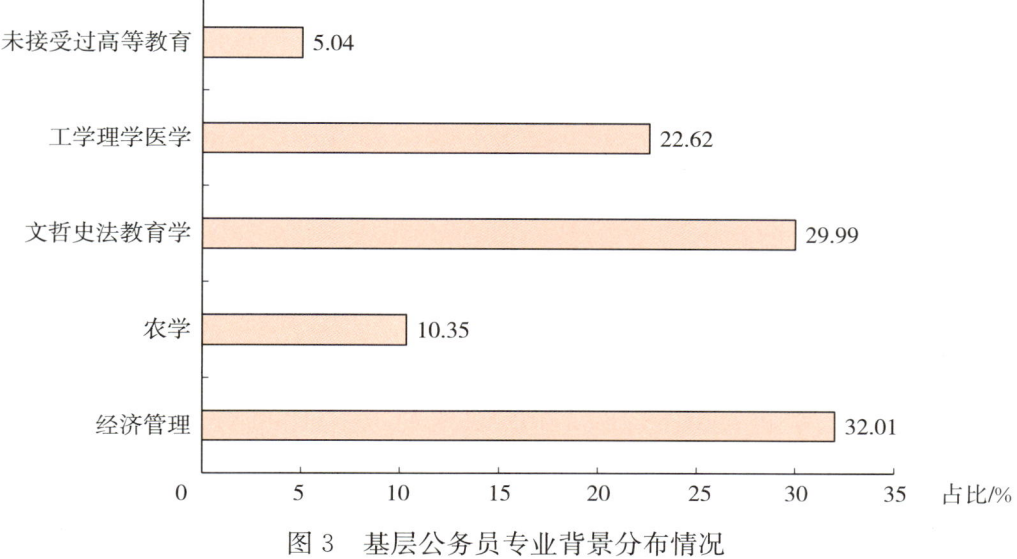

图 3　基层公务员专业背景分布情况

（五）推进乡村振兴的基层公务员人员数量有待充实

调研发现，乡村振兴部门编制不足，一些乡镇乡村振兴工作机构为临时机构，承担乡村振兴工作的公务员数量远远不能适应现实工作需要。多个受访县均指出，乡村振兴局与同级县直机关相比力量偏弱。在全国乡镇乡村振兴工作机构中，临时借用聘用工作人员约占现有乡镇乡村振兴工作人员总人数的66.49%。编制配置是体现人员结构安排合理性的重要指标，受访样本中，有43.75%的县领导认为涉农部门编制不足；但与此同时，又普遍存在"在编在岗不干事"的现象，影响干部队伍作风，不利于乡村振兴工作开展。

此外，层层截留干部情况比较突出，省抽市、市抽县、县抽乡，有些乡镇没有办法还抽调村干部来从事机关工作，"人往上面走，事往下面派"的困境突出。涉农部门和乡镇基层公务员是乡村振兴的主体力量，过度的干部抽调、借调易导致上下级人数倒挂，进一步加剧乡镇力量不足的问题。调查数据显示，所有受访乡镇中，平均被借调人员4位，最多的被借调了15位。

（六）基层公务员推进乡村振兴的内生动力有待激发

调研发现，基层公务员普遍压力大，存在轻微程度的职业倦怠，内生动力不足。山西省某乡镇党委书记表示："当前缺乏做事的环境，时光依然停留在'一把手'充当火车头的绿皮车时代，而非节节车厢都有发动机的高铁时代。"调研数据显示，有46.16%的受访基层公务员表示从事乡村振兴工作经常感到身心疲惫，有28.62%的受访者表示没有以前脱贫攻坚时那么有热情，有28.32%的受访者表示对做好乡村振兴工作缺乏自信心（图4）。这一情况在中部地区尤为明显，基层公务员身心疲惫感知、精神耗竭感知、自信缺乏感知的比例分别为58.28%、32.55%和29.82%，均显著高于全国均值。

职业倦怠也影响了基层公务员队伍的稳定性。以广西某县为例，过

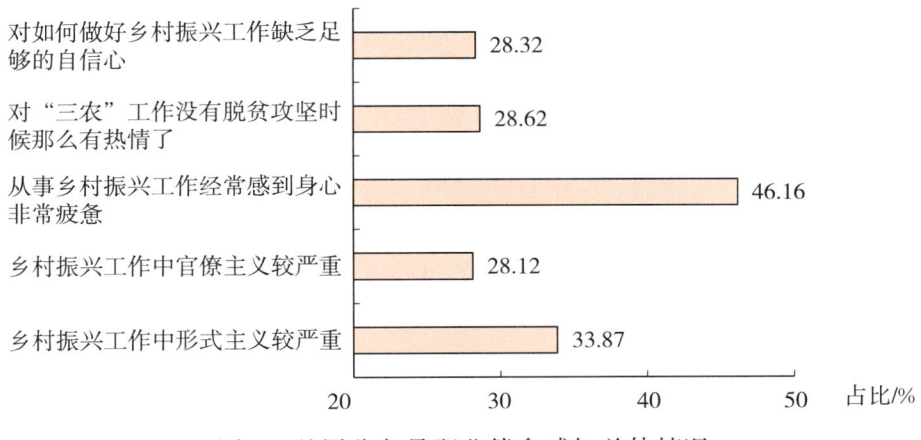

图 4　基层公务员职业倦怠感知总体情况

去三年，该县县直部门公务员调离数量年均达到 16 人、辞职 4 人，提前办理退休人数也呈逐年增长趋势。据统计，全县 2019—2021 年办理退休的公务员共 161 人，其中到龄退休 117 人，提前办理退休 44 人，提前办理退休人员占比为 27％。导致基层公务员内生动力不足的原因有多种。

第一，工作考核问责压力大。调查发现，地方政府在具体政策执行过程中经常出现层层加码、自我加码的情况。调查数据显示，有 54.30％的乡镇领导认为对基层公务员的考核问责过于严苛。在所有受访样本中，有 39.06％的基层公务员担心因犯错而被问责，而中部地区受访公务员担心因犯错被问责的比例高达 51.85％。过多的考核问责给基层干部带来了极大的工作负担，以文件落实文件，以会议传达会议，使得基层减负不减反增。

第二，评价激励机制不完善。建立科学合理的评价激励机制对于提高基层公务员在乡村振兴中的主观能动性和内生驱动力具有重要作用。调查数据显示，有 70.83％的县领导认为当前基层公务员评价激励机制不优，有 62.50％的县领导认为干部晋升空间不足；乡镇领导也有类似认识，60.51％的乡镇领导认为评价激励机制不优，66.54％的乡镇领导认为干部晋升空间不足。

第三，支持保障机制待加强。受访样本对基层公务员的福利待遇问题反响强烈，县、乡两级领导中，分别有 54.17％、69.47％的领导认为基层公务员总体福利待遇水平不高。在受访人员的自填建议中，被提及最多的也是提高基层公务员待遇（图 5）。此外，基层公务员的加班问题也较为突出，一位镇长指出："基层公务员加班过多，正常休假权益难以保障，正常休假时间往往被底线工作或应急工作占用，缺乏加班费补偿渠道和制度保障。"

图 5　基层公务员自填建议的词云分布

（七）基层公务员乡村振兴工作容错关怀机制有待完善

从受访结果来看，只有 35.52％的基层公务员表示自己在推进工作中出现错误时领导会表示宽容。四川省某镇镇长指出："建立合理的容错机制很重要，毕竟我们每天精力分配就那么多。根本没有其他时间来思索乡村振兴的问题，大家都在想着如何把底线工作干好。"干部关怀有助于调动基层公务员工作积极性，研究团队一项针对驻村第一书记的全国性调查数据显示，上级领导谈心谈话频率每提升一个层级，第一书记的职业投入度能够提升 12.1％。但是，由于基层工作任务多、杂、重，领导更是忙，基层干部关怀问题容易被忽视。调查数据显示，在日常工作中，领导找下属谈心谈话了解工作困难和想法的比例只有 39.35％。调研访谈中，多数地方干部反映基层公务员的基本问题也需要被关心和考虑，比如休息、健康、探亲、经济压力等问题。

三、加强基层公务员队伍建设，更好服务乡村振兴战略的政策建议

加强基层公务员队伍建设，建议坚持以政治建设为统领，以加强能力建设为主线，以夯实作风建设为保障，坚定基层公务员理想信念，提升基层公务员能力素质，充实优化基层公务员队伍，持续激发基层公务员干劲。

（一）坚持以政治建设为统领，坚定基层公务员理想信念

1. 强化理论武装。第一，要把学习宣传贯彻党的二十大精神作为当前头等大事和首要政治任务。持续加深基层公务员对习近平新时代中国特色社会主义思想的学习，围绕党的二十大报告开展深入交流，努力做到深学细悟融会贯通、入脑入心见行见效。第二，围绕乡村振兴开展相关理论与政策的系统性培训。聚焦党中央关于乡村振兴战略的决策部署，围绕习近平总书记关于"三农"工作和基层治理的重要论述，以及中央、省、市、县各级党政机关关于乡村振兴的政策文件等开设相关的理论与政策学习专题，进行交流研讨，实现基层公务员理论与政策学习全覆盖。第三，创新开展理论学习的方式方法。以线上学习平台为载体，依托干部在线学习网、学习强国 App 等新媒体平台，制定自学计划；邀请省、市有关领导和专家学者，围绕中央关于乡村振兴战略的决策部署开展专题讲座；组织乡村振兴相关部门、乡镇领导干部依托"讲故事、学理论"活动，结合个人心得体会、思想感悟、成果转化等内容，到各乡镇进行集中宣讲。

2. 严格政治把关。第一，在基层公务员考录、晋升中加强政治考察，突出实干实绩。注重提拔任用理想信念坚定、廉洁奉公、"一懂两爱"、工

作实绩突出的优秀干部担任乡镇党委主要负责同志。第二，探索贴合乡村振兴工作实际情况的干部评价指标。细化明确考察、甄别和把关的内容和事项，加强干部政治考察的准确性和客观性，组织部门需要围绕对党绝对忠诚、坚定理想信念、"一懂两爱"等关键要求，重点了解干部在政治忠诚、政治信仰、政治立场、政治路线、政治定力、政治能力等方面的政治表现。第三，严肃稳妥处置不合格公务员，推进领导干部能上能下。严格贯彻落实《推进领导干部能上能下规定》，研究制定反向测评指标，对在基层治理中不担当、不作为、乱作为，庸懒散躺、推脱绕躲，严重贻误乡村振兴事业发展的少数干部及时调整安排，甚至清理出基层干部队伍，推动形成能者上、优者奖、庸者下、劣者汰的用人导向和从政环境。

3. 强化政治历练。第一，建立年轻公务员服务乡村振兴机制。把有发展潜力的年轻公务员安排到乡村振兴的关键吃劲岗位淬炼政治品格，不断提高政治判断力、政治领悟力、政治执行力。明确不同层级新进公务员到乡镇服务最低年限要求，创造环境并鼓励新进公务员到基层锻炼至少 2年，将基层实地历练作为职业生涯第一站；县乡招录公务员，在基层未满5 年或者相应年限的，原则上不得调入上级机关。第二，优先提拔有基层工作经历的优秀基层公务员。中央、省、市机关适当增加从基层公务员队伍遴选干部的比例，并根据不同级别设置 3～5 年等不同基层年限要求。在干部选拔任用中，除有专业性要求的特殊岗位外，凡是选配市、县领导班子成员，把是否具有县、乡党政主要领导经历作为硬性条件；凡是选配县级部门"一把手"，把是否具有乡镇党委书记或乡镇长工作经历作为硬性条件；凡市级以上机关补员，除特殊岗位外，一律从具有 5 年或者相应年限以上县乡工作经历的干部中公开遴选。

（二）强化培训以及实践锻炼，提升基层公务员能力素质

1. 创新培训研学方式。第一，充分利用数字化、智能化技术，搭建学习平台，改进培训方法。积极推进技术赋能，重视学习强国 App、"青年大学习"等各类数字化、智能化平台在基层公务员培训中的应用，构建

线上线下相结合、教学自学相互促进的立体化培训体系。第二，鼓励通过帮扶互助、现场观摩等多种方式加强基层公务员实践交流。积极组织基层公务员到乡村振兴成绩突出的地区开展实地考察学习，选派欠发达地区基层干部到发达地区挂职交流，或到优秀民营企业学习现代化经营管理，通过"体悟实训"开阔视野、增强本领，提升基层公务员开拓创新能力。第三，逐步建立和完善省、市、县、乡之间的干部交流机制。加大跨部门、跨岗位交流力度，打破干部长期在一个单位工作、经历单一、缺乏多岗位锻炼的局面，推动年轻公务员多岗位成长历练，充分调动基层干部干事创业的积极性。

2. 建立完善培训体系。第一，大力开展乡村振兴专业人才定向培养。从国家层面引导更多综合性高校、地方高校拓宽传统学科专业边界，增设乡村治理、乡村建设、乡村发展等与乡村振兴紧密相关的专业，在培养新生人才的同时，面向基层公务员队伍开展学历提升、能力提高、素养提质教育。第二，完善基层公务员乡村振兴培训课程体系。针对基层乡村振兴培训内容不优、质量不高、效果不佳等问题，建议在全国层面统一工作部署、统一考评体系，分层级干部培训学习需要科学谋划教案设计，分区域乡村振兴工作需要合理规划教学基地，不断完善培训课程体系。第三，探索加强乡村振兴培训"四库两基地"建设。统筹推进乡村振兴培训师资库、教材库、课程库、案例库建设，建立全国范围不同层级的专家和讲师资源库，优化县域师资力量配比，组织专门人员开发教材和题库，做到统筹兼顾与因地制宜；整合政府机关、高校、企业等多方优势资源，合作建设乡村振兴培训基地和实践交流基地，为基层公务员开展乡村振兴工作提供交流和学习的平台。

3. 强化重点能力培训。第一，聚焦乡村振兴区域性工作重点，因地制宜开展针对性能力培训。例如，在农产品主产区县，加强农业生产技术、农业产业化、农业经济管理、农业电商运作等方面的针对性培训课程。针对重点生态功能保护区县，加强基层公务员生态环境保护、发展生态产业、农业产业可持续发展等方面的能力培训。第二，围绕乡村振兴重难点工作需求，开展定制化能力培训。重点围绕提升基层公务员乡村治理、乡村建设、产业项目筹融资、乡村建设规划、数字化工具使用等乡村振兴中的重难点工作需求，邀请专业师资力量，开展持续性教育培训，提升基层公务员服务乡村振兴的专业能力素养。第三，立足乡村振兴工作长期性、艰巨性的特征，持续提升基层公务员身心健康管理能力。身心健康是基层公务员开展乡村振兴工作的基础，建议在设计公务员培训科目内容时，结合乡村振兴实际工作场景，增加健康心理学、幸福心理学、认知心理学、健康养生等课程，提高基层公务员管理负面情绪、降低职业倦怠、增强身体素质的能力。

（三）拓宽基层干部来源渠道，充实优化基层公务员队伍

1. 加大招录力度。第一，扩大乡村振兴专业技术岗位聘任制公务员招录。结合乡村振兴长远工作需要，重点在农业科技指导、乡村规划设计、农业产业发展、建设项目管理、农村金融服务、农村社会工作、农村法律工作、乡村文化旅游、公共卫生事业、健康养老、信息化技术等领域考录具有高水准的聘任制公务员，优化基层公务员专业结构。第二，完善选调生工作制度。在基层尤其是乡镇公务员队伍中提高选调生比例，适当延长选调生基层服务期限，优化基层公务员年龄和学历结构。第三，因地制宜提高家乡在本地的公务员的招录比例。基层组织部门结合本地乡村振兴工作需要，在基层公务员招考中给予家乡在本地的考生一定的政策倾斜，建议结合本地户籍考生报考规模，在招录计划中适当提高家乡在本地考生的占比，从源头上提高基层公务员队伍的稳定性。第四，围绕"未来乡村"建设需求广泛招录数字技术相关专业背景的基层公务员。我国农业农村数字化趋势正日益加强，数字化将成为乡村振兴的重要引擎，例如浙江已深入开展以数字化、智能化为基础的"未来乡村"建设试点。未来5～10年我国乡村地区数字基础设施建设、数字经济发展、数字社会治理等工作迫切需要大量掌握相关知识和技能的基层公务员，建议组织部门提前谋篇布局，通过定向委培、公务员考录等多种方式为基层输送数字化专

业人才。

2. 拓展来源渠道。第一，引导多类型优秀人才加入基层公务员队伍。在基层公务员招录中协同做好外源力量补充和本土力量夯实工作，将大学生村官、三支一扶、事业编人员、优秀村（社区）干部等在基层一线工作的本土人员考录比例提升至30％～40％；加大从涉农国有企事业单位调任优秀人才充实公务员队伍的力度，调任懂农业、懂经济、懂运营、懂管理的优秀干部加入涉农县直机关或乡镇领导班子；对于非公务员编的卸任驻村干部，在竞聘或考录乡镇领导干部时给予同等条件下优先录用的优惠政策。第二，深化"减县补乡"编制改革，充实乡镇公务员队伍力量。推动建立县域专业人才统筹配置使用机制，探索赋予乡镇更加灵活的用人自主权，对于急需紧缺的特殊人才，实施特殊政策，鼓励从上往下跨层级调剂行政事业编制，推动资源服务管理向基层倾斜；建议以市（州）为单位，在不突破编制总数的前提下，根据县乡区域位置、人口总量、工作任务等基础情况，坚持"编制向县乡倾斜，人才向县乡汇集"的原则，对县级部门、乡镇行政编制进行重新调整，探索建立县乡机关特别是边远困难乡镇专项编制制度，实行动态管理、调剂使用，满足重点、满足急需。

3. 保持队伍稳定。第一，适当保持乡镇党政正职干部任职稳定性。各地特别是国家乡村振兴重点帮扶县的县级组织部门结合本地乡村振兴工作需要制定相关政策和配套措施，对乡镇领导干部的任职期限、任职管理、解职程序等进行规划，为稳定乡镇党政领导正职提供制度保障。第二，严格控制上级从基层县乡党委政府借调干部的数量和期限。严格控制干部借调时限，借用时限以工作任务完成时间为依据，一般不超过一年。干部借调必须由借调单位与被借调人员所在单位及上级组织人事部门进行协商和严格审批，并由组织人事部门定期开展督查。

（四）坚持严管与厚爱相结合，持续激发基层公务员干劲

1. 强化队伍作风建设。第一，加强基层公务员日常教育监督管理，经常性开展谈心谈话。乡村振兴涉及方方面面，推进工作往往有一定难

度。基层领导干部要主动多了解和掌握本部门公务员的思想和工作动态，增加谈心谈话频率，在给予关怀的同时及时发现苗头性、倾向性问题。第二，强化基层公务员作风意识教育。通过"送教下基层"等方式，抓实基层公务员党性锻炼、廉政教育和职业道德教育，在推进乡村振兴工作时要强化基层公务员的法律意识、规矩意识、底线意识和服务意识。第三，加强基层公务员作风建设负面典型案例警示教育。筛选出基层干部在乡村振兴工作中违反作风建设的典型案例，建立基层干部典型案例台账，开展案例剖析，总结提炼教训，充分发挥反面教材教育震慑作用。

2. 完善考核激励机制。 第一，实行基层公务员与中央、省、市公务员考核指标"双轨制"。针对基层公务员工作内容和工作环境的特殊性，建议推进公务员考核机制改革，基层公务员的核心考核指标应充分考虑基层公务员开展"三农"工作的特殊性，如对其干群交流频率、群众民主评议、带动产业发展情况等制定相应考核指标。第二，适当减少基层"一票否决"考核事项。统筹规范针对乡镇的评比表彰、示范创建等活动，未经省级党委和政府批准，不得对乡镇设置"一票否决"事项。第三，严格贯彻落实"三个区分开来"。组织人事部门和乡村振兴部门开展调研，查找问题、剖析根源，从工作机制、操作流程、保障措施等方面入手，对落实"三个区分开来"的方法步骤进行细化明确，推动容错纠错工作规范运行。第四，从国家层面建立受表彰主体为基层公务员的表彰奖励机制。建议中组部、中宣部、国家乡村振兴局等相关部委联合设立"乡村振兴基层英雄"和"共同富裕基层先锋"等表彰活动，面向全国基层公务员，开展优秀代表人物评选和表彰，国家级可每两年评选一次，省、市、县三级可每年评选一次，由各级党委书记亲自为获奖基层公务员颁发荣誉证书和奖章，以引导社会各界尊重和敬仰对乡村振兴领域做出突出贡献的基层公务员，激励基层公务员以更大的荣誉感、使命感和责任感服务乡村振兴战略。

3. 加大关心关爱力度。 第一，用好职务职级并行制度。明确县、乡机关职级职数分开核定、分级使用，明确省、市机关不准借用县级机关职数和县级机关不准借用乡镇职数。促进职级职数向基层公务员尤其是乡镇公务员倾斜，确保乡镇公务员职级晋升相对县直机关机会更多。适当提高乡镇层面三级和四级调研员职数比例。第二，强化基层公务员年休假、体检等福利待遇保障落实，建立未休假补偿制度。开展基层公务员关爱行动，关心基层公务员身心健康，尤其是对于家庭出现突发性困难的基层公务员给予及时的困难帮扶和慰问救济。第三，强化激励关爱，促进安心安业。关注乡镇特别是偏远乡镇年轻公务员的家庭、婚姻、医疗、子女入学等实际问题，帮助解决实际困难，如根据工作需要和个人意愿，对长期在乡镇工作且表现优秀的基层干部，考虑安排到县直单位或离家庭居住地较近的乡镇工作；夫妻双方同在偏远乡镇工作的公务员，对其中一方的工作岗位给予适当照顾；对工作压力大、家庭生活存在困难的干部，及时开展谈心谈话，充分解决干部干事创业的后顾之忧。

联合课题组： 国家乡村振兴局人事司　清华大学中国农村研究院

牵　头　人： 蒋天宝

课题组成员： 吕　焱　王亚华　舒全峰　刘　璐　刘　闯

韩旭东　蒋光明　韦　飞

关于推动人才返乡回乡下乡政策的研究报告

清华大学公共管理学院课题组

    党的二十大报告指出，加快建设农业强国，扎实推动乡村产业、人才、文化、生态、组织振兴。人才返乡回乡下乡不仅是稳岗就业的关键，也是乡村人才振兴的重点与难点。人才、产业和发展是相辅相成的，人才是产业和发展的"锚"，引进人才、留住人才、培育人才，是推进乡村振兴需要关注的施政重点。国家乡村振兴局委托清华大学公共管理学院组成课题组，就推动人才返乡回乡下乡问题进行研究，形成课题报告。

    本报告的返乡是指户籍在农村的外出务工人员带着资金技术等回到本乡本土参与乡村振兴；下乡是指户籍在城市的人员带着工商资本与技术等参与乡村振兴；回乡特指退休干部、退伍军人、大学生等有一定学历、阅历、资源的人员参与乡村振兴。

    报告主要采用了政策文本分析、问卷调查等方法对我国人才返乡回乡下乡问题进行研究。课题组对 2016 年以来中央及各部委出台的有关人才返乡回乡下乡的政策文献和省级、地市级出台的有关人才返乡回乡下乡的政策进行了梳理和文本分析。另外，2022 年 8 月，课题组在东部、中部、西部各选择 2 个省份，每个省各选 2 个县，对县级、乡级和村级干部进行问卷调查。共收回"人才返乡回乡下乡政策调查问卷"2560 份，其中有效问卷 2356 份，有效回收率为 92.03%。2022 年 9 月，在东中西部各选择 2 个省份，分别面向"返乡人才"和"潜在返乡人才"展开了问卷调查，课题组共回收问卷1556份，剔除无效作答后，有效问卷 1551 份，有效率为 99.68％。其中，"返乡人才"903 份，"潜在返乡人才"648 份。

一、我国人才返乡回乡下乡的供需分析

人才短缺，是制约乡村发展的重要因素。引导人才返乡回乡下乡，是推进乡村振兴的重要举措。中央高度重视乡村人才振兴工作，2016 年，国务院办公厅颁布了《关于支持返乡下乡人员创业创新促进农村一、二、三产业融合发展的意见》，2021 年，中共中央办公厅、国务院办公厅出台了《关于加快推进乡村人才振兴的意见》，2022 年中央一号文件再次强调"加强乡村振兴人才队伍建设""鼓励地方出台城市人才下乡服务乡村振兴的激励政策"，连续出台多项政策推进乡村人才振兴。农业农村的转型发展，在产业、治理、组织和生态等方面，都迸发出了对人才的强烈需求。然而，城乡之间在就业、教育和医疗等方面的巨大差距，使得人才持续地从乡村外流到城市。面对这一供需缺口，如何科学施策，让人才能够返乡回乡下乡服务于乡村振兴，是迫切需要研究的问题。本部分将从"需求与供给"角度出发，分析不同地理区域和行政层级在乡村人才需求和供给方面有哪些特点和差异，明晰人才引进的优先序，探索缩小供需缺口、实现供需平衡的路径，以此精准施策，更好地促进人才返乡回乡下乡。

从调研情况看，基层干部认为，农村最迫切需要的返乡回乡下乡人才是农业经营人才、农业生产人才、乡村经营管理人才和农业三产人才。不过，不同地域、不同层级的干部看法略有差异。从区域看，东部地区的受访基层干部最希望引进的前三类人才分别是农业经营人才（73.78％）、农村三产人才（60.98％）和乡村经营管理人才（52.44％）；中部地区受访干部最希望引进的前三类人才是农业经营人才（70.09％）、农业生产人才（55.96％）和农村三产人才（48.67％）；而西部地区受访干部最希望引进的前三类人才是农业经营人才（72.62％）、农业生产人才（54.56％）和

农村三产人才（54.56%）。从层级看，受访的县级干部最希望引进的前三类人才分别是农业经营人才（69.59%）、农业生产人才（52.03%）和乡村经营管理人才（48.46%）；镇级干部最希望引进的前三类人才分别是农业经营人才（69.2%）、农村三产人才（59%）和农业生产人才（49.65%）；而村级干部最希望引进的前三类人才分别是农业经营人才（74.04%）、农业生产人才（58.48%）和农村三产人才（53.13%）。这既反映了不同区域乡村发展所处的阶段和对不同类型人才的实际需求，又反映了不同区域、不同层级基层干部对乡村吸引何种人才的认识差异。

比较而言，层级越高的干部对乡村治理人才、科技人才越重视，而层级越低的干部对乡村治理人才、科技人才的重视程度越低，这一问题也应该引起高度重视。未来填补乡村人才供需缺口、走向人才供需平衡的路径主要有两个方面：一是将不短缺但是不重要的人才，转变为不短缺很重要的人才，也就是将本地的"不重要"人才转化为"重要性"人才，通过培训等手段，提升本地人才对当地发展的满足程度，降低对外来引进人才的依赖度；二是将很短缺的、难以短期培育起来的人才，通过吸引人才返乡回乡下乡，满足当地产业发展、公共服务、乡村治理等各方面的需求。

二、各类人才返乡回乡下乡的意愿与面临的障碍

调研表明，人才返乡回乡下乡主要受到政策环境、家庭需求、经济压力、能力素质等因素的综合影响，存在三重"推—拉"作用力促使人才返乡。一是地区发展潜力及个人工作能力的综合考量是人才返乡的内部动力，二者对人才返乡形成了"推—拉"作用。二是国家政策动员及乡村政策利好是人才返乡的重要环境因素，国家政策动员和乡村优惠政策的环境对人才返乡形成了"推—拉"作用。三是城乡日益扩大的生活差距对人才返乡形成了"推—拉"作用。此外，人才返乡原因因教育程度差异而不同。从受教育程度看，受教育程度高的人才归乡的主要原因更多和政策相关，受教育程度偏低的人才归乡的主要原因更多和个人生活需求相关。

我国人才返乡回乡下乡已经形成了多元路径组合。一是人才返乡的主流方式是人才引进等官方渠道，但返乡创业的非正式渠道也发挥了重要的"引流"作用。二是从区域差异来看，与东部地区相比，中西部地区对人才返乡等官方渠道的依赖性相对更高，个人回乡创业等非官方渠道的比例相对偏低。三是从返乡迁移路径的中长期演变过程来看，人才返乡路径仍然以"内源性回流"为主，以"外源性迁移"为辅。"返回家乡"的内源性回流仍然是人才返乡的主要迁移路线，人才个体与乡村之间的地缘、亲缘、友缘等深层次纽带是其返乡的关键内在诱因之一。

调研同时表明，我国人才返乡回乡下乡总体满意度较高，但人才返乡回乡下乡后总体稳定性并不高，乡村"留人"拥有"意愿—行动"差距的窗口期。人才返乡满意度是乡村留住人才的关键因素之一。通过对返乡人才满意度和稳定性进行调查发现，返乡人才对返乡后的总体状态比较满意，对返乡后的家庭团聚最为满意，对乡村休闲娱乐活动最不满意。但是，人才返乡后的总体稳定性并不高，诸多人才返乡后计划在乡工作年限偏低，且已经产生了离乡返城的意愿或计划。当然，尽管半数以上人才有离乡返城想法，却只有小部分比例有明确计划，说明乡村"留人"拥有"意愿—行动"差距的机遇和窗口期。从返乡路径来看，相较于个人自主创业等非正式渠道返乡，通过官方渠道返乡的人才稳定性并不高。

总之，我国人才返乡回乡下乡"引不进""留不下"受到多重复杂因素的影响，存在性别、年龄和教育程度差异。在"引不进"方面，人才返乡前存在诸多顾虑。一是从总体来看，人才返乡前主要担忧的前六大问题依次为：乡村生活条件差、社会保障不足、个人待遇变差、缺少创业条件、缺乏文化娱乐生活、对乡村情况不够了解。二是从性别差异来看，对于是否返乡，男性明显更好面子"害怕回乡丢面子"；女性则在这方面顾虑较少，更为担忧返乡后工作、职业和能力匹配问题。三是从年龄差异来看，返乡前，青年人才最为担忧返乡手续烦琐及返乡后回城困难；中年人才则普遍担心返乡后家人分居等"后顾之忧"。四是从教育程度差异来看，受过良好教育的人才更为担忧返乡后的生活及社会保障因素；而低学历人才则更为担忧待遇及工作因素。

在"留不下"方面，人才返乡后面临诸多实际困难依次为：乡村基础设施配套不足、社会保障不足、缺乏休闲娱乐活动、资金不足致使企业难以维系、生活条件较差、乡村招工困难。可见，返乡后，人才面临的实际困难虽然也包括缺乏休闲娱乐活动等生活层面的问题，但更重要的是面临就业创业等层面的诸多实际困难。返乡后，相较于生活层面的问题，人才在就业创业层面遭遇的实际困难的解决难度更大，在乡生活方面的困难反而成为退而求其次的问题。因此，对于已返乡人才，政策侧重点在于扶持人才就业创业，特别要帮助人才解决在乡就业创业层面遭遇的实际困难。从年龄差异来看，青年返乡就创业面临"招人难"、政策"落地难"问题；中年返乡面临"融入难"问题。从返乡前后对比来看，人才对于返乡存在一定认知错位，对返乡就创业困难估计不足，返乡前后面临"理想—现实"落差。返乡前多设想考虑生活层面问题，返乡后却遭遇更多就业创业方面实际困难。

我国潜在返乡回乡下乡人才的总体返乡意愿较高，但是返乡动力不足，存在职业差异和居住地差异。通过对潜在返乡人才的返乡意愿调查发现，潜在返乡人群中存在返乡"意愿高、动力低"现象。从职业差异来看，意愿和行动兼具的人才中，仍然以公职人员、专业技术人员为主；商业类人才最有想法，却也最无行动。从居住地差异来看，居住在地级市的潜在人才对返乡更有想法、有计划；省会及大城市的潜在人才意愿和行动则相对较低。

调研发现，我国潜在返乡下乡回乡人才对"远程帮扶"农村的总体意愿较高，"远程帮扶"或是未来吸引人才参与乡村振兴的重要方向。相较于亲身回到农村需要顾虑诸多因素，潜在返乡人才对于以远程方式服务农村的顾虑大幅减少、意愿大幅提升。在数字化时代，"兴农不离城"或许是不久的将来动员潜在人才返乡的重要方向，"远程帮扶"或成为消解人才顾虑、释放潜在人才潜力，发挥潜在人才建设乡村、帮扶乡村作用的重要方式。因此，"远程帮扶"的方式、功能、机制均值得进一步重点关注和探索。

总的来说，返乡人才面临的主要障碍是难以获得产业发展的用地，乡村生活条件差、重新融入乡村生活比较不适应，返乡的就业创业政策落地难、往往难以享受政策等。回乡人才面临的主要障碍是缺乏参与乡村振兴的渠道、个人的专业知识和能力难以在乡村发挥作用。回乡人才往往希望发挥更大的作用，但参与乡村治理的难度大；回乡人才往往希望通过参与乡村振兴实现自我价值，但作为外来者，与当地干部群众存在一定的异质性，再加上各方面条件的限制，其社会价值的实现并不容易。而下乡人才面临的主要障碍是乡村营商环境差、受各方面法律制度的约束多；乡村的生产要素相对分散，土地难以流转、招工不易；乡村的创新驱动不足，信息技术滞后；政策的扶持力度不够等。

三、人才返乡回乡下乡的政策执行与评估

从政策系统维度来看，我国人才返乡回乡下乡政策已经形成了"中央—省级—地市"三级的制度结构。总体上，这一系列制度安排遵循了从顶层设计到地方细则的自上而下渗透过程，同时地方的具体政策安排也更多地契合当地实际情况，有待区别梳理。

目前对于政策的类型学分析有着不同维度。例如，将政策分为强制型、志愿型和混合型三类，就是一种经典分类；还有依据政策的规制对象，将政策分为经济管制型政策（主要规制经济事务）、社会管制型政策（主要面向经济外的社会事务，如社会文化管理等）以及政府管制型政策（主要针对政府职能部门本身）。对于这一类区分，有学者提出政策的不同规制对象，可能会影响政策本身的扩散效果。基于本课题的研究目的，本报告尝试基于规制对象将"中央—省级—地市"三级人才返乡回乡下乡政策分为经济激励型、社会服务型和行政"放管服"型三类。进一步，本报告结合 2016—2021 年间人才返乡回乡下乡政策的梳理，基于"顶层设计—地方细则"的框架分析在中央顶层设计下，自上而下的政策扩散以及地方层面政策的调适与创新。在梳理当前"中央—省级—地市"三级人才

返乡回乡下乡政策体系的基础上，运用 2536 份"人才返乡回乡下乡政策调查问卷"数据，从政策内容、政策执行和政策效果三个方面对当前促进人才返乡回乡下乡政策进行调研与评估，并尝试从区域和层级两个方面探究政策内容、政策执行和政策效果的差异。

（一）我国人才返乡回乡下乡工作已经形成了较为科学细致的政策体系

一是我国人才返乡回乡下乡工作的政策体系，基本呈现出从中央到省级再到地市的逐步渗透过程。政策体系体现出顶层设计与地方细则相结合的特点，并且顶层设计居于中心地位。政策的具体内容随着层级下沉，变得越来越具体细致，不仅更加符合当地情况，也更具有可操作性。很多地方因地制宜地提出了一些政策创新。二是人才返乡回乡下乡政策体系的扩散过程，主要以自上而下的垂直扩散为主。很多地市的政策工具选择和制度安排，都体现出与上级政府政策安排相一致的基本取向。此外，平级政府间的水平扩散也同时存在。三是不同层级对人才返乡回乡下乡政策类型倾向性存在差异。层级越高的制度安排，越倾向于使用经济激励型政策工具，而层级较低的制度安排提出了更多社会服务型政策工具。通常情况下，社会服务型政策工具对当地情境具有更高的要求，经济激励型政策工具则有更好的普适特征。随着改革的深入，乡村人才振兴进一步聚焦政策对象、丰富政策工具，呈现经济激励、社会服务、行政放管服工具并用的特点，这可能蕴含着整体治理理念的变化和未来多中心的治理趋势。

（二）当前地方政府促进人才返乡回乡下乡政策产生了一定的积极作用，但仍有较大的提升空间

总体而言，当前政策已经取得了一定效果，但促进人才返乡回乡下乡政策与满足乡村人才总体需求有一定距离，这表明当前促进人才返乡回乡下乡政策的总体思路和顶层设计是正确的，在地方细则层面要更注重需求

导向。一是政策内容上，我国人才返乡回乡下乡政策总体上做到了尊重客观规律、符合实际需要、能够在上级政策基础上创新并在政策实践中体现价值。当前地方政府工作人员对推动人才返乡回乡下乡政策的知晓度和重要性认知都保持较高水平。但是，一些政策存在一厢情愿、主观主义，难以落地，"政出多门"、政策内容不兼容不一致和"留才"着力还不够的问题较为突出。二是政策执行过程中，国家和地方层面有关人才返乡回乡下乡政策的力度仍有待加强。促进人才返乡回乡下乡政策总体上能够执行到位，也能够匹配一定资源。但是各相关职能部门之间的协调配合程度的认同度较低，仍需要进一步改善。大多数调查对象认为提升人才返乡回乡下乡政策执行水平的关键是政策执行资源的投入力度。三是三类人才返乡回乡下乡政策工具中经济激励型政策工具最受肯定，其次是社会服务型政策工具，最后是行政"放管服"型政策工具。

（三）我国人才返乡下乡回乡政策总体实施效果存在区域差异和层级差异

西部地区促进人才返乡回乡下乡政策总体实施效果的肯定度低于中部和东部地区，比较而言，村级对于政策总体实施效果最为肯定。一是政策内容科学性上，中部地区的政策内容科学性最受肯定，县级政府工作人员对政策内容科学性评价最为积极。中部地区对于促进人才返乡回乡下乡政策体系的完善度评价、尊重和反映农业农村发展和人才流动客观规律方面的评价整体高于东部和西部地区。相比于县级，乡镇和村级工作人员对于"当地政策体系相当完善，增加新政策供给不再是当务之急""一些政策存在一厢情愿、主观主义等问题""一些政策措施难以落地""当地政策重在引才而留才着力还不够""政出多门，有的政策内容不兼容不一致"这5个方面问题的感知较高。二是政策执行过程方面，中部地区的表现仍然最受肯定，乡镇政府工作人员对于政策执行过程的评价最为积极。在政策执行到位和当地党委政府匹配资源方面，中部地区地方政府工作人员的评价更高。相比于乡镇级，县级和村级对于"当地党委组织部门很好地发挥了统筹作用""当地乡村振兴工作主管部门很好地发挥了协调作用""当地党委政府能够匹配足够的资源落实政策""促进人才返乡回乡下乡政策，是当地人才政策体系的有机组成部分""促进人才返乡回乡下乡的各类政策都能够不打折扣地执行到位"的评价较低。

总体而言，我国人才返乡回乡下乡政策已经取得了一定的成效，"十三五"时期，我国返乡入乡创业人才达到1010万人。不过，目前相关政策的内容还存在以宏观层面的宣示性、原则性为主，针对返乡、回乡和下乡等不同类型人才的细分领域政策不足、可操作性不强；在执行层面，各相关职能部门之间的协调配合程度较低、政策执行不到位等问题突出。

四、境外吸引人才返乡回乡下乡的政策及其启示

从境外吸引人才返乡回乡下乡的政策看，政策的干预主要从"知乡村""引得来""留得住""用得好"全流程进行介入。不过，这四类政策并没有清晰的边界，以保障型和赋能型政策为例，一些赋能型政策通过培养人才的涉农技能，事实上是对下乡返乡人才进行农业生产生活的保障。

（一）境外人才返乡下乡政策注重发挥市场和社会的作用

无论是返乡下乡人才创业项目，还是吸引人才下乡体验的短期游学项目，或是为青年提供的俱乐部、青聚点等项目，其实施均注重发挥市场和社会的作用，强调政府与企业、高等院校/科研机构、非营利组织等合作。例如，日本的地方创生计划就充分发挥了非营利组织"故乡回归支援中心"的作用，自下而上推动人才返乡下乡。

（二）重视返乡下乡人才的社群建设，发挥社群等支持性网络的作用

境外的经验表明，关系网络与社群建设是吸引和留住人才返乡回乡下乡的关键，因此，各国或地区高度重视返乡下乡人才的社群建设，通过搭

建平台，帮助返乡下乡人员建立各类沟通交流、互帮互助和合作的社群。同时，政策重视对返乡下乡人才社群营造和网络支持，通过推动人才下乡返乡过程中代与代之间的互动交流，促进青年人之间、接受过现代教育的青年人和具有更多地方性知识的中老年人之间的交流与合作。

（三）境外人才返乡下乡政策关注体验型政策

由于发达国家或地区已经经历了较长时间的城市化进程，对于绝大多数出生成长在城市的市民，尤其对青年人来说，乡村是陌生、遥远和缺少进入途径的。因此，人才返乡下乡政策特别重视实施乡村生活体验项目，以短期、临时性的体验来拉近市民和乡村的距离。

（四）政策具有长期性和系统性

境外发达国家或地区工业化、城市化的起步早、发展时间长，因此，较早出现了乡村人口流失的问题，持续的时间也很长。面对城市人口的过度集中和乡村人口的流失，发达国家或地区在吸引人才返乡下乡方面制定了系统化的政策，开展了大量项目，尽管也取得了一定成绩，但仍然面临很多问题与挑战。由此可见，人才返乡下乡政策不可能一蹴而就，而是需要经过长期的努力，实施系统的人才返乡下乡政策体系。

五、政策建议

为贯彻落实党的二十大有关全面推进乡村振兴、加快农业农村现代化和人才强国等指示精神，课题组认为，下一步有必要进一步深化和优化我国人才返乡回乡下乡的政策体系。

（一）中央层面的政策建议

首先，要提高政策的精准性，针对不同类型的人才出台更细化、更有针对性的政策。对于返乡创业类人才，最根本的是突破制度瓶颈，解决土地使用方面的制约。一是优先保障返乡下乡创业用地，统筹安排相关产业用地，切实保障返乡下乡创业用地需求；二是创新土地流转政策，鼓励承包农户依法采取转包、出租、互换、转让及入股等方式流转承包地；三是完善土地利用方式，拓展农村宅基地所有权、资格权、使用权"三权"分置改革试点，鼓励针对返乡创业人员和企业先行先试；四是借鉴韩国经验，打造"农村 3-6-5 生活区"（保证村民 30 分钟内可以享受卫生和托儿等基本生活服务，60 分钟内可获得高水平文化、教育、医疗等服务，5 分钟内可以接入应急铃、紧急救护等网络服务）。对于回乡类人才，最根本的是搭建回报乡村的渠道与平台、帮助回乡人才实现自我价值。建议实施"支乡工程"，鼓励退休人员、退伍军人、大学生等利用自身的知识技能、阅历经验和社会资本，参与乡村发展、乡村建设和乡村治理，缓解乡村人才匮乏的困境。一是积极引导相关的志愿者组织、基金会、老教师协会、老医生协会、老科技工作者协会、关爱退役军人协会、大学生支教团体等开展人才回乡工作，通过这些社会组织动员回乡人才开展专业志愿服务工作；二是搭建地方政府与社会组织之间沟通交流的平台，解决退休人员、退伍军人、大学生缺乏回报乡村的途径问题。建议可以建立地方政府与各类社会组织的联席会议制度，开发链接地方乡村人才需求与中介机构供给的 App；三是加大荣誉表彰的力度。建议每年对"支乡工程"做出巨大贡献的组织和个人予以表彰。通过荣誉表彰、提供参与乡村治理机会等多种方式帮助回乡人才实现自我价值，营造退休人员、退伍军人、大学生等回报家乡、奉献乡村的文化氛围。而对于下乡类人才，最根本的是营造良好的宜商环境。一是推进农村一级市场改革，以此减少下乡资本企业家、投资者入乡协商的交易成本；二是针对下乡人才中的专业技术人员，建立完善"专家＋农技员＋示范户"技术服务模式，推动科技进村入户，重点培育现代新型职业农民。

其次，除发挥政府的作用外，也要注重发挥市场和社会组织在人才返乡回乡下乡中的作用。建议有关部门可以出台政策，一是优先培育发展从事人才返乡回乡下乡的营利性或非营利性中介组织，促进人才返乡回乡下乡；二是为这类中介组织的发展提供政策支持，包括政府购买服务和税收政策等优惠；三是对于一些非保密的地方乡村人才需求信息予以及时的披露，促进中介市场的发育。

再次，要高度重视人才返乡回乡下乡稳定性不高的事实，加大留人的政策激励力度，打造多元化的人才返乡回乡下乡模式。例如，日本的"故乡税"制度，通过鼓励市民为故乡捐赠、实施减免税和回馈故乡土特产等制度，打通市民服务故乡的渠道，积极构建乡村的"关系人口"，建立市民与故乡的联系，通过"兴农不离城"的方式带动乡村发展；再如，通过实施乡村医疗机构数字化改造，以互联网信息技术为纽带，实现与城市医院互联对接，通过"在线问诊、远程会诊"的方式，推动优质医疗资源城乡共享，提升乡村医疗质量。

最后，建议打造人才返乡回乡下乡的沟通交流平台，为有需求的乡村和有意愿返乡回乡下乡的人才搭建桥梁，开展产业对接、技术合作开发等活动，并通过该平台分享各地的返乡回乡下乡人才政策和典型案例。

（二）地方层面的政策建议

首先，要加大地方政策的统筹力度。目前，一些地方不同职能部门出台了各类引才、用才、留才、育才、评才的政策，但"政出多门"导致的政策不兼容不一致问题较为突出，在政策执行过程中，各相关职能部门也存在协调配合程度低的问题。为此，建议有条件的地方可以设立更高层级的领导小组或协调机制来统筹乡村人才振兴工作。

其次，要提升地方乡村人才振兴的政策执行能力。建议各地要因地制宜，制定农业农村人才队伍建设发展规划，要有专门的编制和预算来保障中央有关乡村人才振兴政策的贯彻落实。同时建立干部沟通交流机制、培训机制，不断提升各地返乡回乡下乡的政策执行的能力。

最后，要加大乡村人才振兴工作的考核力度，确保中央层面的人才返乡回乡下乡政策在地方得到贯彻落实。调研中，一些基层干部反映，上级有关乡村人才振兴的政策很好，但由于种种原因，难以在基层落地，急需打通"最后一公里"。建议将人才返乡回乡下乡工作纳入各地乡村振兴的考核督察之中，加强对返乡回乡下乡政策的效果评估。另外，"十四五"农业农村人才队伍建设发展规划提出了返乡入乡创业人员超过 1500 万人、力争用 3 年时间对农村改革服务人才轮训一遍等具体目标，建议针对这些具体指标，加强规划的监测与评估。

课题组牵头人：邓国胜
课题组成员：杨竺松　刘　航　李彦岩　程一帆　刘露雅
　　　　　　　王一鸣　王紫辰　张屹鹏

图书在版编目（CIP）数据

巩固拓展脱贫攻坚成果同乡村振兴有效衔接研究/
国家乡村振兴局编 . —北京：中国农业出版社，2023.5
ISBN 978-7-109-30745-2

Ⅰ. ①巩… Ⅱ. ①国… Ⅲ. ①扶贫—调查报告—汇编
—中国 Ⅳ. ①F126

中国国家版本馆 CIP 数据核字（2023）第 095208 号

地图审图号：GS（2019）3028 号

———————————————————————————

中国农业出版社出版
地址：北京市朝阳区麦子店街 18 号楼
邮编：100125
策划编辑：刘爱芳
责任编辑：刁乾超　任红伟　　文字编辑：吴沁茹　陈　灿
版式设计：王　怡　　责任校对：吴丽婷
印刷：北京通州皇家印刷厂
版次：2023 年 5 月第 1 版
印次：2023 年 5 月北京第 1 次印刷
发行：新华书店北京发行所
开本：787mm×1092mm　1/16
印张：21.75
字数：312 千字
定价：88.00 元

———————————————————————————